Zu diesem Buch

Jede historische Epoche und ihre Gesellschaft hat ihre eigenen künstlerischen Ausdrucksformen. Sie werden geprägt von dem politischen Charakter der Zeit, von Lebensweisen und Traditionen, die untrennbar mit den sich ändernden Sozialstrukuren verbunden sind. War im Absolutismus auch das aufstrebende Bürgertum bemüht, seinen Porträts einen möglichst fürstlichen Charakter zu verleihen, so wurde seit Beginn des 18. Jahrhunderts das bürgerliche Gesicht zum Ideal: an die Stelle von Perücke und Degen traten Zylinder und Spazierstock. Im 19. Jahrhundert, dem Zeitalter des modernen Kapitalismus, veränderte sich nicht nur der Ausdruck der Gesichter, sondern auch die Porträt-Technik selbst. Neue Reproduktionsverfahren, die bald zur Erfindung der Photographie führten, ließen von einer Demokratisierung der Kunst sprechen.

Die Photographie wurde bald von allen Schichten des Volkes gleichermaßen akzeptiert. man vertraute ihrem dokumentarisch-unbestechlichen Charakter und vergaß darüber, daß sie weit mehr als andere Reproduktionsmittel geeignet ist, Wünsche und Bedürfnisse der Mächtigen zum Ausdruck zu bringen und das soziale Geschehen aus ihrer Sicht zu interpretieren. Heute machen uns Presse und Werbung täglich deutlich, daß die Photographie eines der wirksamsten Mittel zur Formung unserer Vorstellungen und zur Beeinflussung unseres Verhaltens darstellt.

Gisèle Freund, langjährige Mitarbeiterin der legendären (und seit Herbst 1978 wieder zum Leben erweckten) Illustrierten LIFE und Trägerin des Kulturpreises 1978 der Deutschen Gesellschaft für Photographie, untersucht einige Aspekte aus der Geschichte des Mediums Photographie. Sie stellt in Wort und Bild die wechselseitigen Beziehungen der zwischen den sich ständig ändernden Formen von Kunst und Gesellschaft.

Gisèle Freund, geboren 1912 in Berlin, studierte Sozial- und Kunstgeschichte in Frankfurt u. a. bei Karl Mannheim, Norbert Elias und Theodor W. Adorno. Unter Hitler nach Paris emigriert, arbeitet sie seitdem als Photoreporter und Porträtist zunächst für LIFE-Magazine, von 1942 bis 1945 in Südamerika, ab 1948 für Magnum Photos. Heute zählt sie zu den großen Photographen wie Erich Salomon, Man Ray, Brassaï und Cartier-Bresson.

Gisèle Freund

Photographie und Gesellschaft

Aus dem Französischen
von Dietrich Leube

rororo

Rowohlt

Umschlagentwurf Manfred Waller
(Foto: Erich Lessing/magnum)

22.–24. Tausend April 1986

Veröffentlicht im Rowohlt Taschenbuch Verlag GmbH,
Reinbek bei Hamburg, Juli 1979

Gesamtherstellung Clausen & Bosse, Leck
Printed in Germany
1080-ISBN 3 499 17265 8

Vorwort

Jede historische Epoche hat ihre eigenen künstlerischen Ausdrucksformen, die dem politischen Charakter der Zeit, ihrem Denken und ihrem Geschmack entsprechen. Geschmack ist kein unerklärbarer Ausdruck der menschlichen Natur. Er bildet sich vielmehr an den Lebensbedingungen aus, die auch die Sozialstruktur in jeder Phase ihrer Entwicklung prägen. Als das Bürgertum unter Ludwig XVI. zu Wohlstand gelangte, gefiel es sich darin, seinen Porträts einen möglichst fürstlichen Charakter zu verleihen, denn der Geschmack der Zeit wurde durch die herrschende Adelsschicht bestimmt.

In gleichem Maße, in dem das Bürgertum aufstieg und seine politische Macht festigte, wandelte sich der Kundenkreis und mit ihm der Geschmack. Der Idealtyp war nun nicht mehr der Fürstenkopf, sondern das bürgerliche Gesicht. An die Stelle von Spitzengewand und Perücke traten Gehrock und Zylinder, der Spazierstock ersetzte den Degen. Die höfische Kultur, die in den leichtbeschwingten, spielerischen Gemälden und Pastellmalereien von La Tour und Watteau ihre künstlerische Vollendung fand, wurde abgelöst von der bürgerlichen Kultur und den grauen, massiven und schweren Farben eines David. Die Zeichnungen von Ingres entsprachen mit ihren genauen Umrissen der realistischen Zeittendenz und dem Geschmack eines konventionellen, von seinen Würden und Pflichten überzeugten Bürgertums.

So erzeugt jede Gesellschaft, weitgehend durch ihre Lebensweisen und Traditionen selbst, bestimmte künstlerische Ausdrucksformen, die nun ihrerseits ihre Zeit widerspiegeln. Jede Veränderung im gesellschaftlichen Raum beeinflußt das Thema und die Art der künstlerischen Darstellung. Im 19. Jahrhundert, dem Zeitalter der Maschine und des modernen Kapitalismus, veränderte sich nicht nur allein der Charakter der Gesichter in den Porträts, sondern auch die Technik des Kunstwerks. So entstanden mit Hilfe des technischen Fortschritts eine Reihe von Reproduktionsverfahren, die für die weitere Entwicklung der Kunst von größter Bedeutung werden sollten. Mit der von Alois Senefelder im Jahre 1798 erfundenen Lithographie, die einige Jahre später von Philippe de Lasteyrie, der in Paris ein Atelier eröffnete, nach Frankreich importiert wurde, war ein großer Schritt zur Demokratisierung der Kunst getan. Die Erfindung der Photographie wurde für diese Entwicklung ausschlaggebend.

Im heutigen Leben spielt die Photographie eine sehr wichtige Rolle. Es gibt kaum eine menschliche Tätigkeit, die sich ihrer nicht auf eine oder andere Weise bedient. Der Wissenschaft wie der Industrie ist sie unentbehrlich geworden. Sie hat den Massenmedien zum Entstehen verholfen, dem Film, dem Fernsehen und den Videokassetten. Täglich breitet sie sich in tausenden von Zeitungen und Illustrierten aus.

Die Photographie ist damit zu einer Alltagserscheinung geworden. Sie ist so weitgehend ein Bestandteil des sozialen Lebens, daß man sie nicht mehr wahrnimmt, weil man sie ständig sieht. Ihr Charakteristikum besteht darin, daß sie von allen Schichten der Gesellschaft gleichermaßen akzeptiert wird. Man findet sie in der Wohnung des Arbeiters wie in der Wohnung des Handwerkers, beim Kaufmann wie beim Beamten und Industriellen. Gerade darin liegt ihre große politische Bedeutung. Sie ist ein spezifisches Ausdrucksmittel einer zweckbewußten, rationalistischen Gesellschaft einer technifizierten Zivilisation, der eine Hierarchie von Berufen zugrunde liegt. Zugleich bedeutet sie für diese Gesellschaft ein Instrument ersten Ranges. Ihre Fähigkeit, die äußere Wirklichkeit ganz genau wiederzugeben – eine Fähigkeit ihrer eigenen Technik – verleiht ihr einen dokumentarischen Charakter und läßt sie damit als genauestes und unbestechlichstes Verfahren zur Abbildung des sozialen Lebens erscheinen.

Aber die Photographie, weit mehr als jedes andere Reproduktionsmittel, ist dazu geeignet, die Wünsche und Bedürfnisse der herrschenden Klassen zum Ausdruck zu bringen und das soziale Geschehen aus ihrer Sicht zu interpretieren.

Obgleich sie ganz an die Natur gebunden ist, hat die Photographie nur eine scheinbare Objektivität. Die angeblich unbestechliche Linse erlaubt alle möglichen Deformierungen der Wirklichkeit, weil der Inhalt eines Photos jedes Mal von der Art und Weise abhängt, wie der Photograph die Geschehnisse aufgenommen hat und er von den Forderungen seiner Auftragsgeber abhängig ist. Die Bedeutung der Photographie besteht also nicht nur allein in der Tatsache, daß sie eine Schöpfung sein kann, sondern darin, daß sie eines der wirksamsten

Mittel zur Formung unserer Vorstellungen und zur Beeinflußung unseres Verhaltens darstellt.

In unserer technokratischen Welt, deren Ziel es ist, unablässig neue Bedürfnisse zu schaffen, steht die Entwicklung der Photoindustrie an erster Stelle. Dieser Erfolg entspricht dem immer dringlicher werdenden Bedürfnis des Menschen, seiner Individualität Ausdruck zu verleihen. Heutzutage, und trotz der dauernden Verbesserungen der materiellen Lebensbedingungen, hat der Mensch als Individuum immer weniger einen Einfluß auf die Geschehnisse und wird immer mehr in eine passive, unbedeutende Rolle gedrängt. Photos zu machen befriedigt sein Individualitätsbedürfnis und erlaubt ihm seine Gefühle zu veräußerlichen, eine Art künstlerischen Schaffens. Dies erklärt die ungeheure Popularität der Photographie und die dauernd wachsende Anzahl von Amateurphotographen, von denen es heute hunderte von Millionen gibt. Sie sind wiederum die Ursache des Aufblühens der Photoindustrie.

Diese Studie beschäftigt sich mit der weittragenden Rolle, die die Photographie als Reproduktionsverfahren einnimmt. Sie beginnt mit ihren Anfängen als individuelles Porträt, das dann später zum Kollektivporträt wird, nämlich von dem Zeitpunkt an, wo das Photo in die Presse eindringt. Diese Zeit erstreckt sich von der Veröffentlichung ihrer Erfindung im Jahre 1839 bis zur Gegenwart.

Da heute die Verwendungsarten der Photographie so vielfältig geworden sind, konnte ich nur auf ein paar Anwendungsformen etwas näher eingehen. Beispielsweise untersuche ich hier nicht ihre Rolle in der Frauenpresse; ebenfalls nicht in der Werbung. Aber mit wenigen Ausnahmen dienen alle Photos, die in der Tagespresse und in Zeitschriften zur Veröffentlichung kommen, einem Werbezweck, auch wenn dies nicht auf den ersten Blick erkennbar ist. Ich versuche hier ihre Rolle an konkreten Beispielen zu verdeutlichen, die ich teilweise aus meinen eigenen Erfahrungen als Bildjournalist geschöpft habe.

Anhand einiger Aspekte aus der Geschichte der Photographie versuche ich die wechselseitigen Beziehungen zwischen den Kunstformen und der Gesellschaft aufzuhellen, und ich möchte beleuchten, wie die Techniken der photographischen Linse unsere Vision von der Welt verändert haben.

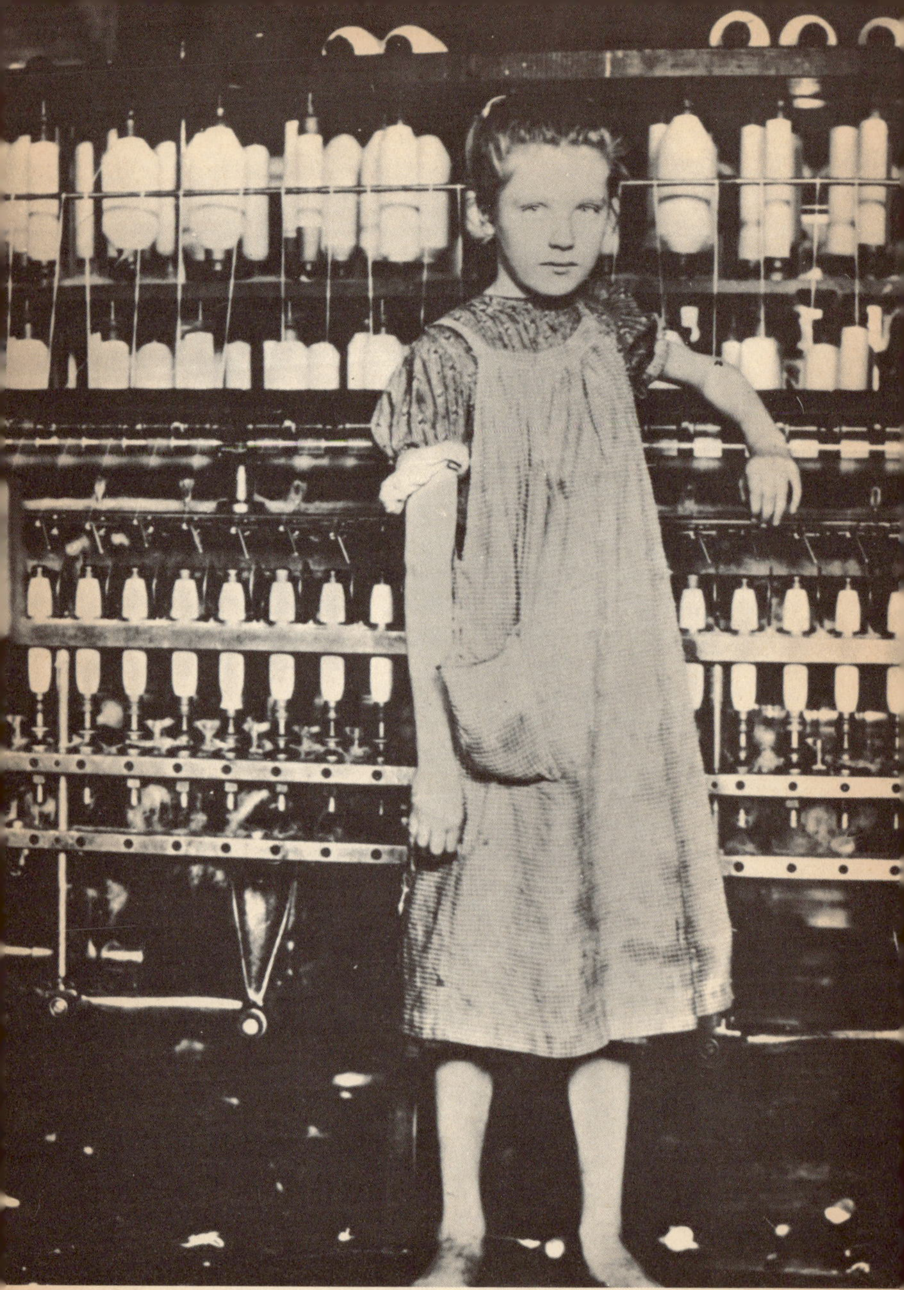

Lewis W. Hine: Baumwollspinnerin (1910)

Werkstätte um 1857

Die Pariser Commune, 1871

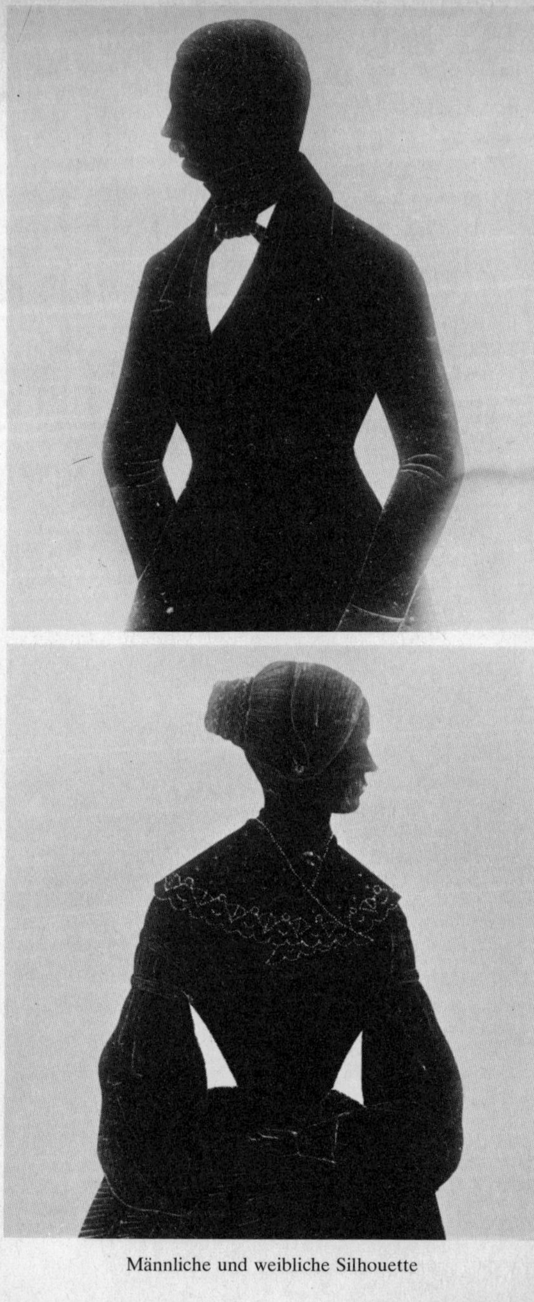

Männliche und weibliche Silhouette

Vorläufer der Photographie

Das photographische Porträt entspricht einem besonderen Studium der sozialen Entwicklung: dem Aufstieg von Massenschichten zu größerer sozialer und politischer Bedeutung.

Durch den Aufstieg der unteren Schichten entstand das Bedürfnis nach Massenproduktion von Gütern, auch nach Massenproduktion von Porträts, denn sich porträtieren zu lassen war gewissermaßen ein symbolischer Akt, durch den sich das Einrücken in die Reihe derer, die sozialen Respekt für sich forderten, auch nach außen sichtbar machen ließ. Damit begann eine Entwicklung von der handwerklichen Kunst des Porträtmalers über immer umfassendere Mechanisierungen des Abbildungsprozesses bis zur letzten Stufe, dem photographischen Porträt.

Mit dem um 1750 beginnenden Aufstieg bürgerlicher Mittelschichten und der Zunahme ihres Wohlstandes vergrößerte sich das Bedürfnis nach Repräsentation erheblich. Eine Form der Repräsentation ist zweifellos das Selbstporträt, dessen funktionalen Beziehungen eng mit dem eigenen Selbstverständnis und der Entwicklung des Persönlichkeitsbewußtseins verbunden sind. Die Porträtdarstellung, die in Frankreich jahrhundertelang immer nur das Privileg einer kleineren Schicht gewesen war, unterlag zugleich mit der gesellschaftlichen Verschiebung einer Demokratisierung. Schon vor der Französischen Revolution begann sich in bürgerlichen Kreisen die Porträtmode allgemein durchzusetzen, die nun ihrerseits, je größer das Bedürfnis nach der selbstbildnerischen Darstellung wurde, neue Formen und Techniken zu ihrer Befriedigung schuf.

Die Photographie, die 1839 in Frankreich zum erstenmal der Öffentlichkeit übergeben wurde, verdankte daher ihre schnelle technische Entwicklung und Ausbreitung weitgehend der Mode des Porträts.

Doch in jener Übergangszeit, als dem Zerfall der feudalen Welt – bedingt durch die Entwicklung moderner Produktionsformen – die politische Umwälzung erst folgte, fanden auch die aufstrebenden Schichten des Bürgertums noch keine ihrer Eigenart entsprechende künstlerische Ausdrucksform. Sie versuchten eine Annäherung an jene Schicht, deren politische und wirtschaftliche Rolle immer geringer wurde, die aber weiterhin den Ton der guten Gesellschaft angab. So übernahmen sie die vorherrschenden Kunstanschauungen und Darstellungsformen des Adels und paßten sie ihren Bedürfnissen an.

Die Aufgabe des bürgerlichen Porträtmalers bestand einerseits darin, sich in seinen Porträts der herrschenden Malweise des Hofmalers anzuschließen und andererseits die Porträts zu einem Preise zu liefern, der den ökonomischen Verhältnissen seiner Kunden angemessen war. »Das Ähnlichkeitsbedürfnis des französischen Auftraggebers unter Ludwig XV. und unter Ludwig XVI. wurde bezeichnet und eingeschränkt durch das allgemeine Streben, jedes Gesicht, auch das des kleinbürgerlichen Individuums, soweit zu vergewaltigen bzw. zu erhöhen, bis es dem herrschenden Menschentypus, dem Fürstenkopfe, ähnlich war«[1].

Der Adel war ein anspruchsvoller Geldgeber. Er forderte einen hohen Stand der Technik. Es entsprach dem Schönheitsbegriff der Zeit, mit leichten Farben zu hantieren. Die Leinwand konnte diesem Anspruch allein nicht genügen. Es bedurfte eines Materials, das sich dem Samt und der Seide anpaßte.

Eine Form des Porträts, die diesen Anforderungen entsprach, war die Miniatur. Auf Puderdosen, Anhängseln oder kleinen Bildchen ließ sich so das Bild der fernweilenden Personen der Familie, des Freundes, der Geliebten etc. stets bei sich tragen. Das Miniaturporträt, das aus der Intimität der höfischen Kultur erwachsen war und einen neuen Reiz für den Kult der Persönlichkeit bildete, war die erste dieser Formen, die von den aufsteigenden Schichten des Bürgertums aufgegriffen wurde. Die Miniaturmalerei paßte sich den neuen Auftraggebern an und wurde in dem Maße ihrer Verbreitung zu einem erfolgreichen Kunsthandwerk. Fast in jeder Stadt hatte eine kleine Gruppe von Miniaturisten ihr Auskommen, wenn sie 30 bis 50 Miniaturporträts im Jahre fertigstellten, die sie zu mäßigen Preisen lieferten. Trotzdem blieben im Miniaturporträt die integrierenden Elemente, die ihm als Kunstform einer aristokratisch-feudalen Schicht anhafteten, bestehen. Es versandete erst mit dem Beginn der bürgerlichen Welt und starb gegen 1850 aus, als die bürgerliche Gesellschaftsordnung sich endgültig durchgesetzt hatte und ihm die Photographie alle Existenzmöglichkeiten untergrub.

Wie schnell sich dieser Verdrängungsprozeß vollzog, dafür

gab die Entwicklung der Photographie in Marseille ein Beispiel. Kurz vor 1850 waren in Marseille 4 bis 5 Miniaturmaler tätig, von denen sich aber nur zwei eines gewissen Rufes erfreuten. Diese Künstler verdienten gerade ihr Auskommen, wenn sie in einem Jahre ungefähr 50 Miniaturporträts fertiggestellt hatten. Wenige Jahre später besaß Marseille 40 bis 50 Photographen, von denen sich die meisten der Porträtphotographie widmeten und dabei jeder von ihnen mehr verdiente und eine sicherere Existenzgrundlage hatte als einer von den 5 Miniaturisten je zuvor. Jeder dieser 50 Photographen produzierte im Jahre durchschnittlich 1000 bis 1200 Photographien, die er zu einem mittleren Preise verkaufte, ungefähr 15 frs. das Stück. Seine jährliche Einnahme betrug somit ungefähr 18000 frs. und der Gesamtumsatz der Photographen belief sich fast auf eine Million. Eine ähnliche Entwicklung war in sämtlichen größeren Städten Frankreichs zu verzeichnen[2]. Der Photograph konnte für den zehnten Teil des Preises Porträts liefern, die nicht allein wegen ihrer Billigkeit dem bürgerlichen Lebensstil mehr angepaßt waren, sondern auch ihrem Geschmack besser entsprach[3].

Die Wechselbeziehungen zwischen geschichtlicher, gesellschaftlicher und künstlerischer Entwicklung werden hier deutlich. So spiegelten sich in den künstlerischen Bestrebungen der Zeit dieselben demokratischen Tendenzen wider, die in der politischen Umwälzung der Revolution von 1789 die Gleichheit der Bürger- und Menschenrechte verlangten. Derselbe Revolutionär, der auf den Barrikaden stand und in der Nationalversammlung für die Rechte seiner Klasse eintrat, saß dem Physionotracisten von Paris für sein Porträt Modell.

Zur Zeit Ludwigs XV. war eine neue Art des Porträts erfunden worden. Sie bestand darin, die Profile der Gesichter in schwarzem Glanzpapier nachzuschneiden. Das wurde zur Anregung für ein Gewerbe, welches bald auf jedem größeren Fest, von den Bällen des Hofes bis zu den Jahrmärkten, von allerlei geschickten Individuen ausgeübt wurde. Die neue Technik erhielt ihren Namen von dem damaligen Finanzminister Silhouette und unter dieser ihr vom Volksmund gegebenen Benennung gelangte sie in Frankreich und weit über seine Grenzen hinaus zu großer Volkstümlichkeit.

M. Silhouette war um 1759 herum Kontrolleur der Finanzen, zu einem Augenblick, wo es um diese außerordentlich schlecht bestellt war und Frankreich dem Ruin entgegenging. Der Finanzminister erhob unter großen Schwierigkeiten eine Reihe von Steuern, die die öffentlichen Kassen ein wenig füllen sollten. Man sah in ihm den Retter. Aber der allgemeine Stand der Finanzen blieb trotzdem so schlecht, daß er weitere Steuern auferlegen mußte und die öffentliche Meinung änderte sich über ihn. Man nannte ihn von nun an den *banqueroutier*.

Als eine neue Mode aufkam, eine Art von Jacken, die sich durch ihre Enge auszeichneten und keine Falten und Taschen hatten – wozu auch? man hatte kein Geld mehr, um es hineinzutun –, erhielten diese Kleider den Spitznamen *habits à la Silhouette*. Die Spottlust des Volkes begann nun alles, was den Eindruck eines Schattens machte, als Silhouette zu bezeichnen. So wurde auch diese neue Porträtform vom Volksmund mit seinem Namen verknüpft und Silhouette ist bis heute die Versinnbildlichung des Schattens geblieben.

Auch noch zur Zeit Bonapartes war die Tätigkeit der Silhouettenschneider weitverbreitet. Auf den öffentlichen Bällen des *Directoire* und des *Consulat* waren *camelots* vertreten, die sich wie auf den heutigen Jahrmärkten damit ihr Geld verdienten.

Sogar von Künstlern wurde die neue Porträtform aufgegriffen. Sie versuchten die Form durch Nachzeichnung und Prägung mit einer Nadel zu vervollkommnen.

Die Silhouette ist eine Form der Porträtherstellung, bei der man durch die unpersönliche, sachliche Ausdruckskraft der Umrißlinie zu ersetzen sucht, was durch das Profilbild an individualisierter seelischer Wirkung durch den Wegfall der Blickfühlung mit dem Betrachter verlorengeht. Sie ist eine abstrakte Darstellungsform. Das Schneiden der Silhouette erfordert keine besondere zeichnerische Schulung. Durch die schnelle Art der Herstellung wie durch die Billigkeit des Materials wurde sie sehr beliebt beim Publikum.

Die Erfindung der Silhouette, die selbst keine Möglichkeiten zu größerer gewerblicher Entwicklung besaß, gab die Anregung und bildete die Unterlage zu einem Porträtgewerbe, das zwischen 1786 und 1830 in Frankreich populär war, dem *Physionotrace*.

Die Erfindung machte Gilles-Louis Chrétien, geboren 1754 in Versailles. Sein Vater war Kammermusiker am Hofe des Königs. Der Sohn ergriff denselben Beruf wie der Vater, wurde aber später Kupferstecher, weil er hoffte, in diesem Beruf mehr

Geld zu verdienen. Doch auch hier kam er nicht viel weiter, da die Konkurrenz groß war und die mühselige Arbeit des Kupferstechens viel Zeit und Sorgfalt in Anspruch nahm. Die Anzahl der Porträts, die er als Kupferstecher herstellen konnte, brachten, gemessen an dem Zeitaufwand, nicht viel ein. Aufträge des Publikums waren der hohen Kosten wegen spärlich. Seine wirtschaftliche Lage zwang ihn dazu, eine einbringlichere Technik zu ersinnen. Im Jahre 1786 gelang ihm die Erfindung einer Apparatur, die das Verfahren des Gravierens mechanisierte und viel Zeit ersparte. Die Entdeckung bestand darin, daß er zwei Techniken der Porträtdarstellung, die der Silhouette und die des Kupferstechers verband und damit eine neue Art der Porträtkunst schuf. Er nannte seinen Apparat Physionotrace.

Wenn beim Miniaturporträt die persönliche künstlerische Qualität des Malers eine große Rolle gespielt hatte, so war bei der Silhouette die künstlerische Qualität schon auf handwerkliche Geschicklichkeit reduziert, die nur in der freien Nachformung der Umrißlinie persönliche Fähigkeiten entfalten ließ. Der Physionotrace verlangte noch nicht einmal das. Er bestand aus einem Gestell, das, auf dem Prinzip des Pantogrammes oder Storchschnabels aufgebaut, die Umrisse des Schattenbildes auf einer dahinter gespannten Leinwand, und zwar sehr verkleinert wiedergab. Der Wert der Erfindung lag darin, daß man mit Hilfe dieses Apparates, der mit Parallelogrammen ausgerüstet war, die Silhouette nach Belieben verkleinern konnte. Das Schattenbild brauchte nur nachgezeichnet zu werden. Der Umriß wurde dann auf eine Metallplatte übertragen und graviert. Eine einzige Sitzung genügte. Die so gewonnenen Porträts wurden zu mäßigem Preise hergestellt und serienweise verkauft. 1788 ging Chrétien nach Paris, um seine Erfindung in der Hauptstadt auszubeuten. Er verband sich mit einem Miniaturisten namens Quenedy, der sich selbständig machte, als er sah, was für einen Erfolg die neue Porträtkunst versprach. Er machte ein Konkurrenzunternehmen auf.

Ehemalige Kupferstecher und Miniaturmaler wandten sich dieser neuen Technik zu, da ihnen ihre allmählich aussterbenden Berufe keine Existenzmöglichkeiten mehr boten. Unter ihnen waren Quenedy, Gonord und Chrétien die berühmtesten. Die beiden Ersteren hatten sich in den Galerien des Palais Royal, das zu jener Zeit der Mittelpunkt des Pariser gesellschaftlichen Lebens war, etabliert. Chrétien ließ sich in der rue St. Honoré nieder.

Zu den Physionotracisten strömte bald ganz Paris. Berühmte und bekannte Persönlichkeiten der Revolution, des Consulat, des Empire und der Restauration sowie eine große Anzahl Unbekannter standen vor dem Physionotrace, der ihre Profile mit mathematischer Genauigkeit abzeichnete, Modell. In den Werken von Chrétien finden wir die Köpfe von Bailly, Marat, Pétion mit der Tricolore als Schärpe verziert, Robespierre und viele andere; bei Quenedy Mme. de Staël, Ludwig XVIII., Saint-Just, Elisa Bonaparte und viele andere bekannte Erscheinungen des politischen Lebens und der guten Gesellschaft[4].

Die Physionotracisten begannen bald ihre Technik zu verbessern und lieferten kleine Porträts auf Holz, als Medaillon und auf Elfenbein für die Summe von 3 livres, die sie nicht unter 2 Stück pro Person verkauften und bei denen sie sich die Hälfte des Preises im voraus bezahlen ließen[5]. Sie waren gute Geschäftsleute. Für 6 livres verkauften sie Bilder, die sie *Silhouette à l'anglaise* nannten und denen die Frisur und das Kostüm beigefügt wurde. Die Sitzung dauerte bloß eine Minute. Gonord stellte auch Kameen und Miniaturporträts nach der Silhouette her, die er kolorierte Silhouette nannte und für die er einen Preis von 12 livres nahm und nur eine Sitzung von 3 Minuten benötigte[6].

Das Physionotracebild schränkte die Möglichkeiten der Miniaturmaler und Kupferstecher weiter ein. In dem Salon von 1793 wurden 100 Physionotracebilder ausgestellt und im Jahre IV waren dieser Kunst im Salon bereits 12 Abteilungen gewidmet, deren jede 50 Porträts von bekannten Physionotracisten der Öffentlichkeit zur Schau bot[7].

Die Physionotracisten, besonders die drei bekanntesten, Quenedy, Gonord und Chrétien, machten sich gegenseitig erbitterte Konkurrenz. Einer warf dem anderen vor, daß er ihm seine neuesten Verbesserungen gestohlen hätte und in den Pariser Zeitungen der Zeit brachten sie ihren Streit vor die Öffentlichkeit[8]. In Annoncen, in denen sich jeder als der alleinige Erfinder der verschiedenen Techniken ausgab, versuchten sie das Publikum für sich zu gewinnen. Gonord verband mit seiner Werkstatt einen Handel mit Apparaten, die er an Amateure verkaufte. Sie wurden alle an der Erfindung reich, denn viele, die sich ein Porträt anfertigen lassen wollten, zogen es vor, zu einem Physionotracisten zu gehen, der bei so mäßigem Preis und in einer ganz geringfügigen Sitzungszeit Porträts zu liefern im Stande war, die den Miniaturen fast entsprachen. So wurden die Bilder, die mit dem Physionotrace angefertigt waren, zu einem Surrogat der Miniatur. Dieselbe Tendenz spiegelte sich auf anderen Gebieten des gesellschaftlichen Lebens wider. Die Waren des Marktes veränderten sich mit den vergrößerten Abnehmerkreisen. Billigere Ersatzware verdrängte die qualitätsreichere und teure. Luxus, aber Luxus zu mäßigen Preisen, war für den Kaufmann die beste Garantie für ein gutes Geschäft.

Das war die soziale und technische Seite der Entwicklung. Vom ästhetischen Gesichtspunkt aus betrachtet – welch Unterschied zwischen der feinen und preziösen Kunst der Miniatur, wo der Künstler tage- und wochenlang mit handwerklicher Sorgfalt an der Wiedergabe eines Kopfes arbeitete, und der neuen, beinahe schon mechanisierten Technik der Reproduktion. Die einzige Bedeutung der Physionotracebilder liegt in ihrem dokumentarischen Charakter. Wenn man die zahlreichen Werke der Physionotracisten durchblättert, so stellt man fest, daß ihre Porträts durchweg denselben Ausdruck haben – starr, schematisch und flach. Wie handwerklich die Miniaturen eines durchschnittlichen Künstlers dagegen auch bearbeitet worden waren, nie verlor sich der lebendige Zusammenhang zwischen Modell und Abbild, der in der Wiedergabe bestanden hatte. Der Miniaturist hatte die Möglichkeit, das was ihm als das wesentlichste Merkmal seines Modells erschien, im Abbild herauszuarbeiten und so weniger die Ähnlichkeit als vielmehr das Wesen seines Modells zum Ausdruck zu bringen. Beim Physionotracisten war das Schwergewicht gerade auf die andere Seite verschoben worden. Zwar gab der Apparat mit mathematischer Genauigkeit die Umrisse des darzustellenden Gesichtes wieder, aber diese Ähnlichkeit blieb ausdruckslos, weil sie nicht vom Künstler von innen heraus gestaltet werden konnte und die sorgfältige Ausführung der Kolorierung der Bilder ebenfalls gute Handwerksarbeit war. Zeugnisse einer Gesellschaft, für die die Selbstverständlichkeit der guten Form, sowohl im Umgang der Menschen untereinander, wie in den künstlerischen Gestaltungen, mit denen man sich umgab, langsam erlosch.

Der Physionotrace bildet damit den direkten Vorläufer des photographischen Apparates, wie er sich in der vorläufig letzten Stufe der Porträtherstellung, dem Photomaton und dem

Polaroid zeigt. Der Physionotracist von 1790 war der Handwerker des Porträts, wie der automatisierte Photoapparat von heute dem Stadium der durchrationalisierten Großindustrie entspricht. Von der ersteren Stufe führt eine kontinuierliche Entwicklungslinie zu der letzten, bisher am stärksten mechanisierten Form der Porträtherstellung.

Mit dem Physionotrace hatten zum ersten Mal auch die breiteren Schichten des Bürgertums die Möglichkeiten gefunden, ihr Gesicht festzuhalten. Aber seine Erscheinungsform blieb zu vereinzelt, um das Bedürfnis der bürgerlichen Mittelschichten zu befriedigen. Das Schwergewicht der Ausführung lag noch zu sehr auf handwerklicher Einzelarbeit. Erst mit der völligen Verschiebung der Ausführung auf die technische Seite, wie es beim photographischen Verfahren der Fall war, wurde das Porträt endgültig demokratisiert.

Der Physionotrace hat nichts mit der technischen Erfindung der Photographie zu tun. Man kann ihn aber als ihren ideologischen Vorläufer bezeichnen.

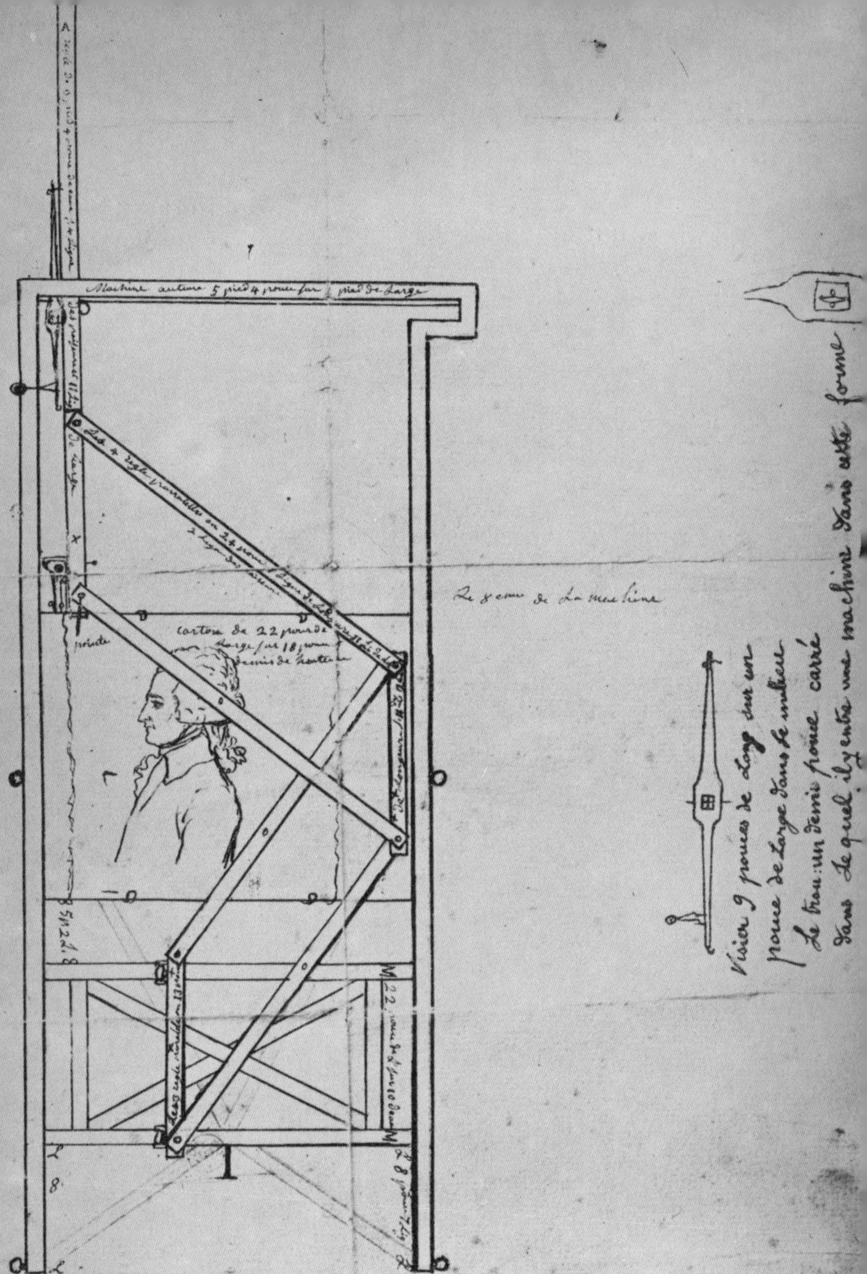

Der Physionotrace, erfunden von Gilles-Louis Chrétien um 1786

Der Komponist Cherubini (Physionotrace-Bild von Quenedy 1809)

4 Physionotrace-Porträts

Karikatur von T.-H. Maurisset, 1840

Die Photographie zur Zeit der Julimonarchie (1830–1848)

Am 15. Juni 1839 stellte eine Fraktion im Parlament den Antrag, die Erfindung der Photographie vom Staat ankaufen zu lassen und das Verfahren der Öffentlichkeit zu übergeben[9]. So wurde die Photographie mitten in das politische Leben hineingetragen und es gehört nicht zu den unwichtigsten Fragen, die man sich zum Verständnis der Entwicklung der Photographie vorlegen muß, welche der Parteien und damit welche sozialen Gruppen ein Interesse daran hatten, sich in dieser Weise der Erfindung anzunehmen. Die Zusammenhänge, welche zwischen der Entwicklung der Photographie und der Entwicklung der Gesellschaft bestehen, werden so von einem neuen Gesichtspunkt her aufgedeckt. Ein kurzer Überblick über den Aufbau der damaligen Gesellschaft mag dazu dienen, diese Zusammenhänge zu verdeutlichen.

Die Revolutionen des 19. Jahrhunderts nahmen ihren Ausgang von der sozialen Umgestaltung, die der Kapitalismus in Frankreich hervorgebracht hatte. Die liberale Revolution von 1830, die mit der Entthronung der legitimen, königlichen Dynastie jede künftige Erneuerung des Königshauses gefährdete, verhalf der bürgerlichen Gesellschaft zu ihrer *natürlichen* Macht. Frankreich befand sich in einem wirtschafts- und sozialgeschichtlichen Stadium, in dem allmählich die Manufaktur von industriellen Unternehmungen abgelöst wurde. In diesen ersten Jahrzehnten des 19. Jahrhunderts laufen noch beide Wirtschaftsformen nebeneinander her, die eine in absteigender, die andere in aufsteigender Richtung. Handwerksarbeit wird allmählich ersetzt durch Maschinen. Die Streikwelle, die 1830 in den Pariser Druckereien ausbrach als Folge der Einführung neuer Maschinen, die über Nacht viele Drucker aus ihren Stellungen drängte oder ihr Gehalt auf die Hälfte verminderte, war nur eines der Zeichen dieser neuen Entwicklung[10]. Die Zahl der mechanischen Baumwollspindeln wuchs von 466000 im Jahre 1828 auf 819000 im Jahre 1851 an; die Zahl der mechanischen Webstühle, die 1825 erst mit 250 angegeben wurde, erreichte im Jahre 1851 bereits die Zahl von 12128[11].

Dies sind nur einige Beispiele des Rationalisierungsprozesses, der sich allmählich durchsetzte und im Gesellschaftsaufbau große Veränderungen nach sich zog.

Ein Teil des Handwerks sank ins Proletariat ab, dessen Lebensbedingungen in diesen ersten Jahren der Industrialisierung durch ihr Elend sowie ihre völlige politische Bedeutungslosigkeit charakterisiert sind. Das Kleinbürgertum dagegen verbreitete sich, als Industrie und Handel aufblühten und die breiten Schichten der bürgerlichen Massen wurden die Hauptträger und konservativen Erhalter der staatlichen Ordnung. Diese mittlere und kleine Bourgeoisie, deren Mitglieder meist über ein geringes Kapital verfügten und über eine Elementarbildung, die gerade ausreichte, die Bücher zu führen, eingeschlossen in den engen Horizont ihres Ladens, diese Bourgeoisie der kleinen Händler und Funktionäre wird die Schicht sein, für die die Photographie das neue Darstellungsmittel ist, das ihrer ideologischen Einstellung und wirtschaftlichen Lage entspricht. Die soziale Stellung dieser Bourgeoisie sollte in späteren Jahren den Charakter und die Entwicklung der Photographie bestimmen. Denn durch sie wurde erst die breite Basis für eine Massenporträtkunst hergestellt.

Doch so wie die Mode, zuerst von den oberen Schichten der Gesellschaft geschaffen, von ihr aufgenommen, allmählich in die unteren Schichten herabsinkt, so bildete die erste Rezeptionsschicht für die Photographie die die Gesellschaft sozial beherrschende oberste Schicht, in deren Händen die wirkliche politische Macht lag, Industrielle, Fabrikbesitzer, Bankiers etc. und mit ihnen die Staatsmänner, Literaten und Gelehrten.

Die Gesellschaft Frankreichs ist hierarchisch nach den Verhältnissen von Besitz, Beruf und öffentlicher Stellung aufgebaut. Es muß hier auf ihre damalige Struktur eingegangen werden, um sichtbar werden zu lassen, wie die Photographie, aus der bürgerlichen Intelligenz heraus entstanden, zuerst von ihr aufgegriffen wird, erst dann allmählich absinkt zu den sozial tiefer gestellten Schichten der mittleren und kleinen Bourgeoisie, und zwar zu einer Zeit, als die soziale und gesellschaftliche Bedeutung dieser Schichten im Ansteigen ist.

Die Gesamtbevölkerung des damaligen Frankreich belief sich auf ungefähr 35 Millionen, von denen aber nur 300 000 wahlberechtigt waren und damit politische Vorrechte innehatten[12].

Die Regierungsform unter Louis Philippe war die einer konstitutionellen Monarchie, und in den Parlamenten saßen die Vertreter jener kleinen Wählerschicht, die sich zur Hauptsache aus der industriellen und kommerziellen Bourgeoisie zusammensetzte.

Außer der legitimistischen Regierungspartei waren in den Kammern noch Gruppen einer dynastischen und republikanischen Opposition vertreten. Die Erstere, die die Interessen des Adels und des Großgrundbesitzes vertrat, war von keiner besonderen politischen Bedeutung. Doch gab sie den Ton der guten Gesellschaft an. Dagegen bildete die republikanische Opposition einen anerkannten Bestandteil des damaligen politischen Lebens. Sie besaß in der Presse einen großen Wirkungskreis. Ihr Pariser Organ, *Le National*, galt in seiner Weise für ebenso respektabel wie das *Journal des Débats*. Ihre Vertreter setzten sich zusammen aus der bürgerlichen Intelligenz – republikanisch gesinnten Bürgern, Schriftstellern, Advokaten, Offizieren, Beamten etc., deren politische Gesinnung vorwiegend auf dem gegen die Wiener Verträge gerichteten Nationalismus und auf Erinnerungen an die alte Republik beruhte[13].

Die Intelligenzschichten spielen in der Geschichte jeweils eine besondere Rolle und erfüllen ganz bestimmte Funktionen innerhalb der Gesellschaft. Sie unterscheiden sich von anderen Gruppen und Schichten durch einen höheren Grad an Bildung und Wissen. Diese geistige Qualifizierung ermöglicht ihnen eine Selbstrelativierung und Orientierung und freiere Weltsicht als jenen Schichten der Gesellschaft, die durch ihre Positionen an die ökonomische und politische Situation gebunden sind.

Das liberal-humanitäre Bewußtsein des Bürgertums wurde durch diese Gruppe im Parlament am deutlichsten sichtbar. Ihrer Stellung unter der konstitutionellen Monarchie entsprach ihr Charakter. Sie war keine durch große gemeinsame Interessen abgeschlossene Fraktion der Bourgeoisie. Sie stellte nur ihre fortschrittlichste Gruppe dar. Der politisch beherrschenden Schicht, »die aus einem Gefühl der Schwäche ihre Herrschaft noch unter der Krone verbergen mußte«, setzte sie nur die Forderungen nach einer bürgerlichen Republik entgegen. Durch ihre Oppositionsstellung war sie nicht unmittelbar mit der herrschenden Politik des *juste milieu* verbunden. »Ihre Oppositionsstellung hielt sie fortwährend wach[14].«

»Kulturbejahung und Ethisierung des menschlichen Seins

charakterisieren die innere Haltung des Liberalen[15].« In dem Glauben an den Fortschritt »liegt ein Näherrücken, ein Eingehen auf das konkrete ›hic et nunc‹ der Zeit«[16] und ihre noch nicht festgefahrene politische Position gab diesem Teil der bürgerlichen Intelligenz – dem sich in der 48er Revolution der größte Teil der künstlerischen Elite anschloß – die Möglichkeit, für alle wissenschaftlichen und geistigen Bestrebungen der Zeit aufnahmebereiter zu sein als andere Gruppen und ihre Zukunftsmöglichkeiten zu ermessen. Aus ihrer Mitte kam die Anregung, die Erfindung der Photographie durch den Staat anzukaufen und der Öffentlichkeit zu übergeben.

Die demokratische Opposition war der am weitesten links stehende Flügel der republikanischen Parteien. Ihr Chef, François Arago, als Wissenschaftler wie als Politiker gleichermaßen bedeutend, war einer der markantesten Vertreter dieser bürgerlichen Intelligenz, die von dem Bewußtsein des Liberalen getragen wurde, daß alles, was dem Fortschritt dienen könnte, unterstützt werden müsse. Arago erkannte als erster die ungeheure Bedeutung, die die Photographie für Wissenschaft und Kunst und weit darüber hinaus annehmen wird, und er stellte den Antrag in der Deputiertenkammer, die Erfindung der Photographie vom Staat ankaufen zu lassen.

Jede neue Erfindung stützt sich einerseits auf schon vorhandene Erfahrungen und wissenschaftliche Erkenntnisse, andererseits ist sie durch gesellschaftliche Bedürfnisse bedingt. Hinzu kommt noch das Genie des Erfinders und mancher gute Zufall. So war auch die Erfindung der Photographie im Jahre 1826 von Nicéphore Niépce gemacht worden[17]. Er wurde im Jahre 1765 in Chalon-sur Saône geboren. Reichtum und gute Beziehungen zum Adel machten seine Familie zu den angesehensten des Burgunder Landes. Sein Vater war Advokat. Niépce entstammte also der gehobenen bürgerlichen Intelligenz. Gesichert durch seine soziale Lage, verfügte er über die für die Beschäftigung mit Erfinderproblemen nötige Freizeit. Die geistigen Traditionen der Familie und die Bildungsmöglichkeiten, die ihm in seiner Jugend offengestanden hatten, bildeten die Voraussetzung für das Verständnis wissenschaftlicher Erkenntnisse. Niépce gehörte zu dem Typus des *demi-savant*, den man auf den Schlössern und Landgütern des gehobenen Bürgertums zu jener Zeit oft antraf. Es gehörte zum guten Ton dieser Gesellschaftsschicht, mit wissenschaftlichen Experimenten zu experimentieren. Ein Zweig der exakten Wissenschaft gab dazu besonderen Anlaß: die Chemie. Geradezu ein Gesellschaftsspiel wurde das halb wissenschaftliche und halb spielerische Experimentieren mit silbersalzpräparierten Papieren, die mit irgendwelchen Gegenständen wie Blättern, Blumen etc. belegt, dem Sonnenlicht ausgesetzt wurden, welches die Umrisse dieser Formen schwärzte und Kontraste hervorrief, die sich aber, da man das Geheimnis des Fixierens noch nicht kannte, bald wieder verwischten. Dies zu einem Zeitpunkt, da alle festgefügten Traditionen ins Wanken gerieten. Die Umbruchsituation, die durch die Revolution von 1789 hervorgerufen worden war, machte das Leben selbst zu einem Experiment. Nur der Adel und die royalistisch gesinnten Kreise, zu denen auch Niépce gehörte, die es vorzogen, sich auf ihren Landgütern zu verstecken, da sie ohnehin vom politischen Leben immer mehr ausgeschaltet wurden, fanden Zeit und Muße zu solchen Experimenten. In ihnen war latent das Problem der Photographie gegeben. Niépce, der sich ebenfalls mit derartigen Versuchen beschäftigt hatte, wurde schließlich durch die 1814 nach Frankreich importierte Erfindung der Lithographie direkt zur Photographie angeregt. Als Niépce die neue Erfindung auch ausprobieren wollte, geriet er bei der Beschaffung des nötigen Materials, er lebte auf dem Lande, in Schwierigkeiten, da er dort keine passenden Steine für das lithographische Verfahren vorfand. So kam er auf die Idee, den Stein durch eine Metallplatte zu ersetzen und den Stift durch das Sonnenlicht[18]. Nach vielen unfruchtbaren Versuchen erhielt er zum erstenmal im Jahre 1826 ein entscheidendes Resultat[19]. Aber das von Niépce entdeckte Verfahren war noch sehr primitiv.

Es ist das Verdienst des durch die Erfindung seines Dioramas berühmt gewordenen Malers Daguerre, auf den Resultaten von Niépce aufbauend, die Erfindung so weit vervollständigt zu haben, daß sie allgemein brauchbar wurde[20]. Als Niépce in Armut und ohne Anerkennung seiner Leistung gestorben war, nachdem er im Laufe der Jahre sein gesamtes Vermögen für seine Versuche aufgebraucht hatte, trat Daguerre, der sich mit Niépce noch bei seinen Lebzeiten in Verbindung gesetzt hatte, nach seinem Tode mit dem Sohn Isidore, dessen einziges väterliches Erbteil in dem Wert der Erfindung bestand, in ein Vertragsverhältnis ein, durch das sie die Erfindung gemeinsam exploitieren wollten[21]. So wie sich Niépce jahrelang vergeblich darum bemüht hatte, Geldgeber für seine Erfindung zu interessieren, so schienen auch die gleichen Versuche durch Daguerre zu scheitern. Eine öffentliche Subskription blieb ohne jeden Erfolg; Kaufleute waren nicht zu interessieren. Kein Geldgeber wollte sein Vermögen für eine noch so zweifelhaft erscheinende Erfindung riskieren, denn die ersten photographischen Proben ließen den Wert der Erfindung nicht erkennen. Man mußte die Silberplatte gegen das Licht halten, damit das Abbild darauf sichtbar wurde. Das Versagen jeglicher Initiative zur Förderung der Photographie von kaufmännischer Seite aus kann wiederum nur als charakteristisches Zeichen des damaligen Standes der gesellschaftlichen Entwicklung verstanden werden. Denn noch waren die Köpfe der Kaufleute nicht allgemein vom Denken in Spekulationen erfüllt. Die mächtige Entfaltung der Industrie setzte erst in den sechziger Jahren ein. Der Kaufmann von 1830 begnügte sich mit Geschäften, deren Erfolge er von vornherein überschauen konnte, und noch waren die Börsenkurse nicht das Barometer des Reichtums.

Der geschäftstüchtige und ehrgeizige Daguerre hatte verlangt, daß sein Name an erster Stelle bei der Veröffentlichung zu stehen hätte und er, der als ehemaliger Direktor des Dioramas Publizität zu machen wußte, verstand in den Salons der guten Gesellschaft die Erfindung zum Gesprächsstoff zu machen[22]. Doch sicherlich ist es kein Zufall, daß erst gegen Ende der dreißiger Jahre des 19. Jahrhunderts, zugleich mit der Entwicklung der exakten Wissenschaften, diese sich für die Erfindung zu interessieren beginnen. Fast 15 Jahre nach ihrer Erfindung wird die Photographie der Öffentlichkeit übergeben.

»Alles, was zum Fortschritt der Zivilisation beiträgt, zum physischen und moralischen Wohle der Menschen, muß ständig Gegenstand der Betrachtung einer umsichtigen Regierung sein, und diejenigen, die durch glückliche Ergebnisse beitragen, an dieser edlen Handlung mitzuhelfen, müssen ehrende Belohnungen als Vergeltung für ihren Erfolg erhalten[23].«

Nichts charakterisiert besser die ethische Haltung und die Fortschrittsvorstellung des Liberalen als diese Worte, mit denen sich der Wissenschaftler Gay-Lussac in der Pairskammer für denselben Gesetzvorschlag einsetzte, den Arago sechs Wochen vorher in der Deputiertenkammer zum Antrag gebracht hatte. Der Gesetzesentwurf sprach dem Erfinder des Daguerreotyps, dem Maler Daguerre, eine lebenslängliche Rente von

6000 frs. und dem Sohne seines ehemaligen Mitarbeiters Niépce 4000 frs. zu[24]. Ohne Gegenstimme wurde der Antrag von den Kammern angenommen.

Der französische Staat hatte damit die Erfindung gekauft und übergab das Verfahren in einer am 19. August 1839 stattfindenden Sitzung der *Académie des Sciences* der Öffentlichkeit[25]. Einer der Gründe dafür ist aber auch darin zu sehen, daß die Erfindung auf patentrechtliche Schwierigkeiten stieß; das Verfahren war so einfach, daß man sich nur schwer vor Nachahmung hätte schützen können.

Die geistige Elite von Paris, die aus den anerkanntesten Wissenschaftlern und Künstlern der Zeit bestand, war vollzählig in der *Académie des Sciences* versammelt. Bereits um 11 Uhr morgens war der Zustrom der Menge beträchtlich. Bald darauf wurden die Türen des Institutes förmlich gestürmt. Alles was einen Namen hatte, war auf den Bänken versammelt. Die Anwesenheit von ausländischen Wissenschaftlern bewies das ungeheure Interesse, welches die Erfindung schon in so kurzer Zeit weit über Frankreichs Grenzen hinaus gefunden hatte[26]. Arago selbst setzte die Technik des Verfahrens auseinander und wies das atemlos zuhörende Publikum darauf hin, welch einen ungeheuren Dienst die Photographie den Wissenschaften leisten könne. Wie wird die Archäologie durch die neue Technik bereichert werden! »Um die Millionen Hieroglyphen zu kopieren, die die großen Monumente von Theben, von Memphis, von Karnak bedecken, wären Jahrzehnte und Legionen von Zeichnern notwendig. Mit dem Daguerreotyp kann ein einziger Mann diese ungeheure Arbeit ausführen[27].« Der Künstler wird in dem neuen Verfahren ein wertvolles Hilfsinstrument finden und die Kunst selbst wird durch das Daguerreotyp demokratisiert werden[28]. Arago verlas ein Gutachten des Malers Delaroche. Die astronomische Wissenschaft wird ebenfalls durch diese Erfindung bereichert werden. Das Panorama, das Arago in seiner Rede über die vielseitigen Wirkungen der Erfindung entwirft, läßt das Ausmaß ihrer wirklichen Bedeutung erkennen und die Größe Aragos wird sichtbar, wenn er mit seherischem Weitblick sagt: »Wenn Erfinder eines neuen Instrumentes dieses zur Beobachtung der Natur anwenden, so ist das, was sie davon gehofft haben, immer eine Kleinigkeit im Vergleich zu der Reihe nachfolgender Entdeckungen, wovon das Instrument der Ursprung war[29].«

Der Vortrag Aragos wurde zu einem gesellschaftlichen Ereignis, das in allen Pariser Blättern auf das Lebhafteste besprochen wurde[30].

In den darauffolgenden Wochen bot Paris – nach den Berichten der Zeitungen – das bis dahin unbekannte Schauspiel von experimentiersüchtigen Parisern, die, mit fast zentnerschweren Apparaten und Hilfsinstrumenten beladen, auf die Suche nach Motiven gingen. Den Graveuren wurde der Untergang ihres Gewerbes prophezeit. Die Läden der Optiker, die die ersten photographischen Apparate ausstellten, wurden belagert. Die Daguerreotypie bildete das unerschöpfliche Gesprächsthema der Salons. Paris war um eine Sensation reicher geworden.

Der Veröffentlichung der Photographie hatte zur Folge, daß sich aus den verschiedensten Ländern Erfinder meldeten, die die Entdeckung für sich beanspruchten[31].

Die neue Erfindung hatte in den weitesten Kreisen der Gesellschaft Aufmerksamkeit und Interesse erregt, doch ihre technische Unvollkommenheit und die außerordentlichen Kosten, die das Photographieren in den ersten Jahren nach ihrer Bekanntmachung noch verursachte, machten sie vorläufig nur den obersten Schichten des Bürgertums zugänglich. Sie war nur für wenige reiche Liebhaber und für wissenschaftliche Versuche erreichbar. Das Daguerresche Verfahren war ein umständlicher Prozeß: man mußte eine lichtempfindlich gemachte Silberplatte den Einwirkungen von Joddämpfen aussetzen und sie damit gebrauchsfähig machen[32]. Die besondere Schwierigkeit lag darin, daß man die Platte erst kurz vor ihrem Gebrauch präparieren konnte und sie sofort nach ihrer Belichtung, die oft mehr als eine halbe Stunde dauerte, entwickeln mußte. Arago gab in seinem Bericht allein zur Vorbereitung die Zeit von einer dreiviertel Stunde an. Bei Landschaftsaufnahmen mußte man mit geräumigen Zelten oder Laboratoriumswagen an die Arbeit gehen, da die Operationen an Ort und Stelle ausgeführt werden mußten. Die lange Belichtungszeit wurde bei Porträtaufnahmen zu einem Leidensweg der Aufgenommenen. Die Qualen der ersten Opfer, denen die Schweißtropfen von Stirne und Wange flossen, die auf dem mit Puder geschützten Gesicht unliebsame Streifen erzeugten, spiegelten sich auf dem so gewonnenen Abbild getreulich wider[33]. Die Daguerreotypie litt außer an allen diesen Schwierigkeiten noch an einem weiteren fundamentalen Nachteil; sie war nicht kopierfähig. Sie erzeugte immer nur ein einziges Bild. Daher konnte auf Grundlage der Daguerreotypie keine große Industrie entstehen. Die ersten Apparate, die bei dem Optiker Giroux in Paris verkauft wurden und die Daguerre konstruiert hatte, waren groß und unförmig und wogen mit allem Zubehör rund 50 kg. Die Preise für einen solchen Apparat differierten zwischen 300 und 400 frs., für den damaligen Stand des Geldes eine enorme Summe, die sich nur eine kleine Schicht leisten konnte.

Das der Photographie vom Publikum entgegengebrachte Interesse und die wirtschaftlichen Möglichkeiten, die frühzeitig erkannt wurden, beschleunigten die Bemühungen um eine Verbesserung der Technik und führten schon in wenigen Jahren zu einer Verbilligung der gesamten Apparatur.

Die Verbesserungen betrafen zunächst die Optik. Schon Ende des Jahres 1839 konstruierte der Baron Séguier einen Apparat, der an Umfang und Gewicht nur den dritten Teil der von Daguerre konstruierten Kamera ausmachte. Diese Apparate waren nur 14 kg schwer und transportabel. Ihr Preis betrug 1841 nur noch 250 bis 300 frs.; für noch kleinere Apparate zahlte man 170 bis 200 frs. Die Platten, die ein Jahr vorher noch 3 bis 4 frs. gekostet hatten, wurden im Jahre 1840 bereits schon für 1 bis 1,50 frs. verkauft. Im Jahre 1846 belief sich der jährliche Verkauf in Paris auf ungefähr 2000 Apparate und 500000 Platten, ein Beweis, wie gering noch die Zahl der Interessenten war, verständlich wegen der noch enorm hohen Preise. Nach Chevalier waren es die Professoren Ettinghausen und Petzval aus Wien, die weitere Verbesserungen an der Optik vornahmen. Schließlich wurde das von dem Optiker Voigtländer konstruierte Objektiv eine bedeutende Konkurrenz für die französischen Apparate, so daß man sie unter der Bezeichnung *système allemand* zu billigeren Preisen verkaufen mußte. Ein Katalog von dem Optiker Leresbours aus dem Jahre 1842 bezeichnet ihren Preis mit 200 frs.[34].

Die Verbesserungen der Optik hatten zur Folge, daß sich die Belichtungszeit verminderte. Im Jahre 1839 waren noch 15 Minuten in greller Sonne zur Belichtung einer photographischen Platte nötig. Schon ein Jahr später brauchte man im Schatten nur noch 13 Minuten. 1841 hatte sich die Belichtungszeit schon auf 2 bis 3 Minuten verringert und 1842 waren es nur noch 40 Sekunden. Ein bis zwei Jahre später steht der Porträtaufnahme von dieser Seite her kein Hindernis mehr entgegen.

In allen Ländern Europas hatte die Daguerreotypie einen großen Erfolg, besonders aber in Amerika, wo sie zu einem blühenden Geschäft wurde. Gegen Ende des Jahres 1839 schickte Daguerre einen Vertreter in die Vereinigten Staaten. Seine Aufgabe bestand darin, Ausstellungen von Daguerreotypien zu organisieren und in Vorträgen das Verfahren zu erklären. Damit hoffte er den Verkauf von Apparaten zu fördern, die von der Firma Alphonse Giroud & Co. nach seinen Angaben hergestellt wurden. Sein kommerzielles Interesse erklärt zweifellos, warum er sich so beeilte, seine Erfindung im Ausland bekannt zu machen.

Um 1840 war die amerikanische Gesellschaft noch nicht in festgefügte Schichten gegliedert. Die Aufstiegschancen des Einzelnen waren noch ganz von seiner persönlichen Initiative abhängig. Zwischen 1840 und 1860, in der Zeit als die Daguerreotypie in Amerika blühte, vollzog sich dort der Wandel von einer landwirtschaftlichen zu einer industriellen Gesellschaft, dank zahlreicher technischer Erfindungen, die der amerikanische Entdeckergeist hervorbrachte. (Unter anderem die künstliche Kühlung, die Mähmaschine, neue Methoden serieller Herstellung, und ebenfalls der Ausbau eines großen Eisenbahnnetzes.) Die Städte wuchsen; es ist die Zeit des Goldrauschs und der Städtegründungen im Westen. Die junge Nation war stolz auf ihre Errungenschaften und fand in der Photographie ein ideales Mittel zu ihrer Verewigung. Unternehmungslustige und findige Yankees eröffneten in den Städten photographische *saloons*, oder zogen in Wohnwagen, die zu Photo-Ateliers ausgebaut waren, über Land und in die Zeltstädte. Man schätzt, daß um 1850 bereits zweitausend Daguerreotypisten in Amerika tätig waren, und daß 1853 etwa drei Millionen Photos gemacht wurden. Die Gesamtproduktion belief sich zwischen 1840 und 1860 auf mehr als dreißig Millionen Photographien. Der Preis für ein einzelnes Bild betrug, je nach Größe, zwischen zweieinhalb und fünf Dollar. Man schätzt, daß die Amerikaner 1850 für Porträts, die fünfundneunzig Prozent der photographischen Produktion ausmachten, zwischen acht und zwölf Millionen Dollar ausgegeben haben. Für die erfolgreichen Pioniere der jungen amerikanischen Demokratie wurde diese neue Technik der Selbstdarstellung zum Symbol ihrer Repräsentationsbedürfnisse.

Aber erst als die nicht kopierfähige Daguerresche Metallplatte durch das Glasnegativ ersetzt wurde, von dem beliebig viele Abzüge hergestellt werden können, waren die unumgänglichen Bedingungen für das Entstehen einer großen Porträtindustrie geschaffen. Eine weitere Schwierigkeit, die langen Vorbereitungen, die jede Platte vor ihrer Verwendung unmittelbar beanspruchte, wurde im Jahre 1851 durch das von dem Maler Le Gray erfundene Collodiumverfahren behoben. So war der Weg frei für die Entwicklung des photographischen Porträts und damit zugleich für die Entwicklung neuer Industriezweige: optische Anstalten, Fabrikation von Apparaten, chemische Fabriken und besonders Plattenfabriken taten sich auf. Auch die Papierindustrie wurde um einige Spezialabteilungen bereichert und viele Nebenzweige anderer Industrien, Herstellung von Spezialrahmen, in Leder gebundene Alben etc. entstanden. So verschwand allmählich die Daguerreotypie und die Erfindung trat in ihr zweites Stadium: die Photographie. Nun erst begann die Porträtphotographie größere Bedeutung anzunehmen, so daß die sich an sie anknüpfenden Probleme erst mit der zweiten Hälfte des 19. Jahrhunderts akut werden.

Die erste Photographie der Welt, von Nicéphore Niépce um 1827

Daguerreotypie (um 1840)

Daguerreotypie (um 1840)

Nadar der Ältere im Ballon (Atelieraufnahme um 1863)

Hippolyte Bayard: Stilleben (1839)

Die ersten Photographen

Jede große technische Erfindung ist die Ursache von Krisen und Katastrophen. Alte Gewerbe werden verdrängt; neue entwickeln sich. Ihr Entstehen bedeutet zugleich einen Fortschritt, auch wenn die von ihnen bedrohten Gewerbe zum Untergang verurteilt sind.

Die Erfindung der Photographie wurde schon in kurzer Zeit zur Ursache eines Verdrängungsprozesses, in dessen Verlauf die Porträtkunst als Ölmalerei, Miniatur und Gravure, wie sie für die mittleren Schichten des Bürgertums in Frage kam, fast gänzlich ausgeschaltet wurde. Mit unheimlicher Schnelligkeit setzte sich dieser Prozeß durch. Die als Miniaturisten, Graveure und Maler tätigen Künstler verloren fast alle ihre Existenzmöglichkeiten. Aus dieser Gruppe kamen nun die ersten, die sich dem neuen Berufe zuwandten. Die Künstler, die eben noch gegen die Photographie als eine seelenlose Maschine protestiert hatten, die mit Kunst nichts zu tun hätte, machten sich, als die ökonomische Notlage ihren Widerstand brach und sie dazu zwang, sich auf den neuen Beruf umzustellen, allmählich zu ihrem Organ. Dabei kamen ihnen die Erfahrungen ihrer ursprünglichen Brotarbeit zustatten, und nicht allein ihre künstlerische, sondern auch ihre handwerkliche Vorbildung war es, der man das hohe Niveau ihrer photographischen Leistungen zu verdanken hat. Die technische Erfindung der Photographie gab ihnen die Idee zu einer neuen künstlerischen Gestaltungsart, die nun ihrerseits die Technik inspirierte, ihr Richtung gab und Aufgaben stellte.

Diese erste Zeit des photographischen Porträts enthält eine außerordentlich interessante Tatsache. Die Photographie, an der Schwelle ihrer Entwicklung stehend, mit einer noch primitiven Technik, erlebt eine künstlerische Vollendung, wie sie in dieser Art nie wieder erreicht worden ist. Parallel zu dieser Entwicklung geht ein Verfall, der sich von Jahrzehnt zu Jahrzehnt vertieft, und es besteht sicher ein tiefer Zusammenhang darin, daß die Wirksamkeit dieser ersten *Künstlerphotographen* in das erste Jahrzehnt der photographischen Entwicklung fällt – »jenes Jahrzehnt, das ihrer Industrialisierung vorausgeht«. »Es wäre nicht zu verwundern, wenn die photographischen Praktiken, die heute zum erstenmal den Blick auf jene vorindustrielle Blütezeit zurücklenken, in unterirdischem Zusammenhang mit der Erschütterung der kapitalistischen Industrie stünden[35].« Diese ersten Photographen, die von sich aus niemals einen Kunstanspruch hegten, arbeiteten bescheiden für sich. Ihre Werke waren nur einem kleinen Kreis von Freunden vertraut. Sie überließen den Kunstanspruch jenen Geschäftsphotographen, die mit sinkendem künstlerischem Niveau ihrer Arbeit diese um so eifriger dem Publikum als Kunst schmackhaft zu machen versuchten.

Viele der ersten Photographen stammen aus jenem Milieu, das man allgemein *Bohème* nennt. Maler, die sich nicht durchsetzen konnten, Literaten, die sich von gelegentlichen Artikeln recht und schlecht durchschlugen, Miniaturisten und Graveure, die durch die neue Erfindung brotlos geworden waren, kurz alle jene mittleren und kleinen Talente, die das Wort Künstler für sich beanspruchten, sich aber meist nicht durchgesetzt hatten, gingen zu dem neuen Beruf über, der ihnen geradezu glänzende Verdienstmöglichkeiten zu versprechen schien[36].

Zu Anfang der zweiten Hälfte des Jahrhunderts war die Photographie in ihrer technischen Entwicklung bereits soweit, daß man für diesen Beruf keine speziellen Kenntnisse mitbringen mußte. Die Photographie war kein wissenschaftliches Experiment mehr. Die nötigen Utensilien wurden von eigenen Industriezweigen hergestellt. Rezepte für Entwickler und Fixiersalze verlangten keine besonderen chemischen Kenntnisse. Apparate in den verschiedensten Formaten waren bei einer ganzen Anzahl von Optikern erhältlich. Eine Reihe von photographischen Büchern war bereits erschienen, die für jeden Laien verständlich waren und die photographische Verfahren genau beschrieben. Die Einrichtung eines photographischen Ateliers war mit einigen 100 frs. zu bestreiten.

Gleichzeitig liefen also, wie oben schon kurz angedeutet, zwei verschiedene Entwicklungslinien des photographischen Porträts nebeneinander her, die vom ästhetischen Gesichtspunkt aus betrachtet, einerseits eine aufsteigende Linie und andererseits einen Verfall repräsentieren. Dieses Kapitel befaßt sich mit der ersten Phase des photographischen Porträts, den *Künstlerphotographen*.

Einer der bedeutendsten und interessantesten Photographen dieser Epoche war der Zeichner, Karikaturist, Schriftsteller und Aeronaut Felix Tournachon-Nadar, der im Jahre 1853 ein photographisches Atelier in der rue Saint-Lazare eröffnete. Sein Schicksal ist ein typisches Beispiel für die Entstehung dieser ersten Photographenschicht. Geboren 1820 in Paris, verbrachte er seine früheste Jugend in Lyon, wo die Tournachons schon seit Generationen ansässig waren und der Vater die Traditionen der Familie als Verleger und Drucker fortsetzte. Die Familie Tournachon gehörte zu der wohlhabenden, royalistisch gesinnten bürgerlichen Intelligenz der Provinz[37], die eine Rolle in den Kreisen der guten Gesellschaft spielte und für die es zur Selbstverständlichkeit gehörte, ihren Sohn studieren zu lassen. Felix Tournachon wurde nach Paris geschickt, wo er sich auf dem Collège Bourbon für die Universitätsstudien vorbereiten sollte. Fern von der Familie, ohne den Druck der väterlichen Autorität, folgte er seinen Studien sehr unregelmäßig. Als er später auf Verlangen der Eltern Medizin studierte – ein Arzt nahm ja in der guten Gesellschaft einen angesehenen Platz ein – beschäftigte er sich mehr mit der Literatur als mit der Anatomie. Doch ganz plötzlich nahm das alles ein Ende. Das Geschäft des Vaters erlitt einen finanziellen Zusammenbruch durch eine kostbare Ausgabe des *Buffon* und die Herausgabe eines siebensprachigen Lexikons. Mit dem Studium war es zu Ende. Felix Tournachon trauerte ihm sicher nicht sehr nach. Er mußte etwas tun, was ihm Geld einbrachte. So wandte er sich dem Gebiet zu, das ihn schon als Gymnasiasten am meisten beschäftigt hatte, der Literatur. 18jährig mußte er nach Lyon zurückkehren. Unter dem Pseudonym Nadar begann er kleine Artikel zu schreiben. Er arbeitete für das *Fanal de Commerce* und den *l'Entr'acte Lyonnais*. Mit 22 Jahren ging er nach Paris, dem Zentrum des geistigen und gesellschaftlichen Lebens, zurück. Die Einwohnerzahl der Stadt war von 600000 im Jahre 1776 auf über eine Million um 1840 angewachsen[38]. Zu dem Strom der Bevölkerung, der sich vom Lande zur Stadt bewegte, in der Hoffnung auf bessere Existenzmöglichkeiten, gehörten auch jene Angehörige der Intelligenz, die in den aufgelockerten Kreisen der Großstadt Anregung und Aufstiegschancen suchten. Nadar war einer unter ihnen. Vielleicht hoffte er auch, durch seinen Verwandten, den Karikaturisten Gavarni, Beziehungen zu Künstlerkreisen anknüpfen zu können. Gavarni, der ständiger Mitarbeiter des berühmten Witzblattes *Charivari* war, regte ihn auch sicher dazu an, es auch einmal mit der Karikatur zu versuchen. Nadar, der nicht das Geld hatte, um eine Zeichenschule zu besuchen, bildete sich auf eigene Faust. Bald erschienen seine ersten Karikaturen. Zu gleicher Zeit schrieb er auch Artikel für die Zeitschriften *Vogue*, *Le Négociateur*, *L'Audience*, und nebenbei begann er Malerei zu studieren. Alles Künstlerische beschäftigte ihn, und bald erschienen auch seine ersten Novellen im *Corsaire*[39]. Er fand Anschluß an eine Gruppe gleichaltriger Kameraden, die wie er »ohne Einkommen oder fast ohne Einkommen« in kleinen billigen Hotels oder Mansarden des »Quartier Latin« lebten, »unbekümmert um den morgigen Tag« und in romantischen Vorstellungen verfangen, ein »freies« Künstlerleben zu führen.

Die Elektrizität existierte noch nicht; nur einige seltene Lampen gaben ein spärliches Licht in den engen und schlechtgepflasterten Straßen des *Quartier Latin*. Um 1836 bestand das einzige Verkehrsmittel in Paris aus Pferdeomnibussen, von denen es nicht mehr als hundert gab. In den Cafés und Crêmerien der *rive gauche*, in einem Milieu kleiner Angestellten, Handwerker, Arbeiter und Studenten, lernte er die Mitglieder der *Bohème* kennen und gehörte zu ihrer *bande*[40]. Murger, Champfleury, Delvau und andere wurden seine besten Freunde, und im Jahre 1843 gründeten sie den Club der *Buveurs d'eau*, in dem sie über ihre literarischen und sonstigen künstlerischen Arbeiten diskutierten[41]. Und mit ihnen und als einer der Ihren führte Nadar das »sehr unregelmäßige Leben der Bohème«[42].

Die Stellung der Mitglieder der Bohème innerhalb der Gesellschaft war eine für diese Zeit charakteristische Erscheinung. Die Industrialisierung machte sich auch in den Sphären der Kunst bemerkbar. Sie griff auf die vom wirtschaftlichen Prozeß scheinbar entferntesten Erscheinungen über, wie z. B. die Literatur. Die Umwälzung, die hier vor sich gegangen war, manifestierte sich zuerst in der periodischen Presse. Die Erweiterung der Annonce zum Fundament der wirtschaftlichen Basis der Zeitung und die Einführung des Romanfeuilletons im Jahre 1836 bildeten die Grundlage für Veränderungen in Richtung auf eine neue industrielle Literatur.

Der Ausbau einiger Zeitungen nach den Prinzipien der freien Konkurrenz in der kapitalistischen Wirtschaft hatte zunächst einen fast um die Hälfte verminderten Abonnementspreis zur Folge. Dadurch verdreifachte sich die Zahl der Leser, worauf das Format der Blätter vergrößert wurde. Damit begann auch die Literatur, besonders die der Zeitung, ihren Charakter zu verändern[43], denn sie war dazu gezwungen, sich dem Publikumsgeschmack zu unterwerfen, um ihre Abnehmerschicht und damit ihre ökonomische Basis nicht zu verringern. Für den Schriftsteller, der den Gesetzen der Wirtschaft unterstellt ist, wurde der Wert des Geldes, nachdem sich seine Ware Literatur richtet, oftmals zum Maßstab seines Schaffens[44].

Damit war auch die Stellung des Künstlers innerhalb der bürgerlichen Gesellschaft selbst problematisch geworden. An Stelle der persönlichen Beziehungen zwischen Auftraggeber und Auftragnehmer, wie sie noch am absolutistischen Hof bestanden hatte, an dem der Künstler mehr die Stelle eines Kunsthandwerkers einnahm, der in keinem festen Verhältnis zum Auftraggeber stand, tritt zugleich mit der Entpersönlichung der menschlichen Beziehungen innerhalb der kapitalistischen Gesellschaft, der *freie* Künstler einem *freien* Auftraggeberkreis gegenüber, der ihn, wenn er sich nicht gerade der in Mode gekommenen Geschmacksrichtung anzupassen versuchte, mitleidslos dem *Hôtel Dieu* oder der *Morgue* auslieferte[45].

Gleichzeitig aber ist der Künstlerstand aufgrund der durch die bürgerliche Revolution bewirkten Demokratisierung der Bildungsmöglichkeiten nicht mehr allein das Privileg der kleinen gebildeten Schicht des Adels und der Bourgeoisie, sondern steht allen Ständen der Bevölkerung offen. Damit vollzog sich innerhalb der sozialen Struktur der französischen Intelligenz eine entscheidende Umwälzung. Um das Jahr 1843, vier Jahre nach Veröffentlichung der Photographie, entsteht in Paris erstmalig ein intellektuelles Proletariat: die Bohème.

Das, was man unter Bohème um 1840 in Paris verstand, war sozial keineswegs ein einheitliches Gebilde. Ihre obere Schicht, die sich hauptsächlich aus der *Jeune France* zusammensetzte und deren Mitglieder bereits um die 40 waren, als Nadar und seine Freunde um 20 Jahre alt waren, bestand aus jenen Künstlerkreisen, die sich durchgesetzt hatten und zum anerkannten Bestandteil der herrschenden Schicht der Gesellschaft zählten[46]. Es waren fast alles öffentlich angesehene Leute, die als Künstler und Schriftsteller einen großen Wirkungskreis besaßen. Ihrer Herkunft nach gehörten sie meist diesem gehobenen Bürgertum an und in einigen Salons spielten sie eine bedeutende Rolle. In einem Anflug von Ironie nannten sie sich mitunter die *Bohème galante*. Die untere Schicht der Bohème dagegen, die eigentliche, proletarisierte, und für die es charakteristisch war, daß sich fast alle ihre Mitglieder nicht durchsetzten, stammte aus ärmlichen, kleinbürgerlichen Kreisen der Provinzstädte, vom Lande, aus dem Handwerkerstand der Großstadt oder aus verarmten Kreisen des Bürgertums, wie Nadar[47].

Zunächst versuchte sich Nadar durch den Erlös von Artikeln und Zeichnungen durchzuschlagen. Doch bald ging es ihm so wie den meisten seiner Freunde. Die Aufträge reichten für den Lebensunterhalt nicht aus. Es waren nicht viele Zeitungen, für die sie arbeiten konnten. Der gute Bürger wollte von dieser anrüchigen Gesellschaft nichts wissen und für den Bohèmien war das Wort *Bourgeois* das schlimmste Schimpfwort[48]. Sie fühlten sich als Außenseiter, und ihre soziale Misere machte sie auch dazu. Außerdem stellten sie einen Teil der jungen Generation dar, die durch ihr Außenseitertum und ihre soziale Herkunft bedingt in Oppositionsstellung zur herrschenden bürgerlichen Schicht und damit zugleich zur herrschenden Kunstauffassung stand. Denn die Kunstpolitik des *juste milieu* versperrte ihnen jede Möglichkeit, ihre künstlerischen Auffassungen zu realisieren, da der weitaus größte Teil der Zeitungen und Journale eben jene als Publikum zu verzeichnen hatte, die sie aus tiefstem Herzen verachteten.

Mit Feder und Farbe zieht Nadar gegen diese Bourgeois zu Felde; 1848 gehört er dann zu den Intellektuellen, die sich zur Revolution bekennen und aktiv an ihr teilnehmen. Einer seiner intimsten Freunde war Louis Blanc.

In den Jahren vor der Revolution nahm er eine Stellung an, die ihm ein festes Einkommen sicherte. Zuerst war er als Sekretär bei Charles de Lesseps und später bei dem Deputierten V. Grandin, die beide gleich ihm republikanisch gesinnt waren[49]. Beim Ausbruch der Revolution gab er seine Stellung von einem Tag zum anderen auf und beschloß, mit seinem Freunde Fauchery nach Posen zu gehen, um am polnischen Aufstand teilzunehmen. Bei der Durchreise durch Deutschland hatte er das Pech, verhaftet zu werden, da er sich wahrscheinlich als Revolutionär gekennzeichnet hatte, und wurde während der Dauer der Unruhen in Eisleben interniert.

Nach Paris zurückgekehrt, stürzte er sich wieder ganz in die Literatur. Er schrieb Artikel und Novellen, gründete 1849 die

Revue comique und machte witzige Karikaturen für das *Journal pour Rire* und für den *Charivari*. Er heiratete sehr jung. Verschwenderisch und großzügig wie er war, kam er immer wieder in materielle Schwierigkeiten; denn nun hatte er nicht nur sich allein, sondern auch eine Familie zu ernähren.

Eines Tages besuchte ihn ein Freund, der Schriftsteller Chavette, und als ihm Nadar über seine ökonomischen Sorgen klagte, erzählte ihm Chavette von einem Bekannten, der eine vollständige photographische Ausrüstung gern für ein paar hundert Francs losschlagen möchte. Er redete ihm dringend zu, sich doch als Photograph niederzulassen, es einmal damit zu versuchen, da dieser Beruf, der gerade in Mode gekommen ist, doch sicher eine ausgezeichnete Erwerbsquelle wäre. Nadar war zuerst über das Anerbieten empört und wehrte sich gegen diese Zumutung, denn wie alle Künstler seiner Zeit war er gegen die Photographie eingestellt, denn es waren bereits Elemente in diesen Beruf eingedrungen, die das Ansehen der Photographie zu untergraben begannen. Von der Kunst fortzugehen? Nur auf Gelderwerb sehen? Nadar konnte keinen Entschluß fassen, doch bald, durch die ökonomischen Sorgen dazu getrieben, entschloß er sich doch zu dem neuen Beruf und im Jahre 1853, 14 Jahre nach der öffentlichen Bekanntgabe der Photographie, als 33jähriger, eröffnete er ein photographisches Atelier, 113 rue Saint-Lazare.

Zu Nadar, der unendlich viele Leute kannte und dessen Photos berühmt wurden, strömte alles, was in der Kunst, Literatur und Politik Bedeutung hatte, um sich von ihm photographieren zu lassen. In wenigen Jahren wurde er eine jener Pariser Berühmtheiten, von denen alle Welt sprach. In seinem Atelier traf sich die Künstlerelite von Paris. Der Maler Eugène Delacroix, der Illustrator Gustave Doré, der Komponist Giacomo Meyerbeer, der Schriftsteller Champfleury, der Kritiker Sainte-Beuve, der Dichter Baudelaire, der Revolutionär Bakunin und viele andere Größen ihrer Zeit standen ihm Modell und die Kamera gibt mit meisterhafter Vollendung alle diese Charakterköpfe wieder[50]. Mit den meisten von ihnen verbanden ihn intime freundschaftliche Beziehungen und gemeinsame künstlerische Interessen, denn Nadar gab die Schriftstellerei und die Karikatur nicht auf, sondern arbeitete auch weiterhin an verschiedenen Zeitungen mit.

Das Publikum, das den ersten Abnehmerkreis des photographischen Porträts darstellte, setzte sich aus Mitgliedern der bürgerlichen Schichten zusammen, und vor allem aus Künstlern und Intellektuellen. Die Schauspielerin, die sich jeden Abend aufs Neue der Kritik der Öffentlichkeit aussetzen muß, zögert auch nicht vor der exakten Wiedergabe durch die Platte; der Künstler ist leicht geneigt, auch diese Neuigkeit kennenzulernen, denn Tradition und Vorurteil binden ihn weniger als die kleinbürgerlichen Massen, die zuerst mit Mißtrauen jede neue Errungenschaft der Technik betrachten und deren Widerstand erst weicht, wenn sie allgemein anerkannt sind.

Vor den ersten Photographien Nadars steht man gebannt, und die Gesichter, die einem entgegenschauen, sprechen mit einem seltsamen Ausdruck der Verinnerlichung zu uns. Die ästhetische Qualität dieser Bilder liegt darin, daß die Physiognomie das Bild beherrscht und die Bewegungen des Körpers nur dazu dienen, ihren Ausdruck zu unterstreichen. Die Pose wirkt noch unverkrampft. Nadar ist der erste Photograph, der das Gesicht des Menschen neu entdeckt. Die Kamera ist ganz dicht herangerückt an die Intimität der Gesichtslandschaft. Es geht ihm nicht um äußere Schönheit, sondern darum, den charakteristischen Ausdruck eines Menschen zu finden und festzuhalten. Die Retouche, die den Gesichtern ihr Eigenleben nahm und sie zu abgeleckten, ausdruckslosen und glatten Abbildern machte, gehört einer späteren Epoche der Photographie an.

Beim Anblick dieser ersten Photographien, die heute mit staunender Bewunderung betrachtet werden, stellt sich zugleich die Frage, warum es damals dem Photographen gelang, aus dem Apparat ein künstlerisches Instrument zu machen. Nadar, der durch und durch Künstler war, besaß einen geschmacklichen Takt, der ihm dazu verhalf, die Elemente der Photographie im richtigen Maß auszunutzen. Doch entscheidend war, daß er zu fast allen seinen Modellen freundschaftliche Beziehungen hatte. Sie alle waren ja seine Freunde, mit deren Schicksal und künstlerischen Leistungen ihn ein ganz besonderes Interesse verband. Die Beziehungen, die zwischen Aufgenommenen und Photographen bestehen, waren noch nicht gestört durch kommerzielle Beweggründe. Die Photographie war noch keine Ware, deren Wert sich in 100 Francs vergegenständlichte, und die Künstler, die sich von ihm photographieren ließen, kamen zu ihm als Freunde und nicht als Kunden. Denn die Kamera war immerhin noch in einem Stadium, wo das Gelingen einer Aufnahme weitgehend von den Bemühungen des Modells abhängig war. Die Synthese des Ausdruckes, die durch das lange Stillhalten des Modells erzwungen wird, sagte Orlik von der frühen Photographie, ist der Hauptgrund, weshalb diese Lichtbilder neben ihrer Schlichtheit gleich guten gezeichneten oder gemalten Bildnissen eine eindringlichere und länger andauernde Wirkung auf den Beschauer ausüben, als neuere Photographien.

Die photographischen Bildnisse von Nadar sind charakteristisch für die erste Stilepoche der Photographie. Seine Porträts und die einer Anzahl anderer Photographen seiner Zeit, die unter ähnlichen Umständen arbeiteten wie er, Carjat, Robinson, Le Gray u. a. können als Kunst bezeichnet werden, weil sie, wie jede authentische Kunst, ohne jegliches Geschäftsinteresse gemacht wurden. Bezeichnend für diese Epoche ist das berufliche Verantwortungsgefühl, die Abwesenheit falscher Prätentionen und die Kultur derjenigen, die diesen Beruf ausübten. Wenn man sich klarmacht, was für uns die Porträts von Baudelaire bedeuten, die Nadar und Carjat hinterlassen haben, kann man für diese Photographen Bewunderung und Dankbarkeit empfinden, die man einem Künstler zollt.

Für Nadar waren diese Aufnahmen kein Geschäft, denn seine Freunde, die sich von ihm photographieren ließen, hatten zumeist ebensowenig Geld wie er. Die größte Anzahl dieser Aufnahmen waren von Nadar aus Freundschaft gemacht worden und sie brachten ihm nichts ein. So wandte er sich wieder ganz dem Journalismus zu und überließ das Atelier, welches sich jetzt in der Nähe vom Panthéon befand, seinem Bruder. Doch schon nach kurzer Zeit kehrte er wieder zur Photographie zurück, die ihm doch auf die Dauer ein sicheres Einkommen versprach, sobald er sich mehr auf andere, bürgerliche Kreise einstellen würde.

Damit begann die zweite Stilepoche der Photographie. Der Photograph sah sich verpflichtet, dem Geschmack eines neuen Publikums entgegenzukommen, das sich aus den reichen bürgerlichen Kreisen zusammensetzte.

Als Nadar gegen seinen Bruder einen Prozeß führte, da dieser unter dem Namen Nadar aufgetreten war, wurde ihm vom Gericht das alleinige Recht, diesen Namen zu tragen, zugesprochen und allmählich wurde er auch in den bürgerlichen Kreisen so berühmt, daß er sehr große Geldsummen verdiente – für ein Bild zahlte man damals durchschnittlich 100 frs. – und einen Stab von Mitarbeitern beschäftigen konnte.

Um diese Zeit machten die Brüder Godard, die sich mit den Problemen der Luftschiffahrt beschäftigten, viel von sich reden. Sie hielten ganz Paris in Atem, wenn sie mit ihren selbstkonstruierten Ballons in die Luft stiegen. Nadar, der sich für jede neue Idee schnell begeisterte und von Einfällen sprühte, kam durch diese Versuche auf die Idee, photographische Aufnahmen aus der Luft zu machen[51]. Mit Feuereifer stürzte er sich auf die Realisierung des neuen Vorhabens und nach verschiedenen mißglückten Versuchen, die durch die primitive Technik der Kamera ungeheuer erschwert wurden – es war noch die Zeit des nassen Collodiumverfahrens und Nadar mußte sich im Ballon eine Dunkelkammer einrichten, um die Platten vor dem Gebrauch zu präparieren, eine lange Belichtungszeit kam hinzu –, gelang es ihm im Frühling 1856, als erster Aufnahmen aus der Luft zustandezubringen[52].

Diese Erfindung erregte großes Aufsehen, denn was für neue Möglichkeiten erschlossen sich dadurch besonders für die Kriegstechnik. Nadar, der die Erfindung patentieren ließ, wurde später, nach der Belagerung von Paris durch die deutschen Truppen, zum Chef einer aerostatischen Kompanie ernannt und beauftragt, die Bewegungen des Feindes von der Höhe eines Ballons, der auf dem Platz Saint-Pierre (heute Place de l'Etoile) aufgestellt war, zu beobachten und, wenn möglich, Aufnahmen zu machen[53].

Die Aerostatik beschäftigte Nadar bald so sehr, daß er beschloß, die Technik bei den Brüdern Godard zu erlernen. Er schloß mit ihnen einen Vertrag zur gemeinsamen Erweiterung und Verbesserung der Erfindung ab und nachdem er verschiedene Male mit gewöhnlichen Ballons aufgestiegen war, ließ er sich nach seinen Angaben einen enormen Ballon konstruieren, den er *le Géant* nannte und mit dessen Bau er eine epochemachende Erfindung gemacht zu haben glaubte. Das Problem der Luftschiffahrt bestand damals nämlich noch darin, daß man zwar mit einem Ballon schon einige hundert Meter in die Höhe steigen konnte, aber in der Richtung ganz den jeweiligen Luftströmungen ausgeliefert blieb. Nadar glaubte die Steuerung gefunden zu haben. Ganz Paris war anwesend, als er sich am 4. Oktober 1863 mit seinem Riesenballon in die Lüfte erhob.

Der Versuch mißglückte; der Ballon ging bei Meaux nieder. Am 18. Oktober wiederholte er den Versuch und stieg in Begleitung seiner Frau und mehrerer Freunde wieder auf. Diesmal ging der Ballon in Hannover nieder und zwar so unglücklich, daß er fast mit seiner Familie und seinen Freunden ums Leben gekommen wäre. Sein Versuch war wieder mißglückt; trotzdem unternahm er noch einen weiteren im September in Brüssel und einen anderen ein Jahr darauf in Lyon. Das einzige Ergebnis dieser Abenteuer bestand darin, daß diese Versuche ein ungeheures Vermögen verschlungen hatten. »Der *Géant* hatte ihn enorme Summen gekostet[54].« Ein Prozeß, den er mit seinen Associés, den Brüdern Godard, führte, damit sie die Hälfte des Verlustes auf sich nehmen sollten, verhalf ihm nicht dazu, seine Finanzen zu retablieren. Nadar war nach diesen unglücklich verlaufenen Versuchen ein armer Mann, mit einer großen Schuldenlast beladen, und es blieb ihm nichts weiter übrig, um seine ökonomische Situation zu verbessern, als sich wieder ganz auf die Photographie zu konzentrieren.

War das Schicksal Nadars typisch für die Entstehung einer Künstlerphotographenschicht, so war das Leben des Malers Le Gray charakteristisch für ihr Ende.

Gustave le Gray war Maler, Schüler des *père Picot*, dessen Atelier unter dem Julikönigtum einen gewissen Ruf hatte. Der *père Picot* setzte die Tradition von David, Gérard und Girodet fort und er nahm einen Platz in der zeitgenössischen Malerei ein, deren Sterne Aleaux, Steuben, Vernet waren, einige von den Berühmtheiten, die am Ausbau des Schlosses von Versailles mitgearbeitet hatten. Le Gray fand in diesen Malerkreisen – was nicht zu verwundern war, denn es waren die Maler des *juste milieu* – nicht die Anregungen, die er suchte. Noch jung, doch schon Vater einer Familie, stand er in dauerndem Kampf mit den materiellen Anforderungen des Lebens. So wurde er zwischen künstlerischen Konflikten und pekuniären Schwierigkeiten hin- und hergeworfen. Seine einzige Freude bestand darin, sich in sein kleines Laboratorium zurückzuziehen, das er sich neben seinem Atelier im *chemin de ronde de la barrière de Clichy* eingerichtet hatte, um sich, wie so viele Maler seiner Zeit, mit der Chemie und besonders der Zubereitung von endgültigen Farben zu beschäftigen. Als die Photographie erfunden wurde, begann er sich zuerst ganz besonders für die chemische Seite der Erfindung zu interessieren. Das neue Verfahren nahm bald seine ganze Zeit in Anspruch. Nach jahrzehntelanger Beschäftigung mit ihrer wissenschaftlichen Seite und nach vielerlei Versuchen gelang es ihm, ein neues Verfahren zu erfinden: das trockene Collodiumverfahren, das für die Entwicklung der Photographie von einschneidender Bedeutung wurde. Und schließlich kam auch er, wie viele Künstler seiner Zeit, auf den Gedanken, Photograph zu werden in der Hoffnung, durch das so schnell aufblühende Gewerbe seine Existenzmöglichkeiten zu verbessern. Die Familie drängte ihn zu diesem Schritt, Freunde redeten ihm zu, und so entschloß er sich endlich, die Kunst aufzugeben und Photograph zu werden. Es fand sich ein Geldgeber, der Graf von Briges, der ihm an der Grenze von Paris, im heute reichen Viertel der Madeleine, ein Haus mietete. Zu dieser Zeit war dieses Pariser Viertel noch kaum bewohnt. Man traf dort höchstens ein paar vereinzelte Spaziergänger, die die wenigen vorhandenen Läden studierten. Das Terrain war noch sehr billig zu haben. Es war kurz vor der Zeit, als sich Paris nach Westen auszudehnen begann. So bekam das Haus bald eine ausgezeichnete Lage. Fast gleichzeitig installierten sich in ihm zwei Photoateliers. Im Erdgeschoß eröffneten die Brüder Bisson einen eleganten Laden, vor dem sich bald das Publikum staute, die schönen Photos – Ansichten der Bibliothek, des Louvre und der Schweiz – betrachtend. Die *Bisson-frères*, 1814 und 1826 in Paris geboren, waren Söhne eines Wappenmalers. Der Ältere, der zuerst den Beruf eines Architekten ausgeübt hatte, trat 1838 in die Stadtverwaltung und begann sich zu dieser Zeit mit der Chemie zu beschäftigen. Er wurde Schüler von M. Dumas und Becquerel. Der Jüngere beschäftigte sich mit dem Zeichnen und Malen von Wappen und wurde durch den Vater ausgebildet. Die beiden Brüder assoziierten sich dann später, um die Photographie auszuüben. Wie der Maler Le Gray fanden sie um 1848 herum einen Geldgeber, der ihnen die Eröffnung eines schönen photographischen Ateliers ermöglichte. Zufällig richteten sie sich im gleichen Hause wie Le Gray ein. Im oberen Stockwerk lag das photographische Atelier des Malers Le Gray.

Der Laden der Bissons erregte bald Aufsehen. Nicht nur der Luxus und der gute Geschmack, mit dem sie ihn ausgestattet hatten, sondern auch die Vollendung ihrer Arbeiten, die sie in ihren Schaufenstern ausstellten, zog ein interessiertes Publikum an. Ihr Laden wurde bald zu einem Treffpunkt der geistigen Elite. Die Besucher reichten sich, auf einem großen Diwan sitzend, die Photographien von Hand zu Hand. Man diskutierte die neuesten Fortschritte der Photographie. Théophile Gauthier, der Schriftsteller Louis Cormenin, Saint-Victor, der Kunstkritiker Janin, Gozlan, Méry Préault, der Maler Delacroix, Penguilly und viele andere gingen in dem Laden der Bissons ein und aus. Auch der Baron Rothschild war einer der oft gesehenen Gäste ihres Hauses. Und bevor diese Besucher die Brüder Bisson verließen, stiegen sie zu dem Porträtisten Le Gray hinauf, um sich seine neuesten Arbeiten zeigen zu lassen.

Doch dieses Publikum war im umgekehrten Verhältnis zu seinem Verständnis für die neue Kunst ein um so schlechterer Abnehmer. Die meisten hatten nicht viel Geld, und während Le Gray in seinem Atelier an diese Freunde freigebig seine Photographien verschenkte – und man muß sich vorstellen, wieviel Mühe und Arbeit jede einzelne Aufnahme in jener Frühzeit der Photographie noch beanspruchte –, taten die Bissons im Erdgeschoß dasselbe. Der hohe Preis einer Aufnahme schreckte das Bürgerpublikum, dessen Zustrom allein die Existenz der Photographen gesichert hätte, noch ab. Als die Geldgeber der Bissons und von Le Gray sahen, daß die neue Erfindung kein einschlägiges Geschäft versprach, zogen sie sich zurück. Die Folge war, daß Le Gray und die Brüder Bisson durch den Mangel ihres Geschäftssinns bald Atelier und Laden wieder aufgeben mußten. Der entscheidende Schlag, der sie gänzlich ruinieren sollte, war Disderis Erfindung eines neuen Formats, das es ihm erlaubte, die Porträts für ein Fünftel des bisher üblichen Preises zu verkaufen. Entweder mußte man sich auf die neue Konkurrenz umstellen und so wie Disderi massenweise Porträts liefern, womit notwendigerweise Sorgfalt und künstlerische Gestaltung in den Hintergrund traten, oder man mußte der neuen Entwicklung weichen. Le Gray, für den als Maler die künstlerische Frage eine entscheidende Rolle gespielt hatte, wollte sich nicht auf eine solche Massenfabrikation einlassen, und so blieb ihm nichts anderes übrig, als schleunigst sein Atelier zu liquidieren. Enttäuscht und verzweifelt ging er nach Ägypten, wo es ihm gelang, eine Anstellung als Zeichenlehrer zu erhalten. Verbittert über sein Schicksal verbrachte er dort seine letzten Jahre. Er starb 1868. Einige Dutzend seiner Bilder sind erhalten und legen Zeugnis ab von der künstlerischen Qualität, die er als Photograph bewies. Als echter Künstlerphotograph hatte er die Pose und die Retouche gleichermaßen verachtet.

Das Schicksal von Le Gray mußte unter den ersten Photographen jeden treffen, der der kommerziellen Seite des Berufs nicht genügend Aufmerksamkeit widmete. Sie wurden fast alle von der unwiderruflich vorwärtsschreitenden Entwicklung der Industrie, die wie alle anderen Gewerbe auch die Photographie umgestaltete, in ihrer Existenz vernichtet.

Zu den wenigen Ausnahmen, die sich durch die industrielle Entwicklung nicht ausschalten ließen, gehörte Nadar. Als von Disderi die Verbilligung des photographischen Porträts durchgesetzt worden war und sich damit die Zahl der Abnehmer erheblich steigerte, stellte er sich auf das neue Format und den billigeren Preis um, führte die Retouche ein und beschäftigte eine Reihe von Hilfskräften. Er selbst leitete nur noch die Aufnahmen und empfing die Besucher. Nadar wurde wieder ein reicher Mann, der sich Häuser und Grundstücke kaufen konnte. Aber verglichen mit seinen früheren Aufnahmen verloren die jetzigen immer mehr an Qualität, denn der Geschmack des Publikums, nach dem man sich richten muß, wenn man den Beifall der Kundschaft nicht verlieren will, verführte ihn dazu, seine Kunden vor der Kamera Posen einnehmen zu lassen. Nur ganz selten noch dringt in seinen späteren Bildern etwas von jener künstlerischen Qualität durch, die Nadar einst zum größten französischen Künstlerphotographen werden ließ.

Nur vier Jahre nach der feierlichen Übergabe des photographischen Verfahrens an die französische Öffentlichkeit, zu einem Zeitpunkt, als die Photographie sich noch in Frankreich auf der technisch primitiven Stufe der Daguerreotypie befand, gelang es 1843 in England dem Maler David Octavius Hill, mit der technischen Hilfe seines Freundes Robert Adamson, photographische Bilder aufzunehmen, deren außergewöhnliche Schönheit in vieler Hinsicht später nie wieder erreicht worden ist.

Hill wurde 1802 im schottischen Perth als Sohn eines Buchhändlers geboren und starb im Jahre 1870 in Edinburgh. Fast sein ganzes Leben verbrachte er in der Stille dieser schönen Stadt. Als Maler war er von mittelmäßiger Qualität, wurde gleichwohl von seinen Landsleuten hoch geschätzt. Sein Werk besteht hauptsächlich aus Landschaften im romantischen Geschmack der Zeit. Nur ein einziges Mal – da aber gleich in großem Stil – ergab sich für ihn die Gelegenheit, eine Aufgabe von außerordentlichen Dimensionen zu verwirklichen. Im Mai 1843 nahm er an der Gründung der schottischen Freikirche teil. Aus Anlaß dieser Kirchenspaltung fand in der Edinburgher *Tanfield Hall* einc große Kundgebung statt. Mehr als zweihundert Geistliche versammelten sich dort, um ihren Austritt aus der presbyterianischen Kirche zu proklamieren und um eine selbständige Kirche zu gründen. Hill erhielt den Auftrag diese erste Synode für alle Zeiten festzuhalten. Er war kein guter Porträtist, und entschloß sich, die Photographie zu Hilfe zu nehmen.

Das in England um diese Zeit bekannte photographische Verfahren war die von dem Wissenschaftler Fox Talbot ungefähr gleichzeitig mit der Erfindung der Daguerreotypie in Frankreich entwickelte *Calotypie.* Fox Talbot hatte auf einer Italienreise beim Zeichnen von Landschaften eine *Camera obscura* zu Hilfc genommen. Die Erfahrungen, die er dabei machte, brachten ihn auf den Gedanken, die in der *Camera* entstehenden Bilder zu fixieren. Die Forschungen, die er in dieser Richtung unternahm, führten schließlich zu einem Verfahren, mit dem es möglich war, auf Papier, das mit Wachs transparent gemacht wurde, Negative herzustellen. Diese Negative besaßen gegenüber den Daguerreschen Unikaten den Vorzug, daß man beliebig viele Abzüge davon machen konnte.

Mit dieser Methode arbeitete auch Hill. Der Apparat, den er benutzte, war ein Modell ähnlich dem von Daguerre konstruierten. Seine Linse war aber so schwach, daß die Menschen, die er photographierte, auch bei vollem Sonnenlicht drei bis sechs Minuten stillsitzen mußten. Umso bemerkenswerter ist es, daß Hill diesem Objektiv stets treublieb, obwohl die Aufnahmetechnik später ständig verbessert wurde. Zweifellos hat er aus künstlerischen Erwägungen die technisch bedingte Unschärfe absichtlich beibehalten. In den Jahren nach 1843 widmete er sich ganz der Photographie. Seine Porträts sind nicht nur deshalb so bewundernswürdig, weil Hills künstlerisches Gespür darin zum Ausdruck kommt, sondern auch weil die Menschen, die er photographierte, mit geradezu inbrünstiger Aufmerksamkeit bei der Sache waren. Diese Konzentration macht jedoch nie den Eindruck von Künstlichkeit; sie wirkt auf den heutigen Betrachter vielmehr durch ihre ausdrucksstarke Unbefangenheit so, als ob jeder der Dargestellten in einer Art religiöser Spannung willens gewesen sei, sein Bestes zu geben. Die jahrelangen Studien mündeten schließlich alle in ein riesiges Gemälde von über fünf Quadratmetern Fläche, auf dem ungefähr fünfhundert Personen zusammengepfercht sind. Dieses Bild, das ihn zwei Jahrzehnte lang beschäftigte, ist heute vergessen, doch die Photographien, die ihm als Vorlage gedient hatten, werden für immer zu den bewegendsten Zeugnissen der frühen Photographie gehören.

Die Blütezeit der künstlerischen Photographie fand ihren Abschluß schon 20 Jahre nach der Veröffentlichung der Erfindung von Niépce. Die Künstlerphotographen wurden abgelöst oder selbst transformiert zu Berufsphotographen, für die nicht mehr die künstlerische Qualität, sondern vor allem das Geldverdienen an erster Stelle stand. Wenn sie auch diese Absicht gerade mit der Betonung ihrer künstlerischen Qualität zu verdecken trachteten und die Streitfrage, ob die Photographie eine Kunst sei oder nicht, die seit Bestehen der Photographie Gegenstand erbitterter Diskussionen gewesen war, nicht begraben, sondern im Gegenteil jetzt schärfer umkämpft wurde als je, trug das nicht dazu bei, den Geschmack der neuen Photographenschicht zu heben.

Mit dem technischen Fortschritt, der keineswegs ein Feind der Kunst sein muß, sondern ebenso ihr Förderer sein kann, wurde zugleich für ein halbes Jahrhundert die künstlerische Qualität der Bildnisphotographie vernichtet.

Die Gesetze der rationalisierten Wirtschaft bewirkten, daß der Mensch selber mit seiner Arbeit sich immer mehr der Maschine unterwerfen mußte, eine Tendenz, die sich auch in der Entwicklung der Geschichte der Photographie widerspiegelt. Sie tritt in eine neue Phase ein, denn grundlegend hat sich jetzt das Gesicht der Gesellschaft verändert.

Nadar der Ältere: Sarah Bernhardt (1859)

Hyperrealismus um 1843: David Octavius Hill
Ein Gemälde, entstanden von 1843 bis 1866,
nach Porträtphotos als Vorlage.

Etienne Carjat: Charles Baudelaire (1859)

Nadar der Ältere: Gustave Doré (1859)

Ein kommerzielles Photo: Disderi (Selbstporträt)

Der Schauspieler Gueymard

Der Maler Descamps

Der Gelehrte Ortolan

Der Schriftsteller Paul d'Ivoi

Le Gray: Die Kaiserin Eugénie um 1860

Die Photographie im Zweiten Kaiserreich (1851–1870)

Das sechste Jahrzehnt des 19. Jahrhunderts wurde zu einem Wendepunkt für die soziale und ökonomische Entwicklung Frankreichs, der sich in der gesellschaftlichen Struktur, in der Umwandlung der Lebensbedürfnisse manifestierte und allen Erscheinungsformen des gesellschaftlichen Lebens seinen Stempel aufdrückte. Die Politik Napoleons III. führte in Frankreich eine erste Gründerepoche herauf. Der Kaiser fühlte sich dazu berufen, die bürgerliche Ordnung sicherzustellen. Industrie und Handel sollen aufblühen. Eine Unzahl von Eisenbahnkonzessionen werden verliehen, staatliche Subventionen gegeben, der Kredit wird organisiert. Überall entstehen neue Unternehmungen, Reichtum und Luxus des Bürgertums mehren sich. In die fünfziger Jahre fallen die Anfänge der Pariser Warenhäuser, des *Bon Marché*, des *Louvre*, der *Belle Jardinière*. Der Umsatz des *Bon Marché*, der 1852 nur 450000 frs. ausmachte, stieg 1869 auf 21 Millionen[55].

Von den Auswirkungen dieser Politik profitierte auch das Kleinbürgertum; außerdem schuf die staatliche Zentralisierung, deren die moderne Gesellschaft bedarf, in Frankreich einen ungeheuren Beamtenapparat, der eine gesicherte Position einnahm. Aus diesen kleinbürgerlichen Schichten bildete sich ein neuer Kundenkreis für das photographische Porträt. Das Streben des zu Wohlstand gekommenen Kleinbürgers geht darauf hinaus, seinen Stand und seine Stellung auch nach außen hin zu dokumentieren, und die fast ausschließliche Aufgabe der Photographie in dieser Zeit besteht darin, dieses Repräsentationsbedürfnis zu befriedigen.

Im Jahre 1855 werden im Rahmen der großen Ausstellung der Industrie Sonderabteilungen für die Photographie eröffnet. Damit wird die Photographie zum erstenmal auch der breiten Öffentlichkeit vertrauter gemacht. Diese Ausstellung bildet den Auftakt für ihre industrielle Entwicklung. Bis dahin war die Photographie nur kleinen Kreisen, und zwar den fortschrittlichsten der Gesellschaft, der Intelligenz, Künstlern und Gelehrten bekannt geworden. Die Veröffentlichung des Verfahrens durch Arago im Jahre 1839 in der Akademie der Wissenschaften war vor einem Publikum geschehen, das sich hauptsächlich aus der Künstler- und Gelehrtenwelt zusammengesetzt hatte. So waren in der *Société héliographique*, der ersten photographischen Gesellschaft, die im Jahre 1851 gegründet worden war, vor allem Maler, Künstler und Gelehrte vertreten[56]. Jetzt begann sich die große Masse für die Photographie zu interessieren, und wenn sich bis dahin nur die geistige Elite durch die Platte hatte wiedergeben lassen, veränderten sich von jetzt ab die Gesichter auf den Photographien.

Das Publikum drängte sich auf der Ausstellung vor den unzähligen Porträts berühmter und bekannter Persönlichkeiten. Man muß sich vorstellen, was es zu jener Epoche bedeutete, die Berühmtheiten des Theaters, der Tribüne, kurz des öffentlichen Lebens, die man bis dahin nur aus der Ferne bewundern konnte, auf einmal so lebenswirklich vor sich zu sehen. Die Ausstellung bewies, daß es schon eine ganze Reihe von Photographen gab, die mit Geschmack und künstlerischem Verständnis das neue Verfahren zu handhaben wußten. Die meisten hatten aus ihren ehemaligen Berufen besonders dazu geeignete Fähigkeiten mitgebracht, denn noch sind die Photographen in der Überzahl, die aus Künstlerberufen stammten. Vor den Aufnahmen des Bildhauers Adam Salomon, der Porträts von Persönlichkeiten aus der Politik, der Finanz und der eleganten Welt ausgestellt hatte, vor denen der Maler Adolphe, Berne-Bellecourt, der Karikaturisten Nadar, Bertall, Carjat, der Maler Louis de Lucy und vielen anderen drängte sich die Menge. Das große Format war vielfach bevorzugt und die Bilder nahmen oft noch einen Umfang von fast einem halben Meter ein. Mit äußerster Sorgfalt waren sie bearbeitet worden. Ihre künstlerische Qualität lag zu großem Teil auch darin, daß die meisten von ihnen noch nicht mit der Retouche vergewaltigt worden waren.

Mit der Verschiebung des Auftraggeberkreises veränderte sich auch die Schicht der Photographen. Der plötzliche Aufstieg Napoleons, der sich am 20. Dezember 1852 zum Kaiser von Frankreich ausrufen ließ, wurde zum Vorbild für viele, die – gestern noch unsichere Existenzen – plötzlich durch Börsenspiel und Spekulation zum Unternehmer aufstiegen. Die Anfänge des Kaiserreiches wurden eine goldene Zeit für alle diejenigen, die mit kaufmännischem Instinkt die Konjunktur witterten, die nichts zu verlieren hatten und die Chance auszunützen verstanden. Es war eine außerordentlich günstige Zeit für Unternehmungen, die den neuen Bedürfnissen der mittleren Schichten entgegenkamen.

Wenn ein neuer Beruf sich eröffnet, der die Chance hat zu einer fruchtbaren Erwerbsquelle zu werden, strömen ihm regelmäßig auch Elemente zu, die nicht organisch zu ihm übergewechselt sind und keine auch noch so indirekte Beziehung zu ihm einnehmen. Erleichtert wird diese Bewegung, wenn die Voraussetzungen, die man zu disem Beruf mitbringen muß, nicht groß sind. Der Beruf des Photographen zog wegen seiner geringen Anforderungen alle diejenigen an, die auf unsicheren Existenzgrundlagen standen, kurz aus der unbestimmten, hin- und hergeworfenen Masse abgesunkener Existenzen stammten, und die durch ihren Mangel an Bildung zu keinem höheren Beruf aufsteigen konnten. Damit aber aus der Photographie ein erfolgreiches Unternehmen wurde, mußte ihre Entwicklung eine neue Richtung nehmen.

1852 oder 1853 tauchte in Paris ein Mann auf, dem es glückte, die Entwicklung der Photographie entscheidend zu verändern. Ein neues photographisches Atelier öffnete seine Pforten mitten im Zentrum von Paris, Boulevard des Italiens No. 8. Ein Mann namens Disderi hatte sich dort niedergelassen. Nie vorher hatte man seinen Namen in Paris gehört. Er war in Genua geboren und der Sohn eines Tuchmachers. Sehr jung wanderte er nach Paris aus, welches in den Gründerjahren gute Aufstiegsmöglichkeiten versprach. Seine Zeitgenossen erzählen von ihm, daß er kaum über die nötigste Elementarbildung verfügte[57]. Doch ohne Zweifel war er mit praktischer Intelligenz und Wirklichkeitssinn begabt. Mit diesen Fähigkeiten hätte er in jenen Zeiten der Prosperität mit gleichem Erfolg sicher auch irgendeinen anderen Artikel als gerade die Photographie »fabrizieren« können. Die Photographie jedoch schien ihm eine besonders gute Quelle des Gelderwerbs zu sein.

Disderi hatte die Bekanntschaft des Zeichners Chandellier gemacht, der gerade von einem alten Onkel, einem Landgeistlichen, 80000 frs. geerbt hatte. Er verschaffte sich von ihm das Geld, um damit ein großzügiges Atelier einzurichten.

Es war Zufall, daß gerade Disderi die entscheidende Umstellung des photographischen Gewerbes verursachte. Die Verbesserung, die er einführte, lag in der Luft. Er hatte als erster mit richtigem Instinkt erkannt, was den Zeitverhältnissen entsprechen mußte.

Er sah: die Photographie ist wegen ihrer Kostspieligkeit nur wenigen wohlhabenden Leuten zugänglich. Diese Kostspieligkeit wird verursacht einerseits durch das große Format; außerdem erlaubte die Metallplatte keine Abzüge. Die besonderen Schwierigkeiten bei der Bearbeitung der Metallplatte und das große Format nahmen zu viel Mühe und Zeit in Anspruch, so daß der Photograph entsprechend hohe Preise nehmen mußte. Da er meist ohne Hilfskräfte arbeitete, konnte er auch nur eine begrenzte Anzahl von Aufnahmen liefern. Disderi erfaßte alle diese Mängel und erkannte, daß man es im photographischen Gewerbe nur zu etwas bringen konnte, wenn es gelänge, den Auftraggeberkreis zu vergrößern und die Porträtaufträge zu steigern. Dies konnte man aber nur, wenn man sich auf die ökonomischen Verhältnisse der Massenschichten umstellte. Und so kam Disderi auf einen genialen Einfall. Er verkleinerte das Format. Er erfand die *carte de visite*, deren Maß ungefähr unserem heutigen 6 × 9 cm Format entspricht. An die Stelle der Metallplatte setzte er das Glasnegativ, das bereits erfunden war, und so konnte er für den fünften Teil des bis dahin üblichen Preises eine Aufnahme mit einem Dutzend Abzügen liefern. Disderi verlangte ungefähr 20 frs., wo man bislang 50 bis 100 frs. für eine einzige Aufnahme bezahlt hatte. Indem er die Proportionen und den Preis des photographischen Porträts umgestürzt hatte, begann Disderi die Photographie endgültig populär zu machen. Das, was sich bis dahin nur der Adlige und der reiche Bürger leisten konnte, wurde nun auch für die neuaufsteigenden Schichten des Bürgertums erschwinglich. Das Bedürfnis der sparsamen Bürger, sich den oberen Schichten anzugleichen, hatte zur Beschleunigung der technischen Entwicklung eines Gewerbezweiges geführt.

Disderi begann eine wahre Mode des photographischen Porträts zu kreieren. Ein ganz besonderer und unerwarteter Umstand gab dieser noch einen weiteren Aufschwung. Als Napoleon III. am 10. Mai 1859 mit großem Pomp an der Spitze des Armeekorps, das zum italienischen Feldzug auszog, durch die Boulevards von Paris ritt, hielt er plötzlich vor dem Hause des Photographen Disderi, um sich photographieren zu lassen, und hinter ihm wartete die gesamte Armee, dem Range nach aufgestellt, Gewehr im Arm, bis der Photograph das Bild des

Kaisers hergestellt hatte. Von diesem Augenblick an fand die Begeisterung für Disderi keine Grenzen mehr. Die ganze Welt kannte seinen Namen und den Weg zu seinem Hause.

Die unabsehbare Reihe der Kunden, die jetzt vor seinem Objektiv vorbeidefilierte, brachte ihm Millionen ein. Die Kamera hatte das Porträt endgültig demokratisiert. Künstler, Gelehrte, Staatsmänner, Beamte, Angestellte, Bankbesitzer, Kaufleute, Händler, vor der Kamera sind sie alle gleich. Sie macht keinen Unterschied zwischen dem Kaiser von Frankreich und dem untersten Funktionär des Staates. Vor der Kamera waren die Klassenunterschiede innerhalb der verschiedenen Schichten des Bürgertums aufgehoben. Repräsentations- und Angleichungsbedürfnis der unteren Schichten waren damit gleichermaßen befriedigt.

Als guter Geschäftsmann hatte Disderi seine Erfindung der *carte de visite* 1854 patentieren lassen[58]. Sein Etablissement wurde zum größten nicht nur von Paris, sondern in Europa. Er beschäftigte einen ganzen Stab von Mitarbeitern. Außer seinen zwei Ateliers, das eine nahm allein zwei Stockwerke ein, nützte er die Konjunktur aus und errichtete noch ein sehr großes photographisches Laboratorium. Innerhalb von 48 Stunden konnte er so Hunderte von Reproduktionen zu einer verhältnismäßig geringen Summe liefern. Er begann unter dem Gesichtspunkt, zu mäßigen Preisen Massenware herzustellen, einen Handel mit Porträtalben berühmter Zeitgenossen.

Dem Staat schlug Disderi vor, die Bilder des Louvre zu photographieren. Er versuchte sich sofort das Vorrecht der Reproduktion zu sichern und pries sein patentiertes Format der *carte de visite* an, da es wegen seiner Handlichkeit die meisten Abnehmer finden würde[59]. Unter dem Vorwand, die Kunst zu demokratisieren, kam er aus Geschäftsinteresse auf tausenderlei Ideen. Unter anderem schlug er vor, die Photographie im Heere zu organisieren. Am 19. Februar 1861 bekam er vom Kriegsminister den Auftrag, seine Vorschläge durchzuführen. Jedes Regiment sollte von nun an einen eigenen Photographen und Gehilfen mit sich führen[60].

Doch aus dem Geschäftsinteresse des Einzelnen entstand in dieser Phase der kapitalistischen Wirtschaft Nutzen für die Allgemeinheit. Die Kunst wurde durch die Photographie weitgehend popularisiert. Wir werden auf dieses Problem noch zurückkommen. Das Theater wurde durch die Veröffentlichung von Schauspielerporträts noch populärer. Im Jahre 1855 sah Disderi schon voraus, welchen ungeheuren Nutzen die Photographie für die Wirtschaft und für das gesamte öffentliche Leben einmal haben wird. Er ahnte die Möglichkeiten, die sich für die Photographie einige Jahre später in der Industrie der bedruckten Stoffe, der Porzellane, farbigen Leinen, bei Architekten, Medizinern, Mechanikern, Konstrukteuren etc. ergeben würden.

Es wäre schwierig zu berechnen, wieviele Millionen in diesen Jahren des Triumphes durch seine Hände gingen. Disderi gehörte zu dem Typ des Parvenüs, der den ihm zufließenden Reichtum mit vollen Händen verschwendete. Der Luxus seiner Wohnung, seine zahlreichen Landhäuser und sein kostbarer Pferdestall wurden zum Pariser Stadtgespräch.

Sein Abstieg vollzog sich ebenso schnell wie sein Aufstieg. Disderi hatte durch das Herabdrücken der Preise die Künstlerphotographen ruiniert, die sich nicht umstellen wollten. Jetzt wurde er selber das Opfer seiner Erfindung.

In allen Städten Frankreichs und besonders in Paris schossen photographische Ateliers aus dem Boden. Angehörige verschiedenster Berufe wandten sich dem photographischen Metier zu, das ihnen als sehr erfolgversprechend erschien. Es wurde zum Sammelbecken für alle möglichen Individuen. Der eine, Fortier, ein ehemaliger Färber, ein anderer, Tipier, der Sohn eines Juristen, ein dritter, ein kleiner Angestellter, der vielleicht gerade aus seiner Stellung herausgeworfen worden war[61]. Man muß nur das notwendige Geld auftreiben, das zum Bau eines Ateliers, dem Kauf von photographischen Apparaten und dem nötigen Zubehör erforderlich war, und Geld war in diesen Zeiten des photographischen Erfolges leicht zu bekommen.

Die gegenseitige Konkurrenz trieb zu immer größeren technischen Verfeinerungen; man mußte sich etwas einfallen lassen, um das Publikum anzuziehen. Disderi sonnte sich in seinem Ruhm. Wie so viele, die plötzlich zu Geld und Reichtum gekommen sind, spielte er den reichen Herrn und beschäftigte sich mehr mit Pferderennen und Börsenspekulation als mit seinem Geschäft. Seine Berühmtheit ließ allmählich nach, während die Klagen seiner Kunden sich häuften, und allmählich wanderten sie alle zu anderen Photographen ab, bei denen sie sorgfältiger bedient wurden. Die *carte de visite* war trotz seines

Patents von anderen Photographen übernommen worden. Der Reichtum zerfloß unter seinen Händen, und plötzlich sah er sich wieder so arm wie am Anfang seiner Karriere. Disderi mußte seine Ateliers aufgeben, seinen Besitz verkaufen. Er verließ Paris und ging an die Riviera, nach Biarritz, nach Monaco, um mit seinem einst so bekannten Namen neue Kundschaft anzuziehen und führte das Leben eines elenden kleinen Strandphotographen. Schließlich tauchte er in Nizza auf, und dieser Mann, der so viele Millionen verdient hatte, lebte jetzt notdürftig von der Unterstützung einiger Freunde. Sein Ruhm war verflogen, seine Existenz vernichtet. In den bewegten Jahren seiner Glanzzeit hatte er seine Gesundheit ruiniert; fast erblindet und taub starb er im öffentlichen Asyl von Nizza.

Der ökonomische Zwang zur größtmöglichen Popularität bestimmte den Charakter und die soziale Bedeutung der Photographie. Sie war zu einer großen Industrie geworden und dies war nur möglich auf der Basis einer großen Abnehmerschicht. Aber sie mußte nicht nur allein deren ökonomischen Möglichkeiten sich anpassen, sondern auch den Repräsentationswünschen der aufsteigenden bürgerlichen Klasse entgegenkommen. Zu der wirtschaftlichen kam eine geschmackliche Anpassung.

Der künstlerische Geschmack des Publikums wurde bestimmt von den jährlichen Ausstellungen, die durch Louis Philippe eingeführt worden waren. Die Jury setzte sich zusammen aus den Direktoren der Museen, Mitgliedern der Akademie und Kunstliebhabern, die im Sinne der herrschenden Regierung ihre Auswahl trafen. Von der Jury wurde daher alles zurückgewiesen, was den traditionellen Rahmen der herrschenden Kunstanschauung sprengen konnte; so die Romantiker, an ihrer Spitze Eugène Delacroix, oder die Paysagisten aller Tendenzen. In Louis Philippes Geschmack lag nur, was dem vaterländischen Gefühl und der Verehrung des Fürstenhauses dienen konnte. Die Ausgestaltung des Schlosses zu Versailles zur historischen Prunkgalerie der französischen Nation war sein Werk. So wie seine Politik des *juste milieu* gemäßigt war, sich aller Extravaganzen enthielt, so war auch sein Geschmack und seine Kunstpolitik jeglicher Neuerung abhold und recht begrenzt[62].

In der Historienmalerei waren die glänzendsten Repräsentanten an ihrer Spitze Paul Delaroche, der Schlachtenmaler

Horace Vernet, Léon Cogniet, Robert Fleury. Ihre Bilder füllten die Ausstellungen. Sie bildeten den Gegenstand der Kritik und der Begeisterung des Publikums.

Das hervorstechendste Merkmal der Bilder dieser Maler war das Fehlen jeglichen besonderen Charakters. Bei der Betrachtung irgendeines ihrer Bilder, was für einen Gegenstand auch immer es darstellt, wird man zuerst betroffen von seiner unmittelbaren Verständlichkeit. Das Werk liefert sich im ersten Augenblick und in jeder Linie dem Betrachter aus. Unter dem Stift von Léon Cogniet, von Delaroche oder von Vernet sind alle Maße im voraus definiert, die Farbe interpretiert mit den gleichen Absichten. Sie unterstreicht den Charakter und die Darstellung der einzelnen Figuren, gibt die Aspekte, unter denen sie allgemein bekannt sind. Leichter oder schwerer Pinsel, ihre hauptsächlichste Absicht besteht darin, möglichst wahrheitsgetreu zu sein. Diese Prinzipien schließen alle halben Töne aus. Wenn der *juste milieu*-Maler ernst sein will, füllt er das Bild mit Ausstattung, wenn er fröhlich oder brillant sein will, vervielfacht er die kolorierten Gegenstände. Aber zu große Treue und Exaktheit hätte leicht das Publikum irritieren können, denn nicht alles und nicht jeder ist von Natur aus schön. Man wird darum abstoßende Gesten abschwächen, häßliche Personen verschönern. Die Aufgabe des Malers besteht darin, das Bild einer Art mittlerer Wahrheit anzunähern.

Diese Malweise entsprach dem Prinzip der Anpassung an den herrschenden Typus des Auftraggebers. Denn so, wie der Bürger in seiner Kleidung, seinem Benehmen und in den Regeln des guten Tons sich der führenden Gesellschaftsschicht anzupassen bestrebt ist, so versucht auch der Maler nichts auf die Leinwand zu bringen, was den Prinzipien der wohlanständigen Mittelmäßigkeit mißfallen könnte.

Diese Regeln beherrschen auch die Porträtmalerei. Nicht einer realistischen Auffassung der Wirklichkeit, die auch das Häßliche unverhüllt wiedergibt, aber auch nicht einem idealen Schönheitstypus entspricht ihre ästhetische Konzeption. Sondern gerade der, der die Mitte von beidem trifft, indem er nicht zu viel von der einen Anschauung und nicht zu wenig von der anderen nimmt, wird der anerkannte Künstler sein.

Der Maler muß also ein guter Dramaturg sein, ein geschickter Bühnenbildner, ein beweglicher Regisseur. Ein Geschmack, der von einer gemäßigten Genauigkeit mit dem Wunsche, angenehm zu wirken, bestimmt wird, der sich anpassen kann, gibt die Garantie für Erfolg. Ein mit Sorgfalt ausgeführtes Porträt muß den mittelständigen Kunden gefallen, die von der Wichtigkeit ihrer sozialen Rolle überzeugt sind.

Das Publikum ist entzückt von dem, was ihm mit Sorgfalt ausgeführt scheint, von der Sauberkeit des Pinsels, dem *trompe l'œil*. Für den Gegenstand interessiert es sich meistens noch mehr als für die formale Gestaltung.

Der Zwang zur Popularität mußte notwendigerweise das Niveau des Ausdrucks bei denjenigen Malern senken, die Wert auf eine wohlanständige Existenzgrundlage legten. Was dem Geschmack des Bürgers wirklich gefällt, »ist das, was hübsch, banal und höflich ist. Die Miniatur mit genauen Umrissen, dieplatte und geleckte Malerei in rosigen und grünen Farben, die getreue Wiedergabe der kleinsten Details[63].«

Die große Masse des Publikums, die sich für die exakte und gemäßigte Malerei des *juste milieu* begeisterte, war ungebildet. Die wirtschaftliche Entwicklung hatte zwar die Bildungsmöglichkeiten auch den unteren Schichten der Bevölkerung eröffnet, aber die geistige Emanzipation geht nicht so schnell vor sich wie die ökonomische, und der *français moyen*, der sich nun auch ein Kunstwerk leisten wollte, mußte sich, ob es sich nun um ein Porträt, eine Büste, ein Medaillon, ein Kirchenbild oder ein Grabmal handelte, von der herrschenden Kunstauffassung leiten lassen. Passiv akzeptierte er die offiziell anerkannten und ausgezeichneten Künstler. Von der Akademie hing also die Existenz der Künstler ab. So wurde der Geschmack dieser Masse beeinflußt von einer Institution des Staates, der selbst der Ausdruck ihres Willens war.

Dieses Publikum bildet auch den Hauptabnehmerkreis für den Photographen. Der Photograph, dessen Aufstieg sich in ähnlicher Weise vollzogen hatte, wie der der Schicht des Auftraggeberkreises, war gleichfalls ungebildet. So konnte auch er nur das tun, was jene taten. Er ahmte nach, was allgemein akzeptiert wurde. Er übertrug die ästhetischen Wertungen der Masse und damit der herrschenden Kunstauffassung auf die Photographie.

Die Geschäftstüchtigkeit des Photographen Disderi bestand nicht nur allein darin, daß er die Photographie der wirtschaftlichen Situation dieser Schichten angepaßt hatte, er paßte sie auch ihrer geistigen Haltung an.

Betrachtet man die unzähligen Photographien, die Disderi während seiner Tätigkeit *fabriziert* hat, so fällt als hervorstechendes Merkmal seiner Bilder das Fehlen jeglicher individuellen Physiognomie auf, wie sie für die Werke des Künstlerphotographen Nadar charakteristisch war. Vor dem Auge des Beschauers ziehen in unabsehbarer Reihe die verschiedensten Stände und Berufe des bürgerlichen Lebens vorüber, hinter deren symbolischer Darstellung die Persönlichkeit des Dargestellten fast völlig verschwunden ist. Die typischen Charaktere einer sozialen Schicht verdecken jegliche Persönlichkeit. Wenn die meisten Bilder der Künstlerphotographen den Kopf in den Mittelpunkt des Bildes rückten, so wird jetzt die ganze Gestalt wiedergegeben. Denn einer Gesinnung, die den Wertakzent auf Stand und Stellung des Menschen legt, die von ihm (dem Maler und Photographen) repräsentatives Auftreten, Haltung und Pose erwartet, kann nur mit Bildnissen in ganzer Gestalt genügt werden. Das Beiwerk, mit dem das photographische Bild ausstaffiert ist, lenkt sofort den Blick des Beschauers von der dargestellten Person ab.

Dicke Foliobände, die sorgsam auf einem Tischchen aufgestapelt sind, der in seiner gedrechselten Zierlichkeit alles andere als einen Schreibtich vermuten läßt, an das Stuhlbein gelegte, sorgfältig in Unordnung gebrachte aufgeschlagene Hefte zeugen für einen *Schriftsteller* oder *Wissenschaftler.* Er selbst in seiner Haltung, wie er am Tisch mit aufgestütztem linken Arm (noch ein Relikt der langen Belichtungszeit) in scheinbare Nachdenklichkeit versunken ist, in der rechten Hand eine Feder haltend, ist selbst zu einem der Requisitenstücke des Ateliers geworden. Die Pathetik, mit der eine dicke, sonderbar kostümierte Männergestalt die Arme ringt, zu deren Füßen auf dem Teppich ein Dolch liegt, genügt, um in ihr den *Heldentenor der Oper* sich vorzustellen. Der bekannte Name interessiert nicht mehr. Es ist der Typus des Opernsängers, so wie ihn Disderi und mit ihm das Publikum sieht. Für den Beruf des *Malers* genügen Staffelei und Pinsel. Ein schwerer Faltenvorhang drapiert malerisch den Hintergrund. Der *Staatsmann* trägt in der linken Hand die Papyrusrolle, mit dem rechten Arm stützt er sich auf das geschwungene Treppengeländer, dessen massive Wuchtigkeit die schweren, lastenden Gedanken des verantwortlichen Staatsführers wiedergeben sollen. Das Atelier des Photographen wird zur Requisitenkammer eines Theaters, in dem für alle beruflichen Rollen die passenden Charaktermasken bereitgestellt sind.

Die charakteristischen Requisiten des photographischen Ateliers von 1865 sind die Säule, der Vorhang und das Tischchen. An ihnen lehnt, sitzt oder steht die *ganze Figur*, das *Kniestück*, das *Brustbild*, und der Hintergrund wird, gemäß der sozialen Stellung des Aufgenommenen, mit symbolischen Requisiten *malerisch* erweitert. Aber damit ist die Einrichtung des Ateliers noch nicht vollendet. Wenn man 1840 die ersten Opfer der Kamera noch unter das blaue Glasdach setzen mußte und sie in glühender Sonne, schweißüberströmt, mehrere Minuten die Qualen des Stillsitzens ertragen mußten, so hat man jetzt einen Mechanismus erfunden, den sogenannten Kopfhalter, ein Instrument, in das der Kopf hineingezwängt wurde, eine Art Operationsstuhl, der, unsichtbar den Augen der Kamera, von hinten das Opfer festhält, damit bei der sekundenlangen Belichtung das Bild nicht verwackelt. Auf den magischen Befehl des Photographen »Bitte recht freundlich« werden die meist schon verkrampften Gesichtsausdrücke noch mit einem starren Lächeln verziert. Damit geht bei den meisten Bildern der letzte individuelle Ausdruck verloren und sie werden zu Attrappen von menschlichen Figuren, bei denen die Pose den abgezogenen Gehalt ersetzen muß.

Hierbei spielen die Hände eine besondere Rolle. Die einen lassen sich darstellen mit der Rechten auf der Brust; die anderen, die Hand nachlässig auf dem Gürtel liegend. Dieser Herr spielt mit seiner Uhrkette, jener andere versenkt die Rechte in seiner Weste, in einer nachdenklichen Weise, die den großen parlamentarischen Rednern abgesehen ist. Der Sinn aller dieser Ausdrucksformen ist es, die soziale Bedeutung, Würde und Position des Bürgers zu manifestieren.

Neue Techniken entwickeln sich meist aus dem Zeitbedürfnis heraus, und der Bürger, der Wert darauf legt, gefällig auszusehen, erfindet eine Technik, die all das, was durch die Pose allein nicht auszumerzen ist – Schönheitsflecken, häßliche Nasen, Falten etc. – verschwinden läßt: die Retouche. Während der Maler schon bei der Arbeit, wenn es in seiner Absicht liegt, alle Unebenheiten des Gesichtes ausmerzen kann, gibt die Photographie jede Einzelheit des Gesichtes genau wieder. In den sechziger Jahren auch kamen die ersten Anastigmate heraus, die sich durch eine bis dahin unbekannte Schärfe auszeichneten und daher die Entwicklung der Retouche begünstigten. Mit Hilfe der Retouche ist man nun in der Lage, alles, was Mißfallen bei der Kundschaft erregen könnte, zu beseitigen.

Die Negativretouche war von dem Münchner Photographen Hanfstaengl erfunden worden. Auf der Ausstellung von 1855 sah man in Frankreich zum erstenmal retouchierte Bilder. Hanfstaengl stellte dasselbe Bild einmal unretouchiert und einmal retouchiert aus und diese Bilder riefen eine Sensation hervor. Die Retouche wurde für die weitere ästhetische Entwicklung der Photographie entscheidend. Mit ihr setzte der künstlerische Verfall der Photographie ein, denn wird sie nicht mit äußerster Vorsicht angewandt, so wird durch sie gerade die charakteristische Eigenschaft der Photographie, die getreue Wiedergabe, aufgehoben. Der nun einsetzende Mißbrauch der Retouche entkleidete die Photographie völlig ihres Wesens. Die folgende Anekdote wirft ein bezeichnendes Licht auf die Art, wie die Retouche von vielen Photographen ausgeübt wurde. »Kommt einmal jemand mit einem Bilde zurück und macht den Photographen darauf aufmerksam, daß er 60 und nicht 30 Jahre zähle, daß er auf der Stirne Falten habe, hohle Wangen und eine Stubsnase, statt der griechischen, die ihm anretouchiert worden sei, so wird ihm wohl die Bemerkung ›Ach so, Sie wollen ein ähnliches Bild, aber das konnte ich doch nicht wissen!‹«[64] Der Photograph, für den die Ästhetik der Photographie in ihrer Annäherung an die Malerei bestand, glaubte malerisch zu sein, wenn er jeweilig helle oder dunkle Schatten in das Bild hineinretouchierte und die Gesichter glatt, schattenlos machte[65]. Mit dieser neuen Manier kam man dem Geschmack des Publikums entgegen, das die glatten, abgerundeten Bilder des Malers Delaroche den aufgewühlten, unruhigen Farbenlandschaften von Delacroix vorzog.

Die wichtigsten Mitarbeiter des photographischen Ateliers wurden jetzt die Retoucheure und der Spezialmaler. Der letztere war dazu da, die Photographien zu kolorieren, denn farbige Photographien sind sehr in Mode gekommen. Während der Aufnahme nahm der Maler seine Notizen, allgemein wie die eines Paßports: gewöhnliche Gesichtsfarbe, blaue oder braune Augen, kastanienbraune oder schwarze Haare. Ein paar Tage darauf wurde die kolorierte Photographie, schön eingerahmt und aufgeklebt, dem Auftraggeber überreicht. Damit wurde die Photographie im eigentlichen Sinn ein Ersatz für Miniatur- und Ölporträts. Disderi, der als erster die Photographie der geistigen Haltung des neuen Auftraggeberkreises angepaßt hatte, machte auch als erster die Theorie dazu. 1862 veröffentlichte er eine photographische Ästhetik[66]. Der Photograph kann, so meinte Disderi, das Naturschauspiel mit seinen Formen, seinen Perspektiven, Lichtern und Schatten genau so in der photographischen Sprache ausdrücken wie der Maler. Die Qualitäten, die eine gute Photographie ausmachen, faßte er in folgendem Programm zusammen:

1) Angenehmes Äußere!!
2) Sauberer Gesamteindruck.
3) Schatten, Halbtöne und Helligkeiten gut herausheben.
4) Natürliche Proportionen.
5) Einzelheiten in den Schatten.
6) Schönheit!

Schon aus diesen Stichworten wird ersichtlich, wie sehr sich Disderi an die herrschende ästhetische Auffassung der *juste milieu* Maler anlehnte bzw. ihre ästhetische Konzeption auf die Photographie übertrug.

Die Wahrheit in der Darstellung der äußeren Geschehnisse, der Requisiten, Möbel etc. wird zur Hauptbedingung eines photographischen Porträts erhoben. Genau dieselbe Anschauung entsprach der zeitgenössischen Historienmalerei. Delaroche, zwei Jahrzehnte lang der gefeiertste Maler seiner Zeit, arbeitete nach derselben Methode. Mit peinlicher Sorgfalt bereitete er jede Komposition vor. Dem ersten Entwurf folgte eine detaillierte Aquarellskizze. Mit Hilfe von Gips- oder Wachsfiguren wurde dann die Gruppierung der Personen und die Verteilung von Licht und Schatten studiert. Berühmte Schauspieler standen für die Hauptfiguren Modell und jede Einzelheit der Kostümierung, Zimmerausstattung etc. wurde nach den Grundsätzen strengster historischer Exaktheit ausgewählt. Das Bemühen des Malers ging dahin, aus der Malerei eine Geschichtsschreibung zu machen.

Der Photograph glaubte selbst auf diesen Wegen dem Maler folgen zu müssen. Auf der Ausstellung im Palais der Industrie im Jahre 1855 konnte man einige dieser *Genrephotographien* sehen, die in England hergestellt worden waren. Auch Disderi schlug ähnliches vor. Diese Richtung konnte sich zwar nicht durchsetzen, aber die Bemühungen darum zeigen doch, wie sehr man in jener Zeit an dem Wesen der Photographie vorbeiging. Die wesentlichste Forderung aber, die das Publikum an den Photographen stellte, ist schön zu sein. Nur die Erfüllung dieser Forderung macht den Photographen berühmt und sorgt dafür, daß sich die Photographiealben füllen. Von den Guéridons, den Konsolen und Vertikos der Bourgeoiswohnungen lächeln jetzt die Familienbilder auf den guten Bürger herab und neben ihnen die leitenden Staatsmänner, die großen Schauspieler und Künstler, die Wissenschaftler und Gelehrten. Nicht der dokumentarische Charakter allein ist es, der den Wert der Photographie bestimmt; sie ist zum Symbol der bürgerlichen Demokratie geworden. Der ist der gute Photograph, der mit dem Apparat, wie der Künstler mit Farbe und Pinsel, zu zeigen versteht, wie sehr groß und erhaben der Bürger in Lackstiefeln und Krawatte ist.

Disderi: Monsieur Thiers um 1860

Posevorrichtungen

Eine deutsche Bürgerfamilie um 1850

Das Nackte in Photographie und Malerei um 1850

Courbet: Rast

Die Kunstströmungen der Zeit und die Einstellung der Künstler zur Photographie

Die Photographie, die aus dem Zusammenwirken von naturwissenschaftlichen Erkenntnissen und den Bedürfnissen nach neuen Reproduktionsmitteln hervorgegangen war, wurde bei ihrem Aufkommen zu einem heftig umkämpften Streitobjekt der geistig interessierten Kreise der Zeit. Der Kampf, der um die Frage entbrannte, ob der photographische Apparat nur ein technisches Instrument sei, das mechanisch die objektiv gegebenen Erscheinungsformen wiedergäbe, oder ob er auch ein geeignetes Mittel wäre, individuelle künstlerische Empfindungen und Anschauungen zum Ausdruck zu bringen, entfachte die Gemüter von Künstlern, Kunstkritikern und Photographen. Der Streit darüber wurde in persönlichen Auseinandersetzungen und in Zeitungsartikeln, in den Ateliers und vor den Gerichtshöfen ausgefochten. Auch die Kirche nahm zu ihm Stellung. So konnte man in einem Artikel des Leipziger Anzeigers aus dem Jahre 1839 folgendes lesen: »Flüchtige Spiegelbilder festhalten zu wollen, dies ist nicht bloß ein Ding der Unmöglichkeit, wie es sich nach gründlicher deutscher Untersuchung herausgestellt hat, sondern schon der Wunsch, dies zu wollen, ist eine Gotteslästerung. Der Mensch ist nach dem Ebenbilde Gottes geschaffen worden, und Gottes Bild kann durch keine menschliche Maschine festgehalten werden. Gott soll plötzlich seinen urewigen Gesetzen untreu werden und es zulassen, daß ein Franzose in Paris eine Erfindung teuflischster Art in die Welt setzt.«

Parallel zu den sozialen und wirtschaftlichen Veränderungen innerhalb der bürgerlichen Gesellschaft des 19. Jahrhunderts ging eine Änderung des Bewußtseins einher. Die Entwicklung der Industrie, die mit der Entwicklung der Technik Hand in Hand ging, der Fortschritt in den Naturwissenschaften, die sich zu gleicher Zeit mit den Bedürfnissen, die die wachsende Industrialisierung an rationale Wirtschaftsformen stellt, vergrößerte, veränderte auch die Vorstellung des bürgerlichen Menschen von der Natur und wandelte seine Beziehungen zu ihr[67]. Ein neues Realitätsbewußtsein und eine neue Bewertung der Natur begann sich durchzusetzen, der in der Kunst eine dem Wesen der Photographie entsprechende Wendung zum Gegenständlichen folgte.

Der philosophische Hintergrund der Epoche wurde gekennzeichnet durch den Positivismus. Die Forderung nach einer rationalen wissenschaftlichen Forschungsmethode wurde auf die gesamten geistigen und gesellschaftlichen Lebensäußerungen übertragen. Die Wissenschaft ist aber für den Positivismus gleichbedeutend mit dem Fortschritt der Vernunft. Die Vernunft und der Blick auf das wirkliche Leben sollen auch in der Kunst zum Ausdruck gelangen. So wurde mit der Forderung nach Exaktheit in den Wissenschaften die Forderung nach wirklichkeitsgetreuer Wiedergabe in den Kunstwerken erhoben. Der Ausspruch Taines, »Ich will die Dinge so wiedergeben wie sie sind, aber auch so wie sie sein würden, vorausgesetzt, daß ich nicht existierte«, wurde zum Motto einer neuen kunstästhetischen Betrachtung und eines neuen Kunstschaffens.

Diese neue Geisteshaltung bestimmte auch die Aktualität der Photographie, die in der Art ihres Verfahrens mit den künstlerischen Bestrebungen der Zeit in Einklang zu sein schien. Denn ließ sich nicht mit Hilfe dieses neuen technischen Verfahrens die vom Künstler der Natur gegenüber geforderte Objektivität ohne weiteres verwirklichen, und stellte somit die Photographie nicht eine neue Kunstform dar? Eifrige Anhänger dieser Theorie setzen den photographischen Apparat der Staffelei und der Palette des Malers gleich und erklärten, daß, wenn der Apparat auch die Aufnahme besorge, so doch der künstlerische Geschmack des Photographen Ausschnitt, Darstellung und Beleuchtung des Bildes bestimme.

Die gegensätzliche Anschauung dagegen vertrat den Standpunkt, daß der Photograph eine rein handwerkliche Arbeit leiste, die mit Kunst nichts gemein hätte.

Die Photographie hätte um die Mitte des 19. Jahrhunderts in den Künstlerkreisen sicher nicht so viel Aufsehen erregt, wenn nicht, durch die Umwälzung der gesellschaftlichen Verhältnisse beeinflußt, auch in der Kunstübung neue Tendenzen zum Ausdruck gekommen wären. Die soziale Bewegung, die durch die Revolution von 1848 ausgelöst worden war, übte auch auf die künstlerische Gestaltung ihre Wirkung aus. Das soziale Leben begann mehr in den Mittelpunkt der Darstellung zu treten, in dem Maße wie der Künstler selbst immer mehr mit dem sozialen Leben verflochten war und von den Ideen des kleinbürgerlichen Sozialismus beeinflußt wurde.

Mit dem beginnenden Klassenbewußtsein des Arbeiters und dem Aufstieg der kleinbürgerlichen Schichten wuchs eine Künstlergeneration heran, die die ersten Anfänge einer bewußten Gesellschaftskritik in die Kunst hineintrug. Mit der Konsolidierung des bürgerlichen Lebens wurde dieses selbst Gegenstand der Kritik. Schon um 1830 hatte Henry Monnier den Versuch gemacht, in den *Scènes populaires* mit gleichsam stenographischer Genauigkeit und photographischer Detailliertheit das bürgerliche Leben zu beschreiben. Der Ironie der Darstellung lag eine bewußte gesellschaftskritische Haltung zugrunde. Charakteristischerweise wurden seine Bücher erst um 1850 berühmt. In dieser Zeit erschien auch der Roman *Madame Bovary*, in dem Flaubert mit schonungsloser Offenheit und echter Realistik das verlorene, kleinbürgerliche Leben der Provinz darstellte.

Um 1850 begann man eine neue Kunstrichtung in der Öffentlichkeit zu diskutieren. Ihr offizieller Name war Realismus. Zur selben Zeit, als die Photographie zum erstenmal im Rahmen der großen Weltausstellung von 1855 ihr Debut feierte und das Publikum diese wirklichkeitsgetreuen Abbilder bewunderte, boykottierte das gleiche Publikum die Malerei der ersten Realisten, obwohl in ihren Bestrebungen scheinbar ähnliche Tendenzen zum Ausdruck kamen. Für einen Maler wie Courbet, dessen Bilder das Signum trugen »Courbet ohne Religion und ohne Ideal«, war kein Raum innerhalb des Salons vorhanden. Auf eigene Kosten ließ er sich in der Avenue Montaigne einen Ausstellungsraum errichten, über dessen Eingang stolz das Wort »Realismus« prangte. Zum Manifest der realistischen Strömungen wurde die im Jahre 1856 erstmalig erscheinende Zeitschrift *Réalisme*[68].

Die Theorie dieser ersten Realisten ist unlösbar von der positivistischen Kunstästhetik. »Man kann nur das malen, was man sieht«, erklärten sie. Die Imagination wurde damit als unsachlich, als subjektive Neigung zur Verfälschung abgelehnt. Die Stellung des Künstlers zur Natur soll unpersönlich sein, so unpersönlich, daß er gegebenenfalls ein Bild zehnmal hintereinander zu malen im Stande sein muß ohne zu zögern und ohne im geringsten vom Vorbilde abzuweichen. Die Verehrung dieser

Künstler für die Natur ist grenzenlos. Courbet ist für sie der führende Meister, der die Gegenstände in Farbe und Form malt, wie die Realität sie darstellt[69]. Das Kunstwerk muß sachlichen Gehalt zum Gegenstand haben und als solches unmittelbar der vorliegenden Natur entnommen werden.

Allgemein ergeht der Ruf, den jungen Künstler in unmittelbarem Kontakt mit der Natur zu bilden, ihn aus den dunklen Museen, von den lebensblassen Kunstwerken zu erlösen. Die *plein air*-Malerei kommt folgerichtig zu gleicher Zeit mit der Photographie auf.

Die Realisten lehnten es ab, als Künstler zu gelten. Sie waren Maler und nichts weiter. Sie betrachteten sich als geschickte Handwerker. In ihrer ästhetischen Konzeption wird die Natur identisch mit ihrer optischen Wirklichkeit. Damit ist die Verbindung zu dem, was in der Möglichkeit der Photographie liegt, gezogen. Denn gerade für den Photographen ist die Wirklichkeit der Natur identisch mit ihrer optischen Bildwirklichkeit. Gerade für ihn ist die sichtbare Umwelt *sein einziges Bestätigungsfeld*. Nur das, was er optisch vor sich sieht, kann er auf die Platte bringen. Wohl besteht seine Aufgabe darin, das Motiv zu bestimmen, Licht- und Schattenverhältnisse bestenfalls zu arrangieren, aber damit ist seine Arbeit schon beendet; sie ist vollendet, bevor noch der Apparat in Wirksamkeit treten kann.

Die Realisten verlangten, daß der Maler bescheiden hinter der Staffelei zurücktrete. Bei dem Photographen trifft auch diese Forderung zu. Die fertige Photographie hat sich völlig von ihm losgelöst.

Dank der Technik der Photographie wurde eine Welt entdeckt, welche bis dahin unbemerkt geblieben war. Mit der Kamera rückte der Photograph näher an die Alltäglichkeiten der sichtbaren Umwelt heran, die plötzlich bedeutungsvoll wurden – im Ausschnitt.

Sicherlich waren die programmatischen Forderungen der Realisten überspitzt, aber die Feindschaft, mit der Kritik und Publikum sie empfingen, brachte gewisse Übertreibungen ihrer Theorie mit sich. Es erging ihnen nicht anders als den meisten Vertretern neuartiger Bestrebungen. Zuerst werden sie heftig angefeindet und von allen Seiten mißachtet. Die Folge davon ist, daß sie um so heftiger auf ihrem Standpunkt beharren und zu Übertreibungen neigen. Aber die Tatsache, daß alle Welt von ihnen sprach, bewies bereits ihre Wirksamkeit. So wurde auch diese Richtung der Malerei in späteren Jahren allgemein anerkannt und gebilligt. Diese Maler waren keineswegs Antipoden, sondern nur die modernsten Vertreter der bürgerlichen Kunst.

Die Realisten, trotz ihres Programmes, lehnten die Auffassung, die Photographie sei eine Kunst, mit aller Entschiedenheit ab, obwohl ihr theoretisches Programm mit den Darstellungsmöglichkeiten des photographischen Apparates durchaus im Einklang zu sein schien. »Was ich sehe, geht in meinen Kopf ein, verdichtet sich in meiner Feder und wird, was ich gesehen habe. Der Mensch ist keine Maschine und kann die Gegenstände nicht maschinell wiedergeben. Der Dichter wählt, gruppiert, verteilt; gibt sich das Daguerreotyp solche Mühe?« erklärte der Schriftsteller Champfleury, einer der eifrigsten Vertreter der neuen Kunsttheorie. Denn auch für die Realisten blieb die Kunst ein Produkt des Geistes, und der technische Apparat wurde darum von ihnen als untaugliches Werkzeug abgelehnt.

Im Zusammenhang der Debatten um Realismus und Naturalismus wurde Wert und Einfluß der Photographie auf die Kunst sehr heftig diskutiert. Die offizielle Kunstkritik der fünfziger Jahre bekämpfte den Naturalismus aufs schärfste. Ihre Kunstanschauungen entsprachen den konservativen und traditionalistischen bürgerlichen Kreisen, für die der Klassizismus von Ingres und die Akademie tonangebend waren. Aber wer ist es in ihren Augen, der von so verderbnisbringendem Einfluß auf die Malerei ist? Wer ist der wahrhaft Schuldige, der Revolutionär, der eine so fatale Wirkung auf die moderne Malerei ausübt, auf diese neuzeitlichen Bestrebungen, die sich zum Ziel setzen, die Natur so exakt nachzuahmen, daß die Palette notwendigerweise zu einem naturwissenschaftlichen Instrument werden muß? – »Die Photographie ist es, diese neue technische Erfindung, die seit ungefähr zehn Jahren nicht nur einen verheerenden Einfluß auf den Geschmack ausübt, sondern gleichzeitig ganze Zweige der Kunst wie Gravure, Lithographie, Genrebild und Porträtmalerei ernstlich in ihrer Existenz gefährdet.« Diese Worte entstammen einem Artikel des angesehenen Kunstkritikers Délecluze, den er anläßlich der Ausstellung von 1850 im konservativen *Journal des Débats* veröffentlichte[70]. Er wurde zum Anlaß einer heftigen Kontroverse innerhalb der Kunstkritik. Der siebzigjährige Délecluze wurde von dem jungen, erst 39jährigen Kunstkritiker Francis Wey heftig angegriffen. So wurde die verschiedene Stellungnahme zur Photographie zugleich zum Ausdruck eines Generationsunterschiedes.

In einem Gegenartikel, der unter dem Titel »Vom Naturalismus in der Kunst« erschien, versuchte Francis Wey die Position des Naturalismus zu klären[71]. Die Unterschiede, die zwischen der naturalistischen Schule und jenen mittelmäßigen Talenten bestehen, für die die realistische Darstellung nicht nur Mittel zum Zweck, sondern Selbstzweck geworden ist, müssen scharf voneinander abgehoben werden. Jene letzteren folgen nur der Konjunktur und dem Geschmack der ungebildeten Masse. Für sie ist die Erfindung der Photographie wirklich zu einem Verhängnis geworden. Der Naturalismus dagegen verfolgt ganz andere, nur scheinbar denen der Photographie ähnliche Ziele. Diese Rückkehr zur Natur bedeutet eine lebendige Auffrischung der Malerei, die in festgeronnenen Prinzipien steckengeblieben ist. Doch so realistisch wie der photographische Apparat auch sei, niemals werden ihre wissenschaftlichen Produkte eine wahre Interpretation der Kunst sein können. Im Gegenteil, die Photographie wird dem Künstler dazu verhelfen, sich über eine bloß mechanische Kopie der Gegenstände zu erheben. »weder die Zeichnung, noch die Farbe, noch die Genauigkeit einer Abbildung macht einen Künstler aus: der Geist ist es, die göttliche Eingebung, deren Ursprung immateriell ist. Nicht die Hand, das Gehirn formt den Maler, das Instrument kann nur gehorchen[72].«

Die Anschauungen der jungen Kunstkritik der sechziger Jahre des 19. Jahrhunderts beruhten auf der kunsttheoretischen Methode des Positivismus. Die Theorie des Naturalismus war von ihr weitgehend beeinflußt worden. Taine hatte in seinem Essay »La Fontaine et ses fables« der kunsttheoretischen Methode eine neue Richtung gegeben. Aufgabe der modernen Ästhetik ist es nach ihm, »die Gesetzmäßigkeit zu studieren, die sich aus dem *Milieu* ergeben«[73]. Weiter darf der Künstler seine Augen nicht von der Natur abwenden. Er muß sie so getreu wie möglich imitieren. Die ganze Kunst besteht nur aus einer exakten und getreuen Nachahmung der Natur. »Doch ist es in allen Punkten wahr, daß die exakte Nachahmung das alleinige Ziel der Kunst ist? ...

Die Photographie ist auf einem anderen Gebiet eine Kunst, die in Form und Farbabtönung am vollständigsten die Natur reproduziert, ohne sich jemals zu irren. Sie ist ein unschätzbares Hilfsmittel für den Maler, aber kann man ihre Resultate mit der Malerei vergleichen? »Im Louvre befindet sich ein Bild von Denner. Er arbeitete mit der Lupe. Vier Jahre arbeitete er an einem einzigen Porträt. Nichts ist in seinen Gesichtern vergessen, weder die Runzeln, noch die Unregelmäßigkeit der Haut, weder die kleinen, kaum sichtbaren Pickel, noch die bläuliche Farbe der Adern. Der Eindruck ist frappierend, der Kopf scheint aus dem Rahmen zu springen; niemals sah man einen gleichen Erfolg; niemals solche Geduld. Aber trotz aller dieser Bemühungen ist eine breite Zeichnung von Van Dyck hundertmal wuchtiger und eindrucksvoller, und weder in der Malerei, noch auf anderen Gebieten der Kunst gilt der Preis der allzu großen Genauigkeit... In der Malerei wie in einem literarischem Werke handelt es sich darum, die Gegenstände zu übersetzen, doch nicht bei ihrer äußeren Beschreibung stehenzubleiben[74].«

Die Stellungnahme des Positivismus und der Naturalisten gegenüber der Photographie erscheint auf den ersten Blick nicht durchaus vereinbar mit ihrem theoretischen Programm. Erst die retrospektive Betrachtung ermöglicht es, diese Gegensätzlichkeiten zu klären. Sie sind nur zu verstehen im Zusammenhang mit der allgemeinen gesellschaftlichen Struktur der Epoche. In ihren kunstästhetischen Anschauungen spiegelt sich die ganze geistige Haltung des Bürgertums des 19. Jahrhunderts wider, das auf der einen Seite noch an überkommenen Traditionen festhielt, andererseits aber bereits ihrer eigenen Existenzwirklichkeit theoretischen Ausdruck zu verleihen trachtet. So waren sie gleichermaßen Idealisten, für die die Kunst durch den Geist bedingt wird, und Materialisten, für die nur die exakte Wiedergabe der wirklichen Umwelt von Bedeutung ist. Gerade die Tatsache, daß die Photographie zum Anlaß der heftigsten Kontroversen werden konnte, in die die angesehensten Geister der Epoche eingriffen, legt Zeugnis ab für die Widersprüchlichkeit der Zeit, die sich über den Begriff *Kunst* nicht einigen konnte.

Die verschiedenen Stilrichtungen, die sich wie rote Fäden durch das 19. Jahrhundert ziehen, erklären sich daraus, daß die bürgerliche Gesellschaft nicht aus einer homogenen Masse bestand. Selbst innerhalb der führenden bürgerlichen Schicht waren verschiedene, sich sozial und gesellschaftlich von einander abhebende Gruppen vorhanden. Die Motivationen, mit denen die Künstler für und wider die Photographie Stellung nahmen, sind daher nicht von den verschiedenen Standorten zu trennen, die sie aufgrund ihrer geistigen Haltung und sozialen Stellung in der Gesellschaft einnahmen. So verurteilte Ingres, der Repräsentant der klassizistischen Anschauungen der Akademie, deren Stütze das konservative Bürgertum war, den modernen Naturalismus ebenso wie die Photographie. Sein ihm eigener Realismus, den er mit dem strengen Faltenwurf klassischer Linien verband, konnte mit dem Realismus der Naturalisten, die sich, ganz im Gegensatz zu ihm, in der freien Natur ihre Anregungen holten, keinerlei Berührungspunkte finden. Die Photographie verkörperte für ihn jenen Fortschritt, der, seiner Ansicht nach, Industrie und Kunst miteinander vermischen wollte: »Die Industrie. Wir wollen sie nicht! Daß sie auf ihrem Platze bleibe und nicht wage, sich auf den Stufen unserer Schule niederzulassen, dem wahren Tempel Apollons, der einzig und allein den Künsten Griechenlands und Roms gewidmet ist[75].« So ist es nicht weiter verwunderlich, daß man den Namen Ingres an erster Stelle unter einer Protestschrift findet, in der die Photographie als ein ausschließlich technisches Ausdrucksmittel bezeichnet wird, das mit der Kunst nichts gemein habe.

Der Wirkungsbereich der Photographie, zunächst auf die Kreise der Intelligenz und der Künstlerschaft beschränkt, hatte sich im Laufe der sechziger Jahre auf die breiten bürgerlichen Massen und das Kleinbürgertum verschoben und sank damit auf ein tieferes Niveau. So wurde Baudelaires Kritik an der Photographie zu einer Kampfansage gegen »jene Klasse ungebildeter und plumper Geister, welche die Dinge nur nach ihrer Kontur beurteilen«. Die Photographie ist für ihn ein Verfahren, das der Eigenliebe dieses Publikums schmeichelte, das von Kunst nichts verstand, und dem *trompe l'œil* den Vorzug gab. »Wie ein einziger Narziß strömte die Gesellschaft herbei, um das triviale Bild auf der Metallplatte zu betrachten. Die Liebe für die Obszönität ist genau so lebendig im Herzen des Menschen wie die Liebe selber. Sie ließ eine solche günstige Gelegenheit sich zu befriedigen nicht vorübergehen. Die Photographien wurden die Begeisterung der Welt[76].«

Die Photographie wurde für Baudelaire zum geeigneten Mittel, den Verfall des Geschmacks und mit ihm Vertreter einer Masse zu kritisieren, »die sich wie Träumer vor einen Tizian oder einen Raffael hinpflanzen, eines jener Bilder, die durch die Gravure bereits am meisten volkstümlich gemacht worden sind; die dann zufrieden nach Hause gehen und sich sagen. ›Ich kenne mein Museum.‹«[77]

Baudelaire war ein »outsider«, ein aus dem Bürgertum entgleister Bürger. Sein Leben lang war er auf der Flucht vor diesem Bürgertum, das ihn in Gestalt der Geldverleiher von einem Ort zum anderen hetzte. Immer wieder wendet er sich gegen diese bürgerliche Gesellschaft, die unfähig ist, ihn zu verstehen, genau so unfähig wie er ist, sich ihr anzupassen. Die Photographie bietet ihm eine geradezu glänzende Gelegenheit, mit ihr abzurechnen. Er fühlte sich als Aristokrat und so verurteilte er die demokratischen Bestrebungen der Zeit, die, wie in Gestalt der Photographie, aus der Kunst eine Massenware machen wollten. »Irgendein demokratischer Dichter glaubte dort das billige Mittel zu sehen, um im Volke den Abscheu gegen Geschichte und Malerei zu verbreiten.« Die Industrie, und als ein Industrieprodukt erschien ihm auch die Photographie, hat mit Kunst nichts zu tun. »Welcher Mensch, würdig, sich Künstler zu nennen, welcher wirkliche Amateur hat jemals die Industrie mit der Kunst verwechselt?«

»In diesen bedauernswerten Tagen hat sich eine neue Industrie niedergelassen, die nicht wenig dazu beiträgt, die Dummheit in ihrem Glauben zu bestärken und zu zerstören, was noch an Göttlichem im französischen Geiste übrigblieb.« »Ich glaube an die Natur. Ich glaube, daß die Kunst nur in der exakten Wiedergabe der Natur besteht. Also wird die Industrie, die uns ein identisches Resultat der Natur geben kann, die absolute Kunst sein.« »Ein Rächer Gottes erhörte die Wünsche dieser Masse; Daguerre wurde sein Messias. Und darauf sagte sie sich: wenn die Photographie uns alle wünschenswerten Garantien der Exaktheit gibt, dann ist die Photographie die Kunst[78].«

Nach ihm soll die Photographie zu ihrer wahren Aufgabe zurückkehren, die nur darin bestehen kann, die bescheidene Dienerin der Wissenschaften und der Künste zu sein, wie etwa die Druckerei oder die Stenographie, die beide weder die Literatur geschaffen noch unterdrückt haben.

Für Delacroix erschien die Photographie ein außerordentlich wertvolles Hilfsmittel, welches die Lücken des Zeichenunterrichtes zu ergänzen vermochte. Er konstatierte aber, daß die Photographie gewissermaßen nur als Übersetzer angesehen werden dürfe, der bestimmt sei, uns tiefer in die Geheimnisse der Natur einzuführen. »Denn trotz ihrer erstaunlichen Realität ist die Photographie nur ein Spiegelbild des Wirklichen, nur eine Kopie, eben weil sie so genau ist.« Anläßlich einer Kritik des Buches *Die Zeichnung ohne Lehrer* der Madame Cavé legte Delacroix seine Stellung zur Photographie dar. »In der Malerei ist es der Geist, der zum Geiste spricht, nicht die Wissenschaft zur Wissenschaft. Diese Überlegungen der Madame Cavé berühren den alten Streit zwischen Buchstaben und Geist; sie kritisiert jene Künstler, die, anstatt das Daguerreotyp als einen Berater, eine Art Nachschlagewerk zu benützen, aus ihm das Bild selber machen... Sie sind erschlagen von der Vollkommenheit gewisser Effekte, die sie auf der Metallplatte finden. Je mehr sie sich bemühen, sie zu erreichen, desto mehr entdecken sie ihre eigenen Schwächen. Ihr Werk wird zu einer inhaltslosen Kopie einer aus anderen Gründen unvollkommenen Kopie. Der Künstler wird, mit einem Wort, zu einer Maschine, die von einer anderen Maschine geführt wird[79].«

Delacroix lehnte die Photographie als Kunstwerk ab, denn es kam ihm nicht auf äußere Ähnlichkeit an, sondern auf das Charakteristische, Eigentümliche. »Der Bildnismaler muß mehr zeigen, als wir gewohnt sind.« »Nicht die Regelmäßigkeit der Züge bei einem Bildnis überrascht und entzückt uns«, schließt Delacroix, »sondern die Physiognomie, der Ausdruck des Gesichtes; jeder Mensch hat eine Physiognomie, die wir auf den ersten Blick fassen, doch die der mechanische Apparat niemals zu fassen vermag.« Für den Künstler gilt es vor allem, »den Geist« des Menschen oder des Dinges, das er zeichnet, zu erfassen und wiederzugeben und nicht bei der äußeren Wiedergabe stehenzubleiben.

Während so die meisten Künstler die Photographie als Kunstprodukt ablehnten, waren die Maler des *juste milieu* von dieser neuen Reproduktionstechnik sehr entzückt. Aus ihrer Malweise heraus ist es verständlich, warum gerade für sie die Photographie eine neue Kunst und zum wenigsten ein unschätzbares Hilfsmittel für den Maler bedeuten mußte. Delaroche, der beim Anblick der ersten Photographien in den Ruf ausbrach »von heute ab ist die Malerei tot«, war auch der erste, der schon im Jahre 1839, als man von einer künstlerischen Qualität der Photographie, nach den bislang vorhandenen Ergebnissen zu urteilen, noch gar nicht reden konnte, eine Schrift verfaßte, in der er sich für den künstlerischen Wert der Photographie einsetzte. In einem Brief an Arago, den dieser in der Abgeordnetenkammer zur Unterstützung seines Antrages zum Vortrag brachte, führte Delaroche u. a. aus, daß in der Photographie »die Natur nicht nur allein mit Wahrheit, sondern mit Kunst wiedergegeben worden ist. Die Genauigkeit der Linie, die Exaktheit der Formen ist so vollständig wie nur möglich...«[80]

Der Historienmaler, für den es in erster Linie auf die exakte Wiedergabe ankam, mußte in der Photographie das ideale Hilfsmittel finden. So waren die *juste milieu*-Maler auch unter den ersten, die die Photographie sogleich praktisch verwerteten. Ein Beispiel dafür gab der Maler Yvon, ein Schüler Delaroches. Er spielte zur Zeit des zweiten Kaiserreiches eine gewisse Rolle. Seinen Ruf verdankte er der Tatsache, daß er, dem französischen Nationalismus Rechnung tragend, die französischen Siege zum Gegenstande seiner Darstellungen machte. Seine exakte und konventionelle Form, die den Militärmalern seiner Epoche eigen war, erregte bei Napoleon III. großes Gefallen, da diese künstlerische Konzeption seiner imperialistischen Politik diente. Yvon beschloß, ein Bild der Schlacht von Solferino zu malen und wollte den Kaiser zu Pferde und in der Mitte seines Stabes wiedergeben. Es schien ihm unmöglich, den Chef des Staates um die nötige Zahl der Sitzungen zu bitten, die die Ausführung dieses Werkes vorausgesetzt hätten. So nahm er die Photographie zu Hilfe. Begleitet von dem Photographen Bisson begab er sich in die Tuilerien, stellte den Kaiser in der gewünschten Pose auf, drehte seinen Kopf so, wie er ihn auf dem Gemälde darstellen wollte und gab dem Ganzen eine passende Beleuchtung. Darauf photographierte Bisson den Kaiser. Das Gemälde, das daraufhin entstand, wurde berühmt unter dem Namen »Der Kaiser mit dem Kepi«.

Dieses Ergebnis hatte aber noch ein Nachspiel. Der Photograph Bisson begann mit dem so gewonnenen Porträt des Kaisers einen schwunghaften Handel zu treiben und die Photographie wurde massenweise verkauft. Daraufhin erhob der Maler Yvon Einspruch. Es kam zu einer gerichtlichen Auseinandersetzung, in der der Maler erklärte, daß die Photographie auf seine Anregung hin gemacht, auch in ihrer künstlerischen Wiedergabe von ihm arrangiert worden wäre und somit sein Werk sei. Außerdem hatte er den Photographen für seine Leistung bezahlt und er erhob Einspruch dagegen, daß die Photographie öffentlich verkauft würde. Der Beweggrund dieser Einstellung war sicherlich auch der Überzeugung entsprungen, daß in diesem Falle sein Bild entwertet würde, denn durch die Verbreitung des photographischen Bildes wäre es nur gar zu offensichtlich geworden, daß der Maler die Photographie getreulich kopiert hatte. Das Gericht gab dem Maler Recht, und dem Photographen wurde die weitere Verbreitung des Photos untersagt[81].

Das Protestgeschrei, das von vielen Künstlern der Zeit gegen die Photographie erhoben wurde, hatte aber zum Teil ganz materielle Hintergründe. Die Photographie hatte in erstaunlich kurzer Zeit das Gebiet des Porträts erobert. Sie war nicht nur eine vernichtende Konkurrenz der Graveure und der Miniaturmaler geworden, sondern sie wurde auch eine gefährliche Konkurrenz für den Porträtmaler, und das zu einer Zeit, in der die Porträtmode fast in allen bürgerlichen Kreisen kultiviert wurde. Die Haupteinnahmen der meisten Künstler bestanden in den Porträtaufträgen. Sie bildeten überhaupt erst einmal die Voraussetzung, um als Maler bestehen zu können. Auf den jährlichen Ausstellungen zeigte sich diese Tendenz in der von Jahr zu Jahr wachsenden Anzahl der Porträts gegenüber den Landschaftsbildern und Stilleben. Die Zahl der Porträts war in demselben Maße gestiegen, wie sich der Umfang der Bilder verkleinert hatte, da sie nicht mehr die weitläufigen Ahnengalerien der Schlösser schmückten, sondern die Wände der kleinen Bourgeoiswohnungen füllten. Der Bürger war sparsam, und so genügte ihm immer mehr die Photographie, die außerdem noch den Vorzug der größeren Exaktheit hatte und von findigen Photographen für eine kleine Geldsumme in den schönsten rosa und hellblauen Tönen »streng nach der Natur« koloriert wurde. Der mittelmäßige Künstler, der sich bislang von der Bildnismalerei ernährt hatte, mußte sehen, wie sich seine Aufträge von Tag zu Tag verringerten. Schuld daran war zum großen Teil die Photographie, und so ist es nicht verwunderlich, wenn ein großer Teil der Künstlerschaft, und besonders jene mittleren Talente, deren wirtschaftliche Existenz durch ihr Erscheinen immer mehr an Boden verlor, der Photographie bittere Feindschaft schwor.

»Sie drücken auf den Knopf, wir machen den Rest«. (1890)

Aufstieg und Niedergang der Porträt-Photographie (1870–1914)

Die Photographie war von den Künstlern als Kunstwerk mehr oder weniger abgelehnt worden. Künstlerische Erwägungen und sich zum Teil bestätigende Konkurrenzbefürchtungen hatten dieses Urteil weitgehend beeinflußt.

Es ist ein Wesenszug der auf Konkurrenz aufgebauten kapitalistischen Wirtschaft, daß sich die innerhalb einer Branche tätigen Unternehmungen mit allen Mitteln gegenseitig zu vernichten trachten. Die Photographen, die sich bei der Frage, ob die Photographie zur Kunst oder zur Industrie zu rechnen sei gegen die Künstler darin einig waren, daß sie zur ersteren gehörte – denn das lag ja vor allem in ihrem Interesse gegenüber dem Publikum, um ihm die Photographie schmackhafter zu machen –, veränderten ihre Stellung augenblicklich, wenn es darum ging, sich im eigenen Lager mit der Konkurrenz auseinanderzusetzen. Ihre Auffassung richtet sich in weiterer Zeit jeweils danach, wie es ihrem Vorteil entsprach.

Diese verschiedenen Stellungnahmen zur Photographie wurden zum Anlaß zahlreicher Prozesse, und unter dem Deckmantel des Problems »Kunst oder Industrieprodukt« entbrannte der Konkurrenzkampf im Gerichtssaal.

Dieser Konkurrenzkampf setzte ein mit der Ausbreitung des photographischen Gewerbes und der wachsenden Zahl der Photographen. Im Jahre 1864, 25 Jahre nach der Veröffentlichung der Photographie, gaben 25 photographische Journale, die in sechs verschiedenen Ländern und Sprachen erschienen, und fast ebensoviele photographische Gesellschaften, die Ausstellungen arrangierten, die Rechte ihrer Mitglieder bei Geschäftsaufbau und Verkäufen verteidigten, ein sprechendes Bild von der weiteren Entwicklung der Photographie[82]. Ein »internationales Comptoir« wurde gegründet, dessen Zweck hauptsächlich kommerzieller Natur war. Alles was der Photographie dient, sollte in das Bereich des Comptoir gehören: die Fabrikation von photographischen Gebrauchsgegenständen, von Apparaten, chemischen Produkten, Papieren, Rahmen,

Alben, Etuis und Stereoskopen, die Gründung von photographischen Buchhandlungen und Zeitungen etc. Das Comptoir, dessen Zentralsitz in Paris war, versuchte der Vermittler zu sein zwischen den Fabrikanten und den Photographen und gleichfalls auch zwischen den Photographen und dem Publikum. Es stellte sich auch die Aufgabe, den Import und den Export von Photographien und photographischen Produkten zu regeln. Im Jahre 1862 wurde ein syndikales Büro der Photographie in Paris gegründet.

Eine Haupteinnahmequelle der Photographen bestand außer in den laufenden Porträtaufträgen auch noch im Verkauf von Bildern bekannter Persönlichkeiten des öffentlichen Lebens, die in dem üblichen kleinen Format der *carte de visite* hergestellt wurden. Dieses Geschäft blühte in den ersten Jahrzehnten des photographischen Verfahrens, als es noch keine illustrierten Blätter gab, noch keine Sensationsphotographien wie die der heutigen Boulevardpresse, die die Gesichter von Politikern, Künstlern und Wissenschaftlern zur Alltäglichkeit macht und mit denen das Publikum übersättigt wird. Für das Publikum um 1860 war es noch von besonderem Reiz, das Photo einer bekannten Persönlichkeit zu besitzen.

Doch nicht jeder Photograph hat gute Beziehungen zur geistigen Aristokratie, die erst einmal die Voraussetzungen für ein solches Geschäft bilden, und nicht jeder wird durch die einfache Fabrikation von bürgerlichen Porträts zum reichen Mann. Und so greift mancher zu dem einfachen Mittel, die gut verkäuflichen Bilder der Konkurrenz abzuphotographieren und als eigene zu verkaufen. Das wurde zum Anlaß zahlreicher Prozesse, in deren Mittelpunkt immer wieder die Frage nach der Zugehörigkeit der Photographie stand.

In Frankreich gab es um 1860 herum kein speziell die Photographie betreffendes Gesetz. Die Gerichtsinstanzen sollten nun entscheiden, nachdem sich Künstler und Literaten darüber an die Köpfe geraten waren, ob die Photographie als Kunstwerk betrachtet werden könne oder nicht. Die Stellung der Photographen war eindeutig. Die angeklagte Partei vertrat jedes Mal den Standpunkt, daß die Photographie kein künstlerisches Produkt sei, und die Klägerpartei vertrat genau so sicher das Gegenteil. Die Entscheidungen der Gerichte waren verschieden. In einem berühmt gewordenen Prozeß der Photographen Mayer & Pierson gegen die Photographen Bethéder &

Schwabbe, der durch mehrere Instanzen ging, beschloß das Gericht schließlich, die Photographie als ein Kunstwerk anzuerkennen.

Die Gerichte hatten in der Mitte des 19. Jahrhunderts aber nicht nur allein Gelegenheit, ihre Meinung über den Kunstwert der Photographie zu äußern, indem sie die Konkurrenzstreitigkeiten der Photographen untereinander schlichten mußten, sondern eine gewisse Art von Photographien begannen den Staat auch in seiner Eigenschaft als Hüter der Moral zu beschäftigen. Das kleine Format der *carte de visite* schien besonders dazu geeignet, eine Anzahl jener Bilder abzusetzen, die nicht immer mit der bürgerlichen Moral in Einklang waren. Mancher kleine Winkelphotograph, für den die Porträtphotographie nicht genügend abwarf, und der sich weniger von den Gesetzen der bürgerlichen Moral als von den Gesetzen des bürgerlichen Erwerbsstrebens angezogen sah, entdeckte hier das Mittel, um in kurzer Zeit ein ansehnliches Vermögen beiseite zu legen. Es fanden sich auch genug Individuen, die bereit waren, diese Produkte der Kamera »an den Mann« zu bringen. Mancher brave Bürger und noch eher sein jugendlicher Sohn waren nicht abgeneigt, die Schönheiten menschlicher Psyche in der Brieftasche mit sich herumzutragen. Allerdings war dieses Geschäft für den Photographen nicht ganz ungefährlich, denn wurde er beim Verkauf derartiger Photographien entdeckt, war eine gerichtliche Auseinandersetzung die sichere Folge, die des öfteren auch eine längere Freiheitsstrafe nach sich zog. Schon gegen 1850 war ein Gesetz erlassen worden, das den Verkauf von obszönen Photographien in der Öffentlichkeit als Vergehen gegen die guten Sitten bestrafte.

Diese ersten sogenannten Nacktphotographien, die von Staats wegen öffentliches Ärgernis erregten und gegen die manch hochwürdiges Organ der Staatsanwaltschaft eine vernichtende Rede hielt, waren, mit den Augen der Gegenwart betrachtet, fast durchwegs von äußerster Harmlosigkeit. Heutzutage finden wir in allen Zeitungen und Illustrierten Photographien, die viel gewagter sind und auf denen die Augen unserer Staatsanwälte gern verweilen, aber zur damaligen Zeit wären sie unfehlbar der bürgerlichen Moral zum Opfer gefallen.

Gegen Ende des Jahrhunderts kamen Apparate auf, die leichter zu handhaben waren. »Sie drücken auf den Knopf, wir machen den Rest«, lautete die berühmte Devise von Kodak, die die Entwicklung der Photographie völlig revolutionieren sollte. Hunderttausende, die früher zum Photographen gegangen waren, um sich porträtieren zu lassen, photographierten sich nun selbst. Der technische Fortschritt hatte die Amateurphotographie geschaffen, die zwar dem photographischen Gewerbe einen ungeheuren geschäftlichen Aufschwung gab durch die Verarbeitung der Massenproduktion, die sie hervorrief; dagegen wurde die Porträtkunst, soweit sie von photographischen Spezialisten ausgeübt wurde, dadurch außerordentlich geschädigt. In jedem photographischen Geschäft, die nun in allen Stadtvierteln entstehen, konnte man für eine geringfügige Summe auch das kleinste Format in beliebigem Maßstab vergrößern lassen. Die Krise, in der sich das photographische Porträtgewerbe befand, wurde noch vertieft durch den Einzug der Photographie in die Warenhäuser. Wenn der Künstlerphotograph für ein Bild im Jahre 1855 noch 100 frs. bekam, so hatte der durchschnittliche Berufsphotograph in späteren Jahrzehnten zum wenigsten noch 20 frs. erhalten. Gegen Ende der neunziger Jahre begannen die Warenhäuser Photographien für den zehnten Teil dieses Preises herzustellen.

Mit der Erfindung des Photomatons verschob sich die Herstellung des photographischen Porträts endgültig auf die technische Seite. Das Photomaton ist eine Maschine, die in wenigen Minuten und vollkommen selbständig photographiert, entwikkelt und die Photographie auf Papier fix und fertig vollendet; ein Hergang, der in früheren Jahrzehnten Stunden der sorgfältigsten Vorbereitungen und Ausführungen beansprucht hätte. Mit ihm verlor der Berufsphotograph eine seiner wichtigsten Einkünfte: die Herstellung von Paßbildern.

Parallel zu dieser Entwicklung und zum großen Teil von ihr verursacht, vollzog sich der künstlerische Verfall der Porträtphotographie. In den achtziger Jahren wurden eine Reihe von neuen Verfahren entdeckt wie Bromöldruck und Gummidruck. Ihr Einfluß auf die künstlerische Gestaltung der Photographie um 1900 ist vergleichbar dem der Retouche in den fünfziger Jahren. Mit Hilfe dieser Verfahren versuchte man die Photographie immer mehr der Ölmalerei anzunähern. Ihre hauptsächliche Wirkung besteht darin, daß sie die durch das Objektiv gegebenen Schärfen wieder zu Unschärfen machen. Die Konturen fließen ineinander über.

Die Photographen glaubten der Photographie eine besonders künstlerische Note zu geben, wenn sie die der Photographie eigentümliche und gerade die ihre spezifische Wirkung ausmachende Exaktheit mit Hilfe dieser Verfahren auslöschten. Die Entstehung eines impressionistischen Stils in der Malerei stand mit dieser künstlerischen Entwicklung der Photographie sicher in engem Zusammenhang. Es wurde modern, die Gummidruckverfahren mit den verschiedensten Tönungen zu verbinden. Mehr denn je war das Bestreben des Photographen dahin gerichtet, die Photographie der Malerei anzunähern, und diejenige Photographie erregte den höchsten Grad der Bewunderung, die einem Gemälde am ähnlichsten war. Schließlich präsentierte man diese Bilder in breiten, mit üppigen Schnörkeln verzierten Rahmen aus Bronze und Silber, um ihren fiktiven Wert noch zu unterstreichen.

In dieser Zeit des künstlerischen Verfalls der Photographie lebten zwei Amateure, die heute zu den großen Persönlichkeiten der Geschichte der Photographie zählen. Beide sind Zeitgenossen und von einfacher Herkunft. Der eine ist der Pariser Eugène Atget, der andere der Berliner Heinrich Zille. Atget wurde 1857 geboren und Zille 1858. Atget war der Sohn eines Wagenbauers und wird zuerst Seemann. Im Jahre 1879 geht er nach Paris und nimmt Kurse an der Schauspielschule. Mehrere Jahre verdient er sich sein Leben als Wanderschauspieler. Er beginnt auch zu malen, doch seine Bilder haben keinen Erfolg. Kurz vor der Jahrhundertwende beschließt er, Photograph zu werden. Er ersteht für einen geringen Preis eine große Kamera mit Balgauszug, die bereits zu jener Zeit ein altmodisches Gerät war. Mit diesem sehr schweren Apparat, und dazu noch mit einem unförmigen Stativ bewaffnet, zieht er jeden Tag durch die pariser Straßen auf der Suche nach Motiven. Am Abend entwickelt der die belichteten großen Platten im Format 18 × 24 in seiner Küche. Über seiner Haustür hat er ein Schild angebracht mit der Aufschrift »Dokumente für Künstler«. 15 Jahre lang photographiert er die Straßen von Paris und seine Baudenkmäler und zwar in den ältesten Vierteln von Paris, von denen man annehmen konnte, daß sie bald dem Untergang geweiht waren. Nur selten sieht man auf seinen Bildern Menschen. Zu seinen Kunden gehören vor allem Maler, aber er verkauft auch Photos an Ladenbesitzer, deren Auslagen er photographiert hat.

Bis zum Ausbruch des ersten Weltkrieges kann er sich mit

dieser Arbeit gut ernähren. Aber dann, durch den Krieg bedingt und vermöge der Tatsache, daß die Maler nicht mehr im naturalistischen Stil malen und daher immer weniger auf Vorlagen angewiesen sind, geht sein Geschäft zurück. Im Jahre 1920 kann er dem Nationalarchiv noch 2000 seiner Platten verkaufen. Er verlangt 10 frs. für ein Negativ, doch muß er sich mit der Hälfte begnügen. Seit dem Kriege und mit zunehmendem Alter hat er das Photographieren aufgegeben und lebt ziemlich kümmerlich vom Verkauf seiner Archive. Man hätte wahrscheinlich wenig von ihm gewußt, wenn nicht Man Ray in derselben Straße wie er, in der rue Campagne Première in Montparnasse, sein Atelier gehabt hätte. Sie waren Nachbarn, und im Jahre 1925 kauft ihm Man Ray eine Reihe von Photos ab, und läßt drei davon im Jahre 1926 in der avantgardistischen Zeitschrift *La révolution surréaliste* veröffentlichen. Der Urheber bleibt anonym. Die Surrealisten bewundern diese Photos, die Paris von einem für die damalige Zeit völlig unbekannten Gesichtspunkte aus darstellen. In ihrer nackten dokumentarischen Sprache zeigen sie eine Epoche, die bereits dem Untergang geweiht ist.

Atget hat immer betont, daß er nur ein Dokumentarist sei. In seiner großen Bescheidenheit hat er immer abgelehnt, sich als einen Künstler zu bezeichnen. Aber die Auswahl seiner Motive war weitgehend von seinem künstlerischen Geschmack bestimmt. Wenn uns heute seine Photographien so sehr bewegen und weltberühmt geworden sind, ist es nicht nur allein darum, weil er eine Zeit festgehalten hat, die unwiderruflich verschwunden ist, sondern weil er sie mit den Augen eines Künstlers gesehen hat.

Wie Atget, so war auch Zille der Sohn eines Handwerkers. Der Vater war Schlosser in Radeburg in Sachsen, wo Zille geboren wurde. Es gelingt ihm nicht, mit seiner Arbeit die Familie zu ernähren. Er kommt ins Schuldgefängnis und als er entlassen wird, beschließt er, mit seiner Frau und seinem Sohn nach Berlin auszuwandern, welches in jener Zeit der Gründerjahre tausende von Menschen anzieht, die in den neuerbauten Fabriken auf ein besseres Einkommen hoffen.

Die elterliche Wohnung besteht nur aus einem einzigen unmöblierten Raum im Keller eines dichtbevölkerten Arbeiterviertels. Heinrich Zille muß auf dem Boden schlafen. Es war eine harte Zeit für die Familie, und der Neunjährige muß mithelfen Geld zu verdienen. Er verkauft Zeitungen, trägt Koffer und verrichtet andere kleine Dienste. Mit 14 Jahren verläßt er die Gemeindeschule. Der Vater schlägt ihm vor, Metzgergehilfe zu werden. »Dort hat man immer was zu essen«, meint er. Doch der Junge hat Angst vor diesem blutigen Handwerk. Dem Volksschullehrer ist das zeichnerische Talent des Schülers aufgefallen; er schlägt ihm vor, Lithograph zu werden.

»Bei dieser Arbeit sitzt man in der warmen Stube, immer fein mit Kragen und Schlips, und nachmittags um vier Uhr geht man nach Hause. Die Lehre dauert drei Jahre und... du wirst mit ›Sie‹ angeredet. Was willst du mehr?« sagt sein Lehrer zu ihm. Heinrich Zille erzählte dazu später: »Mehr wollte ich auch nicht. Die Hoffnung mit ›Sie‹ angeredet zu werden, entschied über mein Schicksal.«

Er verbessert seine zeichnerische Fertigkeit in Abendkursen, für die er sich das Geld abgespart hat. Nach Beendigung seiner Lehrzeit und dem Militärdienst verheiratet er sich mit der Tochter eines Volksschullehrers. Er wird drei Kinder haben. Er findet eine Anstellung als Lithograph bei der »Photographischen Gesellschaft« in Berlin und arbeitet dort dreißig Jahre lang. Nur abends oder an Sonntagen kann er sich im Zeichnen vervollkommnen. Schließlich wird er aus seiner Stellung entlassen, weil sein Unternehmen einen jüngeren und billigeren Lithographen anstellen will. Zille ist nun beinahe 50 Jahre alt und es ist schwer für ihn, eine neue Stelle zu bekommen. Seine Künstlerfreunde, die sein Zeichentalent sehr schätzen, raten ihm dazu, an Zeitschriften mitzuarbeiten. Es gelingt ihm bald, sich einen Namen zu machen und sein erstes Buch »Kinder von Berlin« erscheint. Andere Bücher folgen. Als Zeichner interessiert ihn nur sein »Miljöh«, die Welt der Arbeiter und der Kleinbürger, in der er immer gelebt hat.

Zille ist eine Art volkstümlicher Daumier, und sein Sinn für Humor spiegelt sich in seinen Zeichnungen wider. Er wird zu einer sehr bekannten Berliner Persönlichkeit. Fünf Jahre vor seinem Tode wird er zum Mitglied der königlichen preußischen Akademie der Künste ernannt, die ihm auch den Professortitel verleiht. Jeden Tag verbringt er in den alten Straßen von Berlin, besucht ihre Kneipen und macht unzählige Skizzen, denn Zille kann nur zeichnen, was er sieht. Der Naturalismus in der Kunst entspricht seinem Temperament. Er interessiert sich nicht für die neuen Kunstströmungen, die mehr und mehr auf die exakte

Wiedergabe der Dinge verzichten. Seine Zeichnungen enthalten eine soziale Kritik, denn er zeichnet vor allem die Armen, aber das Publikum sieht in ihnen vor allem den Humor, mit dem er sie darstellt.

Kurz nach 1880, als er noch für die »Photographische Gesellschaft« von Berlin arbeitete, fängt Zille an, Photos zu machen. Ohne Zweifel hat er die Möglichkeit gehabt, sich von der Gesellschaft Apparate zu leihen, denn man weiß, daß er mit vier verschiedenen Kameras arbeitete. Doch die Mehrzahl seiner Photos sind mit Platten im Format 9 × 12 gemacht. Er benutzte einen kleinen Apparat, der ihm erlaubte, Momentaufnahmen aufzunehmen.

Atget, mit seinem enormen Gerät, konnte keine Momentaufnahmen machen. Dies ist einer der Gründe, warum es so wenig Photos von ihm gibt, die Menschen zeigen. Zille dagegen interessiert sich nur für die Menschen, und es liegt ihm besonders daran, sie in ihrem Alltagsleben zu photographieren. Er ist nicht auf der Suche nach dem »entscheidenden Moment«, sondern will das tägliche Leben dieser Großstädter bei ihrer Arbeit festzuhalten.

Zille kannte ganz genau die Ästhetik der Photographie, die zu seiner Zeit modern war, aber sie interessierte ihn nicht. Für ihn ist das Photo nur ein Mittel, um die Gesten und Gewohnheiten der Welt der Arbeit festzuhalten. Diese Photos werden ihm für seine Zeichnungen als Modell dienen. Darin sah er ihren einzigen Zweck. Er war viel zu bescheiden um zu glauben, daß sie vielleicht einen Wert um ihrer selbst wegen besäßen. Niemals kommt ihm die Idee, sie auszustellen. Auch hätte kein Mensch dieser Zeit sie ernst genommen. Aber was heute so faszinierend auf uns wirkt, ist die Tatsache, daß seine Bilder die einzigen photographischen Dokumente sind, die die unbekannte Seite der glitzernden Epoche um 1900 in Berlin zeigen.

Wenn Zille auf den Markt geht, sind es nicht die ausgestellten Waren, die seinen Blick anziehen, sondern die Kleinbürgerinnen und Dienstmädchen, die einkaufen. Auf dem Jahrmarkt photographiert er nicht die Attraktionen, sondern die Zuschauer. Er nimmt aber auch die Hinterhöfe der ungesunden Häuser auf, wo die Arbeiter wohnen, und wo die Kinder barfuß herumlaufen. Zille vergißt niemals die Misere seiner Jugend. Vierzig Jahre vor Brassaï photographiert er Graffitis und amüsante Aufschriften auf Ladenschildern.

Zille ist auch einer der Ersten, der richtige Reportagen gemacht hat, so wie sie Jahrzehnte später von den Illustrierten eingeführt wurden. Ein Beispiel ist seine Serie von Reisigsammlerinnen, die im Grunewald bei Berlin das Holz zusammensuchen, weil Kohlen zu teuer sind. Viele dieser Photos sind von der Seite aufgenommen oder selbst von hinten, im Gegensatz zu den Ratschlägen der damaligen Verkäufer von Photoapparaten. Wahrscheinlich wollte er jede Pose vermeiden, die sofort eintritt, wenn sich der Photographierte bewußt wird, daß man ihn aufnimmt, und ebenfalls aus Taktgefühl. Er wollte nicht gesehen werden, damit man nicht glaubte, daß er sich in Privatleben einmischte.

Für Zille war das Photo nur ein Dokument, aber seine Bilder berühren den Beschauer durch ihre menschliche Qualität. Der Wert der Dokumentarphotographie ist um so größer, je mehr der Photograph von sich absieht. Das Einzige was zählt ist das Modell. Wenn seine Arbeit vollendet ist, besteht die Rolle eines guten Photographen darin, als sensibles Instrument gedient zu haben, dank dessen sich die Persönlichkeit des Dargestellten offenbart. Aber was die Qualität eines Photos entscheidet, ist das Auge hinter der Kamera. Das Auge von Zille sieht immer das Wesentliche. Seine Photos vermitteln uns das Leben des arbeitsamen, bescheidenen Volkes einer Großstadt. In der Einfachheit dieser Photos liegt ihr großer Reiz. Sie sind einzigartige Dokumente einer Berliner Epoche, die nur er gesehen hat.[83]

Die wirtschaftliche Entwicklung des photographischen Porträtgewerbes verzeichnete in den letzten Jahrzehnten des 19. Jahrhunderts einen weiteren, ungeheuren Aufschwung. Um 1891 können in Frankreich über 1000 photographische Ateliers bestehen und die Photographie beschäftigt mehr als eine halbe Million Menschen, die durch diesen Beruf ihr Auskommen finden. In den gleichen Jahren betrug der Gesamtwert der photographischen Produktion ungefähr 30 Millionen Goldfranken. In anderen europäischen Ländern und besonders in Amerika war diese Entwicklung noch viel größer. Aber die technischen Fortschritte, die diesen Erfolg der Porträtphotographie verursacht hatten, sind dieselben Faktoren, die sie langsam zum Untergang verurteilen. Das spezifische Charakteristikum der Photographie ist ihre Technik der mechanischen Wiedergabe. Im gleichen Maß wie die Maschine einen immer wesentlicheren Rang zwischen den Reproduktionsmitteln der bürgerlichen Gesellschaft einnahm, verschwand langsam die handwerkliche Arbeit und der individuelle Geist der Anfänge der Photographie und machte einem Berufe Platz, der immer unpersönlicher wurde.

Der Einfluß des Impressionismus auf der Photographie (Puyo um 1900)

Heinrich Zille: Straßenszene in Berlin um 1900

Eugène Atget: Ladenschild

Eugène Atget: Paris, Rue Mouffetard (1912)

Mexikanische Gottheit. Die Detailvergrößerung verändert das Kunstwerk

Die Photographie als Mittel zur Reproduktion von Kunstwerken

Die Polemik, ob die Photographie der Kunst zuzurechnen sei oder nicht, berührte nur ein sehr begrenztes Problem. Die Umwälzungen jedoch, die die Photographie als Mittel zur Reproduktion von Kunstwerken auslösen sollte, waren von ungeheurer Tragweite. Bis dahin war das Kunstwerk nur für den einzelnen Betrachter sichtbar gewesen; millionenfach reproduziert, wurde es den Massen zugänglich. Diese Entwicklung hatte bereits mit dem Kupferstich begonnen und wurde durch die Lithographie beschleunigt, doch erst mit der Erfindung der photographischen Techniken verliert das Kunstwerk die Aura der einmaligen Schöpfung.

Die Photographie hatte die Sehweise des Künstlers entscheidend beeinflußt; zugleich veränderte sie auch die Wahrnehmung von Kunstwerken. Die Art und Weise aber, wie ein Kunstwerk wiedergegeben wird, hängt von demjenigen ab, der hinter dem Apparat steht. Mit Hilfe von Beleuchtung, durch den Ausschnitt und die Hervorhebung von Details kann ein Photograph einen Gegenstand auf ganz verschiedene Weise darstellen. Die Reproduktionen, die wir in einem Kunstbuch betrachten, verändern sich mit ihrem Maßstab. Ein übermäßig vergrößertes Detail verfälscht das Bild, das wir uns von einer Plastik oder einem Gemälde machen können. Eine Miniatur kann so groß erscheinen wie Michelangelos riesengroßer David in Florenz. »Die Reproduktion hat mit der systematischen Verfälschung des Maßstabs der Objekte fiktive Künste geschaffen: Abdrücke orientalischer Siegel und Münzen sehen aus wie Stiche von Säulen, Amulette wie Statuen«, stellt Malraux im *Imaginären Museum* fest.

Obwohl die Photographie ein Kunstwerk verfälscht, wenn es seine Dimensionen nicht mehr klar erkennen läßt, hat sie ihm doch den überaus großen Dienst erwiesen, es aus seiner Isolierung herauszuführen. Von nun an kann man ein Kunstwerk als Reproduktion bei sich zu Hause betrachten, auch wenn das Original sich entfernt in einem Museum befindet[84].

Bereits 1860 hatte Disderi mit seinem Instinkt für Geschäfte der französischen Regierung vorgeschlagen, die Gemälde des Louvre zu photographieren. Er hatte versucht, sich die Reproduktionsrechte zu sichern, doch seine Massenproduktion von Porträts ließ ihm nicht die Zeit, diese Idee zu verwirklichen.

Einer der ersten in Frankreich, der sich ausschließlich der Reproduktion von Kunstwerken widmete, war Adolphe Braun[85]. Er wurde 1811 in dem kleinen elsässischen Dorf Dornach, nicht weit von Mühlhausen, geboren. Braun war Zeichner von Beruf und entwarf Blumen und Früchte für elsässische Textilfabriken. Gleich nach der öffentlichen Bekanntgabe der Erfindung der Photographie trat er mit Daguerre in Verbindung. Es wurde ihm sofort klar, daß dieses neue technische Mittel von größtem Nutzen für die Reproduktion von Zeichnungen sein konnte. Zwei Erfindungen halfen ihm bei seinem Vorhaben: die Entdeckung des nassen Collodiumverfahrens im Jahre 1851 und die Erfindung des Kohlepapiers, das die Unveränderlichkeit der Positivabzüge gewährleistete. Um 1862 begann er planmäßig Handzeichnungen aus Museumsbesitz zu reproduzieren: zuerst die von Holbein in Basel, dann die Zeichnungen im Louvre, in Wien, in Florenz, in Mailand, in Venedig und in Dresden. Die Vielfalt der Pigmente bei Kohlepapieren ermöglichte es ihm, Bilder von hoher Qualität herzustellen. Er beginnt die *Autographes des Maîtres* herauszubringen.

Um 1867 beschäftigte er in seiner Werkstatt bereits mehr als hundert Arbeiter, und die bis dahin noch handwerkliche Reproduktionsarbeit begann allmählich in ein industrielles Stadium überzugehen. Adolphe Braun bildete Photographen aus, um die Gemälde der Museen photographieren zu lassen. Unter seinen Mitarbeitern befand sich auch ein ehemaliger Gendarm. Diesen schickte er 1868 nach Rom, wo er die Fresken der Sixtinischen Kapelle aufnehmen sollte. Die Ausführung benötigte sechs Monate Vorbereitung und zwei Jahre Arbeit. Der Vatikan war an seiner Arbeit sehr interessiert; selbst der Papst schaute öfters zu und unterhielt sich mit dem Elsässer auf seinem hohen Gerüst[86]. Nach den Fresken der Sixtina wurden die der Farnesina aufgenommen, dann die Fresken der Kirchen Roms, die Skulpturen Michelangelos, die Bilder von Raphael, danach Kunstwerke in den Museen von London, von Madrid und Amsterdam. Braun ließ große und kleine Meister mit derselben Sorgfalt photographieren. So entstand eine Kollektion von fünfhunderttausend Photographien.

Adolphe Braun, der erste, der in Frankreich die Möglichkeiten der Photographie als Mittel zur Reproduktion von Kunstwerken begriffen hatte, starb 1877. Sein Sohn wurde sein Nachfolger, und ihm folgte wieder dessen Sohn. Dieses Familienunternehmen wuchs unaufhörlich und breitete sich auf allen Gebieten aus. Die Erfindung der mit Bromsilbergelatine beschichteten Trockenplatte begünstigt diesen Aufschwung. Ungefähr fünfzigtausend Quadratmeter Kohlepapier werden pro Jahr hergestellt. Im Lieferkatalog von 1887, der 550 Seiten enthält, werden Tausende von Reproduktionen angeboten. Das Braunsche Unternehmen sichert sich das Exklusivrecht zum Verkauf von Reproduktionen im Louvre-Museum.

Die Heliogravüre, das älteste Reproduktionsverfahren, das in Handarbeit ausgeführt wurde, erlaubte nur eine Herstellung von etwa sechzig Abzügen pro Tag. Bald ermöglichten jedoch Tiefdruck und Rotationsdruck mit maschinellem Einfärben und Abziehen fünfzehnhundert bis zweitausend Abzüge in der Stunde. 1920 produzierte die Firma Braun & Co. mit hundertachtzig Arbeitern hunderte von Alben und Reiseführern und Millionen von Postkarten in Schwarzweiß und in Farbe, denn bald gibt es mehr farbige als monochrome Abbildungen. Von 1930 an (nun schon die vierte Generation nach Adolphe Braun) erscheint die Publikationsreihe *Les maîtres*, genannt *Taschenmuseum*, mit dreisprachigem Text; hier werden zeitgenössische Maler, Van Gogh, Gauguin, Bonnard, Matisse, Braque, Picasso und andere ausschließlich vermittels Farbtafeln vorgestellt. Zu diesen Einführungs- und Bibliotheksveröffentlichungen muß man noch die Herausgabe und Verbreitung von Kunstwerken in Faksimiles hinzufügen, die von großer Qualität sind und die Werke der großen Maler aller Zeiten für jeden zugänglich machen. Auf diese Weise entsteht das *Privatmuseum*. Jedermann hat jetzt die Möglichkeit, sich eine Galerie einzurichten. Wer keine Originalwerke kaufen kann – und das sind Millionen –, kann nun für wenig Geld Reproduktionen von höchster Qualität erwerben.

In ganz Europa und in Amerika breitet sich jetzt eine riesige Reproduktionsindustrie aus. Es gibt Drucker, die Geschmack haben und nur Kunstwerke von Rang reproduzieren, aber auch unzählige Verleger, die nur mittelmäßige Werke drucken, die den Massen schmeicheln. Der Umsatz dieser neuen Industrie steigt in die Milliarden.

Ein Derivat der Technik der photographischen Reproduktion ist die Postkarte. Sie verdankte ihren Aufstieg einem Gesetz von 1865 in Deutschland, welches es dem Generalpostmeister Stephan ermöglichte, die offizielle Postkarte einzuführen. 1872 wurde in Frankreich ein ähnliches Gesetz erlassen. Aber das goldene Zeitalter der Postkarte beginnt erst nach 1900. Bis dahin waren Postkarten noch relativ teuer, denn die einzigen bekannten Reproduktionstechniken waren die Radierung, der Holzstich und die Lithographie. Mit der Erfindung der Photocollographie, der Heliotypie, Photolithographie und Phototypie, wird die Postkarte wirklich billig, und jedermann kann sie sich leisten.

Einer der ersten, der die touristische Postkarte mit photographischen Ansichten auf den Markt brachte, war François Borich. Mit Ansichten seines Heimatlandes, der Schweiz, machte er ein Vermögen. Um 1900 gaben die Produktionsstatistiken folgende Zahlen an:

Deutschland: 50 Millionen Einwohner, 88 Millionen Karten, England: 38,5 Millionen Einwohner, 14 Millionen Karten, Belgien: 6,5 Millionen Einwohner, 12 Millionen Karten, Frankreich: 38 Millionen Einwohner, 8 Millionen Karten. Im Jahre 1910 schätzt man die Zahl der allein in Frankreich gedruckten Karten auf 123 Millionen und die Zahl der in dieser Industrie beschäftigten Arbeiter auf ungefähr dreiunddreißigtausend. Heute gehen die Postkarten, die auf der ganzen Welt jedes Jahr verkauft werden, in die Milliarden[87].

Die allgemeine Schwärmerei für Postkarten, die im Laufe weniger Jahre die Welt überschwemmten, hat zweifellos psychologische Ursachen. Ado Kyrou führt in seinem schönen Buch *L'âge d'or de la carte postale* eine Reihe von Gründen an, die treffend und amüsant sind. Er schreibt: »Bei der Wahl einer Postkarte identifiziert sich der Käufer ein wenig mit dem Künstler, der sie entworfen hat. Verschickt man eine Postkarte mit der Ansicht einer Landschaft, in der man sich befindet, dann hebt man damit hervor, daß man sich Reisen leisten kann; die Postkarte wird zum Statussymbol. Bei der Niederschrift persönlicher Mitteilungen, von denen man bewußt oder unbewußt weiß, daß sie jedermann lesen kann, verleiht man der eigenen Person eine gewisse Bedeutung: Man verläßt die Anonymität, wird sozusagen veröffentlicht. Man könnte außerdem noch eine Art von Exhibitionismus erwähnen: Wer liebt oder haßt, hat das Bedürfnis, seine Leidenschaft aller Welt mitzuteilen. Seit Jahrhunderten haben die Menschen darauf gewartet, offen ›ich liebe dich‹ oder ›Scheiße‹ sagen zu können. Der Erfolg der Postkarte gründet sich auch auf den Wunsch, eine Erinnerung festzuhalten, einen Traum, der für wenig Geld zu haben ist. Dazu kommt der Voyeurismus und alles, was dazu gehört; schließlich auch die Faulheit, denn eine Karte schreibt man schneller als einen Brief, und die Sammelwut.« Die Postkarte wird in der Tat seit ihrer Entstehung zu einem Sammelobjekt. Um 1900 gab es in Frankreich allein 33 Zeitschriften für Postkartenliebhaber. Man findet solche Zeitschriften auch in Deutschland, in Italien, in den Vereinigten Staaten, in Japan und anderen Ländern.

Mit der Ausbreitung des Tourismus hat die Postkarte einen ungeheuren Aufschwung genommen; die Werbung hat sich ihrer von Anfang an bemächtigt. In den sechziger Jahren hat man allein in Frankreich eine Milliarde Postkarten hergestellt. Heutzutage werden sie fast ausschließlich in Farbe gedruckt.

Ernst Haas: Die Angst einer Mutter (1945)

Marc Riboud: Washington 1967

Gilles Caron: Pariser Mai 1968

Die Pressephotographie

Die letzten Jahrzehnte des 19. Jahrhunderts sind der Beginn einer neuen Zeit. Die bereits mechanisierte Industrialisierung macht mit der Einführung des Elektromotors Riesenschritte. Das Fundament der Expansion liegt in der Vereinfachung der Kommunikationssysteme. Graham Bell erfindet 1876 das Telephon. Im Jahre 1880 beträgt die Gesamtlänge des Eisenbahnnetzes der Welt 371000 Kilometer. In jenem Jahr erscheint zum ersten Mal in einer Zeitung eine Photographie, die auf rein mechanischem Wege reproduziert worden ist. Diese Erfindung ist für die Nachrichtenübermittlung von revolutionärer Bedeutung.

Bis dahin waren Reproduktionen in der Presse selten und entstanden ausschließlich mit handwerklichen Mitteln; sie beruhten auf der Technik des Holzstichs; sogar Photos wurden auf diese Weise reproduziert und trugen den Vermerk: »Nach einer Photographie«. Ein mit dem neuen Verfahren gedrucktes Photo erscheint am 4. März 1880 im New Yorker *Daily Graphic* unter dem Titel: »Shantytown« (Elendsviertel). Die neue Technik besteht darin, eine Photographie durch einen gerasterten Schirm hindurch zu reproduzieren, der es in eine Vielzahl von Punkten unterteilt. Anschließend läßt man das auf diese Weise von einer Photographie erhaltene Klischee zusammen mit einem gesetzten Text durch eine Presse laufen. Dieses Verfahren ist die heute allgemein übliche Autotypie.

Die Mechanisierung der Reproduktion, die Erfindung der trockenen Bromsilbergelatinplatte, die es künftig erlaubt, gebrauchsfertige Platten zu verwenden (1871), die Verbesserung der Objektive (die ersten Anastigmaten werden 1884 konstruiert), der Rollfilm (1884), die Vervollkommnung der telegraphischen Bildübertragung (1872) und später die Bildübermittlung per Funk ebneten der Pressephotographie den Weg.

Wenn eine Erfindung gemacht wird, vergehen oft viele Jahre, bis ihre Implikationen begriffen werden. Ein Vierteljahrhundert geht vorbei, bis dieses neue mechanische Reproduktionsverfahren zu etwas Selbstverständlichem wird. Erst 1904 illustriert in England der *Daily Mirror* seine Seiten ausschließlich mit Photographien, und erst 1919 folgt die New Yorker *Il-*

lustrated Daily News seinem Beispiel. Dagegen veröffentlichen die Wochen- und Monatszeitschriften, die mehr Zeit zur Vorbereitung ihrer Ausgaben haben, Photographien schon seit 1885. Diese Verzögerung der Verwendung von Photographien in der Tagespresse rührt daher, daß die Klischees noch außerhalb der Zeitung gemacht werden. Die Presse, deren Erfolg auf der unmittelbaren Aktualität beruht, kann nicht warten, und die Zeitungsbesitzer zögern, große Summen in diese neuen Maschinen zu investieren. In unseren Tagen können wir Ähnliches beim Farbphoto feststellen. Während die Illustrierten zahlreiche Farbseiten bringen, sind sie in den Zeitungen noch eine Seltenheit, da die Mehrzahl der Farbklischees in spezialisierten Druckereien hergestellt werden.

Die Einführung des Photos in der Presse ist ein Phänomen von außerordentlicher Bedeutung. Das Bild verändert die Sehweise der Massen. Früher vermochte der Durchschnittsmensch nur die Ereignisse wahrzunehmen, die sich vor seinen Augen abspielten, in seiner Straße, in seinem Dorf. Mit der Photographie öffnet sich ein Fenster zur Welt. Die Gesichter von Personen des öffentlichen Lebens, die Ereignisse, die sich in seinem Land abspielen und auch diejenigen, die außerhalb der Grenzen stattfinden, werden ihm vertraut. Mit der Erweiterung des Blickfelds wird die Welt kleiner. Das geschriebene Wort ist abstrakt, doch das Bild ist die konkrete Widerspiegelung der Welt, in der jeder lebt. Die Photographie leitet das Zeitalter der visuellen Massenmedien ein, als das Einzelporträt durch das kollektive Porträt verdrängt wird. Gleichzeitig wird die Photographie zu einem mächtigen Instrument der Propaganda und der Manipulation. Die Bilderwelt wird entsprechend den Interessen jener gestaltet, die die Presse besitzen: die Industrie, das Finanzkapital, die Regierungen.

Seit den Anfängen der Photographie hatte man versucht, öffentliche Ereignisse auf der Platte festzuhalten, doch die noch unvollkommene Technik ermöglichte nur Einzelbilder, und dies auch nur bei günstigem Licht. Wenn man sich die Abenteuer des englischen Photographen Roger Fenton in Erinnerung ruft, der einer der ersten war, die versuchten, einen Krieg zu photographieren, wird deutlich, welche Riesenschritte die Photographie seither gemacht hat.

Im Februar 1855 verläßt Fenton England, um den Krimkrieg zu photographieren. Vier Assistenten begleiten ihn und seinen großen Wagen, der von drei Pferden gezogen werden muß. Dieses schwere Gefährt, das einem Weinhändler gehört hatte, diente ihm zugleich als Schlafzimmer und als Dunkelkammer. Sein enormes Gepäck besteht aus sechsunddreißig großen Kisten; dazu kommt das Zaumzeug für die Pferde und ihr Futter! Am Ziel angekommen, stellt Fenton fest, daß die Hitze seine Arbeit außerordentlich schwierig gestalten wird. Die Luft in seinem fahrenden Labor ist zum Ersticken. Bei der Vorbereitung seiner Platten – zu jener Zeit ist man noch auf die nassen Collodiumplatten angewiesen, die kurz vor ihrer Verwendung beschichtet werden müssen, passiert es ihm oft, daß sie vor seinen Augen trocknen, noch bevor er sie in seine Kamera einführen kann. Die Belichtungsdauer beträgt drei bis zwanzig Sekunden, und alle Aufnahmen müssen unter der brennenden Sonne gemacht werden. Nach drei Monaten hartnäckiger Arbeit bringt er ungefähr 360 Platten nach London zurück. Seine Bilder geben eine ganz falsche Vorstellung vom Krieg, denn sie zeigen nur Soldaten hinter der Feuerlinie. Fentons Expedition war unter der Bedingung finanziert worden, daß er auf keinen Fall die Schrecken des Krieges photographieren würde, um die Familien der Soldaten nicht zu ängstigen[88].

Vom amerikanischen Bürgerkrieg, der 1861 ausbrach, brachte der berühmte Photograph Mathew B. Brady Tausende von Daguerreotypien mit. Aber er wurde nicht beauftragt wie Fenton. Für ihn war dieses Abenteuer ein finanzielles Risiko, denn da sein Kapital nicht ausreichte, mußte er sich Geld leihen. Seine Absicht war, diese Photos nach dem Krieg zu verkaufen. Mit etwa zwanzig Photographen, die er anstellte, führte er sein Projekt durch.

Die Bilder Fentons lassen einen Krieg wie ein Picknick erscheinen, doch die von Brady und seinen Mitarbeitern – unter ihnen Timothy O'Sullivan und Alexander Gardner – vermitteln zum ersten Mal eine äußerst konkrete Vorstellung von seinem Grauen. Die verbrannte Erde, die Häuser in Flammen, das Elend der Familien, die zahlreichen Toten werden von ihnen mit einer Objektivität photographiert, die diesen Dokumenten einen außergewöhnlichen Wert verleiht, zumal wenn man sich vergegenwärtigt, daß die rudimentäre Technik der Daguerreotypie (die Apparate wiegen noch viele Kilos, die Vorbereitung der Platten nimmt viel Zeit in Anspruch, desgleichen die Belichtung) ihre Arbeit nicht erleichterte.

Der Verkauf der Photographien entsprach jedoch nicht den Erwartungen Bradys; er verlor bei diesem Unternehmen sein gesamtes Vermögen. Schließlich mußte er sogar noch diese Photos seinem Gläubiger überlassen, der photographischen Firma, von der er das Material bezogen hatte. Diese Firma verkaufte die Bilder jahrelang, doch Brady war ruiniert[89].

Während des deutsch-französischen Krieges von 1870 wurden Hunderte von Photographien aufgenommen, und während des kurzen Bestehens der Commune ließen sich ihre Verteidiger gern auf den Barrikaden photographieren. Fast alle, die auf diesen Bildern von Thiers' Polizei identifiziert werden konnten, wurden standrechtlich erschossen. Damit diente die Photographie zum ersten Mal in der Geschichte als Polizeispitzel.

Im selben Jahr 1870 wanderte ein Däne von 21 Jahren nach Amerika aus – Jacob A. Riis. Einige Jahre später wurde er Journalist an der *New York Tribune*. Er war der erste, der sich der Photographie als sozialkritischem Instrument bediente, indem er seine Artikel über die trostlosen Lebensbedingungen der Einwanderer in den Elendsvierteln von New York mit Photos illustrierte. Sein erstes Buch *How the Other Half Lives* (Wie die andere Hälfte lebt) erscheint 1890 bei Scribner in New York und erregt zutiefst die öffentliche Meinung. Später steht ihm Lewis W. Hine zur Seite, ein Soziologe, der zwischen 1908 und 1914 Kinder photographiert, die zwölf Stunden täglich in den Fabriken und auf den Feldern oder in den ungesunden Häusern der Slums arbeiten müssen. Diese Photos rufen das Gewissen der Amerikaner wach und führen zu einer Revision der Gesetze über die Kinderarbeit. Zum ersten Mal wird die Photographie zu einer Waffe im Kampf um die Verbesserung der Lebensbedingungen der ärmeren Schichten der Gesellschaft[90].

Jacob A. Riis und Lewis W. Hine waren noch Amateure; für sie war das Photo nur ein Mittel, ihren Artikeln mehr Überzeugungskraft zu geben; doch von dem Augenblick an, wo Photographien regelmäßig in der Presse veröffentlicht werden, erscheinen die ersten Pressephotographen. Sie haben sehr bald einen äußerst schlechten Ruf. Um in Innenräumen Aufnahmen zu machen, benützen sie Magnesiumpulver. Es erzeugt ein blendendes Licht, verbreitet gleichzeitig ein Wolke beißenden Rauchs und einen ekelhaften Gestank. Die Photoapparate waren zu jener Zeit noch äußerst schwer. Die Photographen mußten daher mehr physische Kraft als Talent besitzen. Geblendet vom plötzlichen Lichtschein standen die Photographierten häufig mit offenem Mund da, blinzelten mit den Augen oder nahmen eine ungünstige Haltung ein. Das einzig Wichtige war für diese Photographen, daß ihr Bild »etwas wurde«, was damals bedeutete: Es mußte scharf sein und damit brauchbar für die Reproduktion. Das Aussehen der porträtierten Personen war für Photographen und Redakteure weit weniger wichtig. Die gute Gesellschaft und die Politiker, die ihre ersten Opfer waren, suchten sich diese Reporterphotographen bald vom Leibe zu halten und verachteten sie. Die Journalisten, die beauftragt waren, einen Artikel vorzubereiten, hatten es oft schwer, ihnen Zutritt zu verschaffen. Unter keinem dieser Photos stand der Name des Photographen. Fast ein halbes Jahrhundert lang wurde der Pressephotograph als ein Handlanger betrachtet, sein Status dem eines Dieners vergleichbar, dem man Anweisungen erteilt, der jedoch über keinerlei Initiative verfügt. Es bedurfte einer völlig anders gearteten Rasse von Photoreportern, um diesem Beruf Achtung zu verschaffen. Noch in unseren Tagen werden Photoreporter von vielen Leuten mit Mißtrauen angesehen und mit Geringschätzung behandelt. Wie in den ersten Zeiten ihrer Erfindung lockt die Photographie zahlreiche Menschen in diesen leicht zu erlernenden Beruf, die keinerlei Kultur besitzen und durch nichts auf seine Ausübung vorbereitet sind. Zu diesen letzteren kam noch eine neue Art von Reportern, die in den fünfziger Jahren in Italien zuerst auftauchten, die *paparazzi*. Ihre Arbeitsweisen haben noch weiter zur Herabsetzung des Berufes beigetragen. Wir werden auf sie noch zurückkommen.

Erich Salomon: Konferenz in La Haye, 1930, ein Uhr nachts

Beginn des Photojournalismus in Deutschland

Die Aufgabe der ersten Photoreporter bestand darin, einzelne Aufnahmen zu machen, um eine Geschichte zu illustrieren. Erst von dem Augenblick an, wo das Bild selbst zur Geschichte wird, die in einer Folge von Photos über ein Ereignis berichtet, während der danebenstehende Text oft nur aus Bildunterschriften besteht, beginnt der Photojournalismus.

Das photographische Porträt entstand in Frankreich, und die Anfänge seiner Geschichte sind dort zu suchen; erst anschließend fand es in der ganzen Welt Verbreitung. Die Geschichte des Photojournalismus dagegen nimmt ihren Ausgang in Deutschland, denn dort arbeiten die ersten großen Bildreporter, die diesen Namen verdienen und dem Metier zu Ansehen verhelfen.

Nachdem Deutschland den ersten Weltkrieg verloren hatte, machte es eine schwere politische und wirtschaftliche Krise durch. An die Stelle der kaiserlichen Monarchie trat die erste Republik. Sie wird im November 1918 in Weimar proklamiert. Die Mehrheit des deutschen Volkes, dem man seit Jahrhunderten Gehorsam gegenüber der Obrigkeit beigebracht hatte, versteht das pluralistische Parteiensystem nicht, auf dem eine republikanische Demokratie beruht. Für sie ist dieses System ein Zeichen von Schwäche, die der Regierungsautorität nur schaden kann. Die Sozialdemokraten, die zunächst den Regierungschef stellen, werden von Anfang an beschuldigt, das Land zu verraten, denn sie haben den Vertrag von Versailles unterzeichnen müssen. Die junge Demokratie ist schwach, denn ihre Führung ist gespalten. Der linke Flügel der sozialdemokratischen Partei gründet den *Spartakusbund*, der in Berlin eine Revolution beginnt. Die Regierung erstickt den Aufruhr mit Hilfe der Reichswehr, die nichts anderes ist als die alte kaiserliche Armee unter dem Kommando von reaktionären Offizieren. Die Spartakus-Führer, Karl Liebknecht und Rosa Luxemburg, werden heimtückisch ermordet. Das Bündnis mit der Armee, die den Sozialisten feindlich gesinnt ist, erweist sich als verhängnisvoller Fehler der Regierung, der ihren Sturz später beschleunigen wird. Im Jahre 1920 lehnt es die Armee ab, einen Rechtsputsch in Berlin niederzuschlagen; die Regierung wird mit Mühe damit fertig. Hitler und General Ludendorff unternehmen 1923 in München einen Putschversuch. Hitler wird verhaftet und zu mehreren Jahren Festungshaft verurteilt, einige Monate später aber begnadigt. Er verwendet die Zeit in der Haft, um sein Buch *Mein Kampf* zu schreiben, das später zur Bibel der Deutschen wird. Die wirtschaftliche Lage ist verheerend. Der Versailler Vertrag fordert Reparationen, die so hoch sind, daß Deutschland sie nicht aufbringen kann. 1923 besetzen französische Truppen das Rheinland, wo sich die Schwerindustrie befindet, mit der Absicht, die Fabriken zu demontieren. Das bedeutet den finanziellen Ruin und Inflation; die Preise gehen bald in die Billionen. Zu jener Zeit ist es nicht ungewöhnlich, auf den Straßen Leuten zu begegnen, die einen kleinen Koffer mit sich führen, um die vielen Geldscheine tragen zu können, für die eine normale Brieftasche viel zu klein geworden ist[91]. 1923 wird die Mark abgewertet. Eine Billion Reichsmark entspricht einer Rentenmark. Das Großkapital und die Grundbesitzer werden von dieser Maßnahme weniger getroffen als der Mittelstand und das Kleinbürgertum. Für diese bedeutet die Abwertung den Ruin. Zehn Jahre später werden diese Klassen für Hitler stimmen. Dank der geschickten Politik des Außenministers Gustav Stresemann wird Deutschland schließlich in den Völkerbund aufgenommen, und es gelingt, die Höhe der Reparationen zu verringern.

Die Weimarer Republik kann sich kaum fünfzehn Jahre halten. Doch der liberale Geist, der sich in Deutschland während dieser kurzen Periode ausbreitet, ermöglicht eine ungewöhnliche Blüte der Kunst und der Literatur. In den zwanziger Jahren setzt sich in Deutschland eine ganze Plejade großer Schriftsteller durch. *Der Zauberberg* von Thomas Mann erscheint 1924. Franz Kafka, der wichtigste Schriftsteller deutscher Sprache in jener Epoche, stirbt im selben Jahr in Berlin. Ein Jahr später wird sein postumes Werk veröffentlicht, der unvollendete Roman *Der Prozeß*, in dem prophetisch die Schreckensherrschaft der dreißiger Jahre beschrieben wird. Die neuen Musiker sind Alban Berg und Paul Hindemith; die berühmtesten Dirigenten Wilhelm Furtwängler und Bruno Walter. Einstein erhält 1921 den Nobelpreis. Die psychoanalytischen Untersuchungen und die Therapie Freuds erlangen weltweite Berühmtheit. Maler wie Franz Marc, Kandinsky, Paul Klee, Emil Nolde, Käthe Kollwitz und George Grosz vertreten die neuen Kunstströmungen. Kurt Schwitters und Richard Huelsenbeck sind die hervorragendsten Vertreter der Dada-Bewegung in Deutschland. 1919 gründet der Architekt Walter Gropius das *Bauhaus*, dessen Einfluß von Jahr zu Jahr größer wird und bald über die deutschen Grenzen hinausgeht. Laszlo Moholy-Nagy, einer der Bauhaus-Lehrer, übt einen entscheidenden Einfluß auf die Photographie aus. Wir werden darauf zurückkommen. Berlin, die Hauptstadt der jungen Republik, behauptet sich als Zentrum der künstlerischen und intellektuellen Bewegungen. Sein Theater erlangt Berühmtheit durch die Regisseure Max Reinhardt und Erwin Piscator und durch die Stücke von Bertolt Brecht, Ernst Toller, Carl Zuckmayer u. a. Die Stummfilme der Ufa, bei denen Fritz Lang, Ernst Lubitsch und andere Talente Regie führen, genießen Weltruf. Die Presse, die während der Kriegsjahre unter einer scharfen Zensur stand, kann unter der liberalen Republik einen neuen Aufschwung nehmen.

In allen großen Städten Deutschlands erscheinen illustrierte Zeitschriften. Die beiden wichtigsten sind die *Berliner Illustrirte* und die *Münchner Illustrierte Presse*, deren Auflagen in Zeiten des größten Erfolges bei beiden annähernd zwei Millionen Exemplare betragen und die sich jeder kaufen kann, da eine Nummer nur 25 Pfennige kostet. Es ist der Beginn des Goldenen Zeitalters des photographischen Journalismus und seiner neuen Form. Die Zeichnungen verschwinden immer mehr und werden durch Photographien abgelöst, die die Aktualitäten widerspiegeln.

Die Photographen, die für diese Presse arbeiten, haben mit denen der vorausgegangenen Generation nichts mehr gemein. Es sind Gentlemen, die sich weder in ihrer Erziehung noch in der Art, sich zu kleiden und sich zu benehmen, von jenen unterscheiden, die sie photographieren. Wenn Photos an einem Opernabend gemacht werden, auf einem Presseball oder auf irgendeiner Veranstaltung, wo Frackzwang besteht, erscheinen sie auch im Frack[92]. Sie verfügen über Manieren, sprechen Sprachen und unterscheiden sich nicht mehr von den übrigen Gästen. Der Photograph gehört nicht länger der Klasse subalterner Angestellten an. Er stammt aus der bürgerlichen Gesellschaft oder aus der Aristokratie, die ihren Besitz und ihre politische Stellung verloren hat, jedoch ihren sozialen Status bewahrt.

Der berühmteste unter diesen Photographen ist Dr. Erich Salomon. Wie sein Titel angibt, hat er eine akademische Ausbildung genossen. Salomon legt Wert darauf, mit »Herr Doktor« angesprochen zu werden, denn er kennt die Psychologie seiner Mitbürger.

Er wurde 1886 in Berlin geboren und stammte aus einer wohlhabenden Bankiersfamilie. Seine ganze Photographentätigkeit in Deutschland spielt sich in einem Zeitraum von fünf Jahren ab: 1928–1933. Die große Zahl von Photographien, die er machte, und die Vielzahl der Personen, die er in dieser begrenzten Zeit aufgenommen hat, zeugen von seiner unermüdlichen Energie und von seinem großen Talent. Salomon studierte Jura und wurde anschließend 1914 einberufen. Mehrere Jahre lang war er in französischer Kriegsgefangenschaft. 1918 kam er nach Berlin zurück. Die wirtschaftliche Situation nach dem Kriege war für eine Niederlassung als Anwalt nicht günstig. Seine Familie hatte wie viele andere Familien aus dem Mittelstand einen großen Teil ihres Vermögens verloren. Er versuchte, seinen Unterhalt als Geschäftsmann zu verdienen und trat dann in die Werbeabteilung des Hauses Ullstein ein. Eine seiner Aufgaben bestand darin, zu überwachen, daß die Verträge mit Bauern, die ihre Hausmauern für Werbeplakate vermieteten, eingehalten wurden. Es kam zu verschiedenen Prozessen, und Salomon lieh sich einen Photoapparat, um Photos zu machen, die man vor Gericht als Beweismaterial verwenden konnte. Dies war das erste Mal in seinem Leben, daß er sich einer Kamera bediente.

Wie kam er auf die Idee, die Photographie zu seinem Beruf zu machen? Er erzählt über seine Anfänge: Eines Sonntags sei er auf der Terrasse eines Restaurants am Ufer der Spree gesessen, als ein heftiger Sturm ausbrach. Einige Minuten später kam ein Zeitungsverkäufer an und berichtete, der Wirbelsturm habe Bäume entwurzelt und eine Frau sei umgekommen. Darauf nahm Salomon ein Taxi und alarmierte einen Photographen. Anschließend bot er dieses exklusive Dokument dem Ullstein-Verlag an und bekam dafür 100 Mark. Davon bezahlte er dem Photographen 90 Mark und sagte sich: »Wenn ich selber photographiert hätte, wäre es besser gewesen.« Am nächsten Morgen kaufte er sich eine Kamera[93].

Seit 1925 erscheinen in den Zeitungen Annoncen, die einen neuen Photoapparat anpreisen:

»NACHT- UND INNENAUFNAHMEN OHNE BLITZLICHT
Sie können Photos im Theater während der Vorstellung machen – kurze Belichtungsdauer oder Momentaufnahmen. Mit der Camera ERMANOX, klein, leicht zu bedienen und unauffällig[94].«

Die Anzeige ist mit einer Nachtaufnahme von Dresden illustriert.

Ein Apparat dieser Art war eine große Neuheit. Die Ermanox war klein und leicht und mit einem lichtstarken Objektiv ausgestattet, was für die damalige Zeit noch ungewöhnlich war. Doch um gute Innenaufnahmen machen zu können, war man noch auf Glasplatten angewiesen, da diese viel empfindlicher als die erhältlichen Filme waren. Um befriedigende Ergebnisse zu erzielen, mußte man die Platten außerdem noch in Speziallösungen entwickeln. Die Tiefenschärfe war so gering, daß man die Entfernung fast bis auf den Zentimeter genau messen mußte. Doch abgesehen von all diesen Schwierigkeiten waren Photographien ohne Blitzlicht möglich geworden.

Salomon wird als erster versuchen, Leute in Innenräumen zu photographieren, ohne daß sie es merken. Diese Bilder wirken sehr lebendig, weil sie nicht gestellt sind. Damit beginnt der moderne Photojournalismus. Nicht mehr die Schärfe eines Bildes macht seinen Wert aus, sondern sein Gegenstand und die Gefühle, welche es erweckt.

Um unbemerkt zu bleiben, darf der Photograph weder gesehen noch gehört werden. Er muß also auf das Blitzlicht verzichten, was nunmehr möglich wird. Aber Salomon bemerkt, daß der Verschluß ein viel zu lautes Geräusch macht und daß sein Klicken die Anwesenheit des Photographen sofort verrät. Deshalb läßt er sich einen Spezialauslöser konstruieren, der geräuschlos arbeitet. Die Werbung für die Ermanox behauptete, man könne damit Innenaufnahmen machen; aber um brauchbare Bilder zu erhalten, mußte man die Platten noch zwischen einer halben und einer ganzen Sekunde belichten. Ein Stativ war also unerläßlich, aber es war sperrig und ließ sich nur schwer verbergen. Andererseits mußten die Photos, wenn man sie der Zeitung verkaufen wollte, einmalig und von großer Aktualität sein. Um 1928 war es in Deutschland streng untersagt, im Gerichtssaal zu photographieren; doch das erste Bild, das Salomon am 19. Februar 1928 in der *Berliner Illustrirten* veröffentlichte, war in einem Gerichtssaal aufgenommen worden. Es erschien mit der folgenden Bildunterschrift: »Ein Verbrechen, das in jüngster Zeit großes Aufsehen erregt hat. Der Gymnasiast Krantz vor seinen Richtern.« Die Photographie ist völlig unscharf, doch sie ist die einzige, die bei diesem Prozeß aufgenommen wurde, über den unzählige Artikel in der Presse erschienen, die diese Affäre zum Anlaß nahm, das Erziehungssystem anzuklagen und die Nachkriegsjugend zu brandmarken. Am Tag nach einer Party, an der drei minderjährige Jungen und ein sechzehnjähriges Mädchen teilgenommen hatten, entdeckte man die Leichen von zwei der Jungen. Man fand heraus, daß einer der tot aufgefundenen Jungen intime Beziehungen zu dem Mädchen unterhalten hatte und klagte den Überlebenden, einen siebzehnjährigen Gymnasiasten, an, ihn aus Eifersucht gemordet zu haben. Er wurde freigesprochen[95]. Jahre später wurde er in der literarischen Welt durch die Romane bekannt, die er unter dem Pseudonym Ernst Erich Noth veröffentlichte.

Dieses »einmalige« Photo bringt Salomon soviel Geld ein, wie er in einem Monat bei Ullstein verdiente. Darauf gibt er die feste Anstellung auf, um sich ausschließlich der Photographie zu widmen. Bei einem anderen Mordprozeß versteckt er seine Kamera in einer Schachtel und das Stativ unter einem Tuch. Vier dieser Photos erscheinen in der gleichen Illustrierten und erregen großes Aufsehen.

Von nun an macht er überall dort Photos, wo sich etwas ereignet. Er wird zum Photographen der großen internationalen Konferenzen. Er wohnt den Reichstagssitzungen bei; er photographiert alle wichtigen Persönlichkeiten aus Kunst und Politik. Überall schmuggelt er sich ein. Bei der Unterzeichnung des Kellogg-Paktes im Haag notiert er: »Ich saß auf dem Platz, der für einen polnischen Minister reserviert war; dieser war aber nicht gekommen.« Er hat bald herausgefunden, daß es schwieriger ist, sich zu einem exklusiven Ort Zutritt zu verschaffen, als hinausgeworfen zu werden. Um ein guter Photoreporter zu sein, bedarf es einer unendlichen Geduld. Während einer Nachtsitzung von deutschen und französischen Ministern während der zweiten Haager Konferenz macht er Photos um elf Uhr abends, und dann wieder auf derselben Sitzung um ein Uhr früh, als einige der Teilnehmer bereits eingeschlafen waren. An Witz fehlte es ihm nicht, und diese Photos hatten einen enormen Erfolg. Er photographiert Lloyd George und Chamberlain in ihren Amtsräumen in London; er macht die ersten Photos im Obersten Gerichtshof Englands. Auch die Zuschauer interessieren ihn, und einige dieser Bilder vom Publikum erinnern an Karikaturen von Daumier. Er photographiert alles, was Rang und Namen in der Kunst hat: Richard Strauß, Toscanini, Casals ... In Amerika macht er Aufnahmen von dem amerikanischen Zeitungskönig Randolph Hearst in dessen Schloß in Kalifornien. Dann ist er wieder in Berlin, photographiert Einstein oder Schriftsteller wie Thomas Mann. 1931, also kaum drei Jahre nach seinen Anfängen, veröffentlicht er ein Album mit hundertzwei Photographien unter dem Titel: *Berühmte Zeitgenossen in unbewachten Augenblicken*[96]. In einem langen Vorwort erläutert er seine Ideen und seine Methode, die bis heute für einen Photoreporter Gültigkeit behalten haben, mit Ausnahme bestimmter technischer Probleme, die man inzwischen gelöst hat.

Für Salomon war die Tätigkeit eines Bildberichterstatters, der mehr als nur Handwerker sein will, ein unaufhörlicher Kampf um sein Photo. Wie ein Jäger auf dem Anstand wartete er geduldig, um zum Schuß zu kommen. Man muß sich gegen die Vorurteile verteidigen, die noch existieren wegen der Photographen, die mit Blitzlicht arbeiten, gegen die Bürokratie, die Polizei und die Wächter; gegen schlechte Lichtverhältnisse und die große Schwierigkeit, Photos von Personen zu machen, die sich bewegen. Man muß den genauen Augenblick abwarten, wo sie sich nicht bewegen. Dann muß man mit der Zeit kämpfen, denn jede Zeitschrift hat einen Redaktionsschluß, dem man zuvorkommen muß. Vor allem muß ein Bildberichterstatter von unglaublicher Geduld sein und niemals nervös werden; er muß auf dem laufenden sein, was die Ereignisse betrifft und zur rechten Zeit wissen, wo sie sich abspielen. Wenn nötig, muß er allerlei Listen anwenden, selbst wenn sie ihm nicht immer zum Erfolg verhelfen. Er erzählt:

»Als ich im Sommer 1929 zur ersten Haager Konferenz kam, erfuhr ich, daß die sogenannten Räumungsminister: Henderson, Stresemann, Briand, Wirth und der belgische Außenminister Hymans jeden Nachmittag um 4 Uhr auf Hendersons Balkon auf der Rückseite des Grand Hotels Scheveningen zusammenzukommen pflegten. Verhandlungen mit Hendersons Pressechef Mr. Stewart führten nicht zum Ziel ... Da ich also den Balkon nicht von innen photographieren konnte, blieb nur

Auf Bücher…

... stellte ich mein Frommen, von Büchern hab' ich großen Hort – sagt der Büchernarr in Sebastian Brants «Narrenschiff».

Von besonderem Nutz und Frommen ist ein großer Hort auf Sparbüchern. Auch Geld hat viele guten Seiten. Wer kein Geld hat, der hat nicht gut lesen. Oder, wie Luther sagte: Qui non habet in nummis, dem hilft nicht, daß er frumm is'.

übrig, die Aufnahme von außen zu machen. Der Balkon lag aber sechzehn Meter über einen Autoparkplatz, dann kam der Strand und dahinter die Nordsee, also kein gegenüberliegendes Haus. Ich mietete deshalb eine neunzehn Meter hohe, auf Rädern montierte Feuerleiter und ließ mir von der vier Mann starken Begleitmannschaft einen Malerkittel, einen Eimer und einen Pinsel bringen, um der holländischen Polizei gegenüber die Auffrischung einer Reklamefläche vorzutäuschen. Es klappte auch zunächst alles sehr schön, aber an diesem Tage erschienen die Minister nicht auf dem Balkon, weil am Tage vorher mehrere neugierige Journalisten unter dem Balkon auf und ab patrouilliert waren, um einige Brocken der Unterhaltung aufzufangen. Mein Plan war nun gewesen, mich mit der Leiter hochwinden zu lassen, aus einem Abstand von zwölf Metern schnell eine Aufnahme des historischen Balkons mit seinen Insassen zu machen und dann wieder in der Versenkung zu verschwinden. Zu meiner größten Enttäuschung erklärte mir aber der Chef der Begleitmannschaft, daß die Leiter erst hochgedreht und dann durch Stricke gesichert werden müsse, bevor ich hinaufsteigen könne. Als sie dann aufgerichtet war, stand sie lotrecht da, so daß ich hinuntergefallen wäre, wenn ich beide Hände zum Photographieren benutzt hätte. Ich mußte sie daher erst noch neigen lassen, und das sah wohl so bedrohlich aus, daß es Henderson durchs Fenster auffiel. Gerade als ich die ersten Sprossen erklommen hatte, erschien Mr. Stewart in Begleitung eines englischen Kriminalbeamten und verlangte kategorisch die sofortige Entfernung der Leiter ... Um einen diplomatischen Zwischenfall zu vermeiden, fügte ich mich natürlich schweren Herzens. Es blieb mir nur noch übrig, die Feuerleiter selbst zu photographieren[97].«

Wenn ihm keine List Zugang zum Konferenzsaal verschaffen kann, photographiert er den Vorraum, macht amüsante Bilder von Hüten und Regenschirmen oder von einem eingeschlafenen Türsteher. Er überrascht die »Großen Sechs« der Epoche beim Frühstück im Hotel Beaurivage in Genf: Briand, Lord Cushendun, Hermann Müller, Scialoja, Hymans und von Schubert. Das Photo erscheint im September 1929 in der *Berliner Illustrirten* unter dem Titel: »Ein einmaliges Dokument!«

Für jene Zeit war es in der Tat etwas ganz Neues, die großen Häupter, oder jedenfalls die, die als solche angesehen wurden, in ihrer Privatsphäre zu photographieren. Wegen seiner zwei

Haarschöpfe, die seinen Schädel zieren, gibt ihm Aristide Briand den Spitznamen *Doktor Mephistopheles*.

Alle seine Photographien sind mit seinem Namen gezeichnet. Er ist berühmt. Der Photograph ist nicht mehr eine anonyme Person, sondern selbst eine Art Star. Die Illustrierten in Deutschland und Europa reißen sich um Salomons Photos und bezahlen sie teuer.

Die Veröffentlichung von sogenannten »geheimen« Photos wird zu einer Hauptattraktion der illustrierten Presse. In Fällen, in denen es absolut unmöglich ist, solche aufzunehmen, brachte man »ultrageheime« Photos, die sorgfältig gestellt wurden. Unter der Überschrift »Die ersten Photos, die jemals in den Spielsälen des Casinos von Monte Carlo gemacht wurden«, veröffentlicht Salomon im April 1929 eine Serie von Bildern, von denen jedes einzelne gestellt war. Die Direktion des Casinos wollte auf keinen Fall zulassen, daß prominente Gäste am Spieltisch photographiert würden, doch sie gestattete den Angestellen, solange die Spielsäle noch geschlossen waren, die entsprechenden Posen einzunehmen. Dank Salomons außerordentlichem Geschick sahen diese Photos aus, als seien die darauf Abgebildeten wirkliche Spieler. Das Publikum konnte nicht zwischen echt und falsch unterscheiden, und der Anreiz der Illustrirten bestand darin, sensationelle Photos zu drucken. Im Bedarfsfall stellte man sie künstlich her.

Der Chefredakteur der *Berliner Illustrirten*, die der Zeitungsgruppe des Ullstein-Verlags gehörte, war Kurt Korff. Er hatte seine Karriere als Botenjunge begonnen und verdankte seinen Aufstieg seinem untrüglichen Gedächtnis und seinem journalistischen Instinkt. Eines Tages beauftragte ihn einer der Brüder Ullstein, ihm schnellstens alle Fakten über ein Schiffsunglück zu beschaffen, doch Korff konnte ihm auf der Stelle alle Einzelheiten mit Zahlen angeben, mit den genauen Maßen des Schiffes, welches untergegangen war. Ullstein war davon so beeindruckt, daß er für seinen schnellen Aufstieg sorgte.

Stefan Lorant, anfangs Leiter der Berliner Redaktion der *Münchner Illustrierten Presse*, wurde 1930 sein Chefredakteur. Kurt Korff hatte das ›ultrageheime‹ und ›einmalige‹ Photo erfunden, selbst wenn man manchmal der Wahrheit ein wenig nachhelfen mußte. Stefan Lorant dagegen lehnte alle gestellten Photos grundsätzlich ab. Bis dahin druckte die illustrierte Presse vorwiegend Einzelphotos. Lorant kam als erster auf die

Idee, Reportagen machen zu lassen, die eine Geschichte in einer Folge von Bildern erzählten.

Um ein zentrales symbolisches Photo, welches bereits alle Elemente der Geschichte enthält, sind eine Reihe von Bildern gruppiert, die die Geschichte in Details erzählen. Die »Photoreportage« muß eincn Anfang und ein Ende haben wie im Theater. Aber im Theater macht die Rampe dem Zuschauer bewußt, daß es sich um eine fiktive Realität handelt; dagegen ist der Leser, der sich über die Seiten einer Illustrierten beugt, von ihr durch nichts getrennt. Er kann sich mit Leichtigkeit mit den Personen identifizieren, die er vor sich sieht.

Unter dem Einfluß von Lorant beginnen die Photographen Reportagen über Ereignisse zu machen, die mehrere Seiten der Illustrierten einnehmen. Als erster geht er davon aus, daß das Publikum nicht allein über das Tun und Treiben der Persönlichkeiten des öffentlichen Lebens informiert werden will, sondern daß der Mann von der Straße sich für Dinge interessiert, die ihn selbst angehen. Diese Idee sollte einige Jahre später den großen Erfolg des *Life*-Magazins begründen. Von nun an findet man in der Illustrierten nicht nur Bilder von Berühmtheiten des Tages, bekannten Schauspielern oder anderer Prominenz aus dem öffentlichen Leben, sondern auch Reportagen über das tägliche Leben des kleinen Mannes. Die illustrierte Zeitung wird zu einem Symbol für den liberalen Geist der Epoche.

Um Doktor Erich Salomon, der 1930 schon 44 Jahre alt ist, bildet sich eine ganze Gruppe jüngerer Photographen. Sie bleiben *freelance*, das heißt, sie arbeiten unabhängig und schlagen selber Themen vor. Jedes ihrer Photos ist signiert, ein Zeugnis für die Wichtigkeit, die man von jetzt an der Persönlichkeit des Photographen zumißt. Wie Salomon sind sie nicht nur Photographen, sondern sie redigieren meist auch die Texte und Bildlegenden[98]. In der Mehrzahl stammen sie aus dem Bürgertum und haben studiert, sind aber zu diesem Beruf übergegangen wegen der wirtschaftlichen Schwierigkeiten im Nachkriegsdeutschland. Manche von ihnen gehören zur *Dephot*agentur (Deutscher Photodienst), die eng mit den Illustrierten und vor allem mit Stefan Lorant zusammenarbeitet. Diese Agentur wird zu einem Zentrum für junge Talente[99]. Fast alle Photographen, die ihr angehören, werden später berühmt.

Einer der Bildreporter, der zur *Dephot*agentur gehört, ist Hans Baumann. 1893 in Freiburg im Breisgau geboren, Sohn eines Bankiers, hat er zuerst Kunst studiert. 1914 wird er eingezogen; bei Kriegsende steht er vor dem gleichen Dilemma wie so viele andere junge Leute, deren Familien in der Inflation ihr Vermögen verloren haben. Er muß sein Studium aufgeben und Geld verdienen. 1926 wird er Zeichner der Berliner Zeitung *B Z am Mittag* und spezialisiert sich auf große Sportereignisse. Als seine Zeitung anfängt, wie die anderen Zeitungen auch, immer mehr Photos zu veröffentlichen, beschließt er, selbst Photograph zu werden. Schon als Kind hatte er sich für die Photographie begeistert; sein Vater hatte ihm bereits eine Kamera geschenkt, als er zehn Jahre alt war[100]. Über den deutschen Photodienst lernt er Stefan Lorant kennen und beginnt 1929 unter dem Namen Felix H. Man für die *Münchner Illustrierte Presse* und andere Illustrierten zu arbeiten; das Pseudonym legt er sich zu, um seine neue Tätigkeit von seiner früheren als Zeichner zu trennen. Im gleichen Jahr macht er unter dem Titel »Von Mitternacht bis Morgen auf dem Kurfürstendamm« die erste bei Nacht photographierte Reportage. Die Münchner Illustrierte garantiert ihm ein Mindestgehalt von 1000 Mark im Monat unter der Bedingung, daß er seine Reportagen zuerst ihrer Redaktion vorlegt[101]. Für die damalige Zeit ist dieser Betrag sehr hoch, wenn man bedenkt, daß das Gehalt eines normalen Beamten nur etwa fünfhundert Mark betrug. Zwischen 1929 und 1933 machte er annähernd 80 Reportagen. Er photographiert öffentliche Schwimmbäder, Arbeiter in Fabriken, Restaurantszenen, Boxkämpfe, den Lunapark und viele andere Themen, die die Leser interessieren, weil sie in diesen Bildern ihr eigenes Leben mit seinen Sorgen und Freuden wiedererkennen. Felix H. Man ist einer der ersten Photoreporter, der in enger Zusammenarbeit mit Stefan Lorant die moderne Form der Reportage verwirklicht[102]. Zu Beginn der dreißiger Jahre geht Man nach Rom, um eine Reportage über Mussolini zu machen. Bis zu diesem Zeitpunkt kannte man vom Duce nur Photos mit theatralischen Posen. Felix H. Man verbringt einen ganzen Tag mit ihm, von sieben Uhr früh bis zehn Uhr abends; die Reportage beeinflußt eine ganze Generation von Photographen durch die Lebendigkeit dieser Augenblicksbilder. Felix H. Man erinnert sich später: »Mussolinis Arbeitsraum war riesig, voller Marmorsäulen und Pfeiler, wie der Eingang zu einem Museum. Er behandelte seine Minister auf demütigende Art. Einer von ihnen brachte ihm einen umfangreichen Stapel Post;

manche Briefe trugen den Vermerk ›Wichtig‹. Mussolini schaute sich die Kuverts an. Fand er sie interessant, so las er die Briefe; wenn nicht, warf er sie in die Luft, und der Minister mußte sie auffangen[103].« Die Reportage erregte großes Aufsehen und brachte Man 3000 Mark ein.

Wenn man die deutschen Illustrierten vom Ende der zwanziger Jahre durchblättert, so stößt man auf Namen, die heute berühmt sind, wie z. B. Moholy-Nagy vom Bauhaus, Alfred Eisenstaedt, damals wichtigster Photograph der *Associated Press* in Berlin, André Kertesz, Martin Muncaszi, Germaine Krull und andere, weniger bekannte, wie Wolfgang Weber, Umbo, ehemaliger Bauhausschüler, Marian Schwabik, die Brüder Gidal und auf Namen wie Helmut Müller von Stwolinski, von Blücher, Freiherr von Bechmann, die ihre adlige Herkunft verraten. Jeder von ihnen hatte sein Spezialgebiet: Sportreportagen, Theater, politische Ereignisse und dergleichen.

1929 verwendet die Mehrzahl dieser Photoreporter noch die Ermanox, doch zu Beginn der dreißiger Jahre fangen Salomon, Man und andere an, mit der Leica zu arbeiten. Die Erfindung dieser Kamera öffnet nun wirklich den Weg für den modernen Photojournalismus.

Die Leica wurde von Oskar Barnack erfunden, einem Spezialisten für Präzisionsgeräte[104]. Er wurde 1879 geboren und begeisterte sich von Jugend an für die Photographie. Barnack liebte lange Spaziergänge. Jedesmal nahm er einen Apparat vom Format 13 × 18 mit. Aber er war schwer, und die hölzernen Doppelkassetten hatten noch ein zusätzliches Gewicht. Dazu mußte er auch noch ein Stativ schleppen. Da er nicht sehr kräftig war, träumte er von einem Apparat, den man in die Tasche stecken könnte. Während der langen Jahre, in denen er in der optischen Industrie in Jena arbeitete, beschäftigte diese Idee ihn dauernd. Doch erst als er 1911 Leiter des Forschungslabors der Leitz-Werke in Wetzlar wurde, die Mikroskope und Fernrohre herstellten, ergab sich für ihn die Möglichkeit, seinen Traum zu verwirklichen. Er konstruierte einen kleinformatigen Photoapparat, für den er den Film des kurz zuvor entwikkelten Kinematographenapparates verwendete, indem er die Größe des Negativs veränderte. So entstand das Format 24 × 36 mm. Es bedurfte allerdings noch jahrelanger Forschung, bis die Firma Leitz in der Lage war, diesen neuen Apparat herzustellen. Er wird der Öffentlichkeit zum ersten Mal im Jahre 1925 auf der Leipziger Messe unter dem Namen Leica vorgestellt und erregt dort großes Aufsehen. Der Apparat ist mit einem Objektiv 1 :3,5/50 mm ausgestattet. 1930 wird er bereits mit mehreren auswechselbaren Objektiven verkauft, was seine Möglichkeiten außerordentlich erweitert. Der dafür verwendete Film ermöglicht es, 36 Bilder ohne Unterbrechung zu belichten.Für die Arbeit des Berufsphotographen bedeutet dies eine Revolution.

Die meisten Redakteure der illustrierten Presse, die daran gewohnt waren, nur Aufträge für Einzelphotos zu erteilen, erlaubten ihren Photographen zuerst nicht, sich der Leica zu bedienen. Mittlerweile war die Technik des Blitzlichts verbessert worden, und die großformatigen Kameras ermöglichten Direktkopien. Sogar eine Zeitschrift wie *Life*, die 1936 gegründet worden war, wollte anfangs nicht, daß ihre Photographen mit der Leica photographierten. Thomas Mc Avoy, der zum Stab der ersten von *Life* engagierten Photographen gehörte, hat mir die Schwierigkeiten geschildert, die es gekostet hatte, diese Kamera durchzusetzen: »Ich hatte von einer Europareise eine Leica mitgebracht, doch der Chefredakteur betrachtete sie wegen ihres kleinen Formats als ein unnützes Spielzeug und erlaubte mir nicht, sie zu benützen. Bei einem offiziellen Empfang in Washington habe ich mich über das Verbot einfach hinweggesetzt, und unter den erstaunten Blicken meiner Kollegen, die mit großen Apparaten hantierten und mit Blitzlicht ausgerüstet waren, machte ich eine ganze Serie von Bildern. Als der Chefredakteur meine Photos mit denen der anderen verglich, mußte er zugeben, daß meine Bilder viel mehr Atmosphäre hatten und viel lebendiger waren, weil ich eben kein Blitzlicht benützt und die Leute unbemerkt photographiert hatte. Von diesem Moment an wurde die Leica anerkannt, und alle Photographen folgten meinem Beispiel[105].«

Ich machte eine ähnliche Erfahrung, als Julien Cain, damals Direktor der *Bibliothèque Nationale,* mich beauftragte, alle Bibliotheken von Paris für die Weltausstellung 1937 zu photographieren (mein erster offizieller Auftrag). Als der Konservator im Lesesaal meine kleine Leica sah, erklärte er: »Das ist nicht seriös, kommen Sie mit einem professionellen Apparat wieder«, und schickte mich fort. Mir kam eine Idee. Ich ging auf den Flohmarkt und kaufte für fünfzig Francs ein altes Modell aus Holz im Format 18 × 24. Diesmal war der Konservator zufrieden, und die Kamera wurde auf ein wuchtiges Stativ montiert. Mit dem Kopf unter einem großen schwarzen Tuch tat ich, als würde ich die Kamera einstellen. Für den Apparat hatte ich nicht einmal Platten mitgebracht. Nachdem die amtliche Autorität sich entfernt hatte, machte ich in aller Ruhe mit meiner Leica eine ganze Reihe von Bildern und photographierte die über ihre Lektüre gebeugten Bücherwürmer. Da ich kein Blitzlicht verwendete, bemerkte mich niemand. Ein alter, vornehmer Herr mit langem weißen Schnurrbart, der über seinen Büchern eingeschlafen war und leise schnarchte, war mein erstes Opfer. Ein Mönch mit einer Kutte aus grobem Stoff, über alte Folianten gebeugt, wurde das nächste; andere folgten. Auf der Weltausstellung wurden meine Photos im Literaturpavillon ausgestellt. Die Reportage über die *Bibliothèque Nationale* erschien im Magazin *Vu*, in der Nummer 463 vom 27. Januar 1937 unter dem Titel: *Eine große Vu-Reportage über die Nationalbibliothek, die größte intellektuelle Fabrik der Welt.*«

Die Eroberung des Marktes durch die Leica spiegelt sich in ihren Produktionszahlen. 1927 hatten tausend Apparate das Werk verlassen, ein Jahr später zehntausend. 1931 waren es bereits 50000 Apparate, und zwei Jahre später 100000. Heute übersteigt die Produktionsziffer weit die Millionengrenze. Die ständig verbesserte Leica hat den Namen Leitz weltberühmt gemacht. Doch bald wurde die Kamera imitiert. Seit dem letzten Krieg sind es vor allem japanische Firmen, die ihr erbitterte Konkurrenz machen.

Die Firma Leitz, 1849 in Wetzlar gegründet, ist ein Familienunternehmen. 1972 leitet bereits die vierte Generation den Betrieb, der mehr als sechstausend optische Feinmessgeräte herstellt, die aus über 70000 verschiedenen Einzelteilen bestehen. Die Techniker sind hochspezialisiert und erhalten hohe Löhne. Die Herstellung des Leica-Gehäuses mit allein schon siebenhundert Einzelteilen war mit der Zeit nicht mehr rentabel. Herstellungspreis und Verkaufspreis waren praktisch identisch geworden. 1972 schließt die Firma Leitz mit der *Minolta*-Gruppe in Japan einen Vertrag. Dank der niedrigen asiatischen Löhne und der Automatisierung der Produktion kann man in Japan billigere Gehäuse herstellen. Leitz schließt außerdem einen Vertrag mit der Firma *Advanced Metals Research* in Burlington (USA)ab; und auf dem Gebiet der Elektronenmikroskopie wird eine Zusammenarbeit mit der Schweizer

Firma Wild/Heerbrugg vereinbart. Zwei Jahre später, 1974, überläßt die Familie Leitz 51 Prozent der Aktien der Schweizer Firma, die zum großen Konzern Schmidheini gehört. Damit hat sie die Kontrolle über die Fabrik aus der Hand gegeben. Heutzutage sind Familienunternehmen, auch wenn sie noch so groß sind, zum Untergang verurteilt, wenn sie nicht multinationalen Gesellschaften angehören.

Der neue demokratische Geist, der in der deutschen Illustriertenpresse zum Ausdruck gekommen war, nahm mit Hitlers Machtübernahme ein brutales Ende. Kaum hatte Deutschland wieder eine gewisse Stabilität erlangt, brach in den Vereinigten Staaten die große Wirtschaftskrise aus. Der Krach an der New Yorker Börse, jener berühmte schwarze Freitag im Oktober 1929, hat auch in Deutschland schlimme Folgen wegen des dort investierten amerikanischen Kapitals. In den darauf folgenden Jahren nimmt die Arbeitslosigkeit dramatisch zu; im Jahre 1932 beträgt die Zahl der Arbeitslosen fast sechs Millionen. Ihre Misere ist einer der entscheidenden Faktoren, die zu Hitlers Machtübernahme beitragen. Mit den wachsenden Schwierigkeiten der Wirtschaft radikalisiert sich das politische Leben. Bald verfügen die Parteien, besonders Nazis und Kommunisten, über paramilitärische Organisationen. Der Kanzler Brüning regiert nur noch mit Hilfe von Notverordnungen und entledigt sich praktisch des Parlaments, das völlig machtlos geworden ist. Am 30. Januar 1933 wird Hitler, der zum Reichskanzler ernannt worden ist, vom Reichspräsidenten Hindenburg beauftragt, eine neue Regierung zu bilden. Die SA verbrennt öffentlich in Berlin die Bücher der bekanntesten Schriftsteller. Deutschland versinkt in Nacht und Nebel. Tausende von Menschen, darunter die intellektuelle und künstlerische Elite, gehen ins Exil. Wem es nicht gelingt, sich rechtzeitig in Sicherheit zu bringen, wird ins Konzentrationslager eingesperrt. Die Presse wird zensiert und scharf kontrolliert. Alle, die in Verdacht geraten, Gegner des Dritten Reichs zu sein, werden entlassen, ebenso alle diejenigen, die nicht nachweisen können, daß sie reine »Arier« sind. Die Redakteure der großen Illustrierten werden durch andere ersetzt. Kurt Korff flieht nach Österreich und geht später nach Amerika, Stefan Lorant kommt ins Gefängnis und wird nur wegen seiner ungarischen Herkunft einige Monate später wieder freigelassen. Er flieht nach England, wo er die Wochenzeitschrift *Weekly Illustrated* gründet und eine Monatszeitschrift in Taschenformat, *Lilliput*, und dann später *Picture Post.* Alle Veröffentlichungen haben einen ganz außerordentlichen Erfolg. Erich Salomon flieht mit seiner Frau und seinen zwei Söhnen nach Holland zu Verwandten. Da er Jude ist, wird er zehn Jahre später zusammen mit einem seiner Söhne im Konzentrationslager umgebracht. Fast alle Mitarbeiter des Deutschen Photodienstes verlassen Deutschland. Felix H. Man befindet sich zur Zeit der Machtergreifung Hitlers im Ausland; als überzeugter Demokrat beschließt er, nicht mehr nach Deutschland zurückzukehren. Er wird, zusammen mit Kurt Hubschmann, der sich künftig Hutton nennt, in England Mitarbeiter von Lorant. Ina Bandy arbeitet für die Zeitschrift *Vu* in Paris. Alfred Eisenstaedt und Fritz Goro gehen nach Amerika, wo sie später zu der Gruppe der *Life*photographen gehören. Andrei Friedmann, der im Alter von siebzehn Jahren als Photograph beim Deutschen Photodienst angefangen hatte, geht nach Frankreich; dort nimmt er das Pseudonym Capa an, unter dem er bald berühmt wird. 1947 gründet er die Agentur *Magnum*[107]. Alle diejenigen, die an der Entstehung des modernen Photojournalismus in Deutschland beteiligt gewesen waren, verbreiten in der Folge ihre Ideen im Ausland und üben einen entscheidenden Einfluß auf die Illustriertenpresse in Frankreich, England und in den Vereinigten Staaten aus.

Die Redakteure der deutschen Illustrierten werden jetzt nur noch nach einem einzigen Kriterium ausgesucht, ihrer Linientreue. Sie können nur Photographien veröffentlichen, die ihnen von den offiziellen Stellen zugeschickt werden.

Der mächtigste Mann in der nazistischen Illustriertenpresse ist Heinrich Hoffmann. Er wurde 1885 in Furth im Odenwald geboren, wo seine Familie ein Photogeschäft hatte. Er arbeitet an verschiedenen Orten und läßt sich im Jahre 1908 als selbständiger Photograph in München nieder. Zu Beginn des Jahres 1919 ruft in Bayern eine revolutionäre Bewegung die Münchener Räterepublik aus, die von der Reichswehr blutig niedergeschlagen wird. Eine Zeitlang herrscht in München Bürgerkrieg. Während dieser turbulenten Monate macht Heinrich Hoffmann unzählige Photos, die er an Zeitungen in der ganzen Welt verkauft und verdient dadurch viel Geld. Als Hitler gegen Ende des Jahres 1919 seine Partei gründet, die zu jener Zeit über nicht mehr als ein halbes Dutzend Anhänger verfügt, bietet die mächtige amerikanische Zeitungsgruppe Hearst Hoffmann 5000 Dollar an für Photos von Hitler. Um diese Photos machen zu können, zögert Hoffmann nicht, der Nazi-Partei beizutreten. Bald wird er einer der engsten Freunde Hitlers, der ihm volles Vertrauen entgegenbringt und sich in allen möglichen Posen von ihm photographieren läßt: auf diese Weise kann er seine Bewegungen und seine Gesten studieren, um die wirkungsvollsten für seine Reden einzusetzen. Als er 1933 die Macht ergreift, überläßt er Hoffmann, dem Genossen der ersten Stunde, das Alleinrecht zur Veröffentlichung von Hitler-Photos. Im gleichen Jahr wird Hoffmann Mitglied des Reichstags; 1938 wird ihm der Titel eines Professors verliehen. Doch Hoffmann ist in erster Linie Geschäftsmann und beutet seine Exklusivrechte bis zum Äußersten aus. Er gründet eine Agentur und einen Verlag, deren Zweck Propaganda für den Nazismus ist, und umgibt sich mit einem ganzen Generalstab von Mitarbeitern. Nur sie haben das Recht, von Hitler und von allen offiziellen Ereignissen Photos zu machen. Alle Zeitungen und Illustrierten müssen sie von Hoffmann beziehen, ebenfalls die Auslandspresse. Er verdient ein riesiges Vermögen, kauft einen großen Besitz und legt sich eine Gemäldesammlung zu. Er verheiratet seine Tochter mit dem Reichsjugendführer Baldur von Schirach.

Bei Kriegsausbruch organisiert Hoffmann Photozentralen, an die alle Photos eingeschickt werden müssen, die an der Front gemacht werden. Er ist derjenige, der die Bilder aussucht, die für die deutsche Propaganda am geeignetsten scheinen. Sein Unternehmen stellt fabrikmäßig tausende von Kopien her und beliefert die gesamte Presse. Nur diese Photos dürfen veröffentlicht werden. Doch nur er verfügt über die Einnahmen aus den Reproduktionsrechten. Als die Amerikaner 1945 Bayern besetzen, werden seine Archive beschlagnahmt und er wird beauftragt, unter den tausenden von Photos diejenigen der Kriegsverbrecher zu identifizieren. Doch als den Naziführern der Prozeß gemacht wird, wird er auch verhaftet und 1947 als typischer Nutznießer des Dritten Reiches zur Höchststrafe von zehn Jahren Zwangsarbeit verurteilt. Sein Vermögen wird eingezogen. Am 25. Juni 1948 wird dieses Urteil von einer anderen Spruchkammer in eine Strafe von drei Jahren Arbeitslager umgewandelt. Doch das zweite Urteil wird wegen formaler Mängel ebenfalls aufgehoben; die höchste Spruchkammer in

München erhöhte die Strafe dann schließlich wieder auf fünf Jahre Arbeitslager, die jedoch durch die Haft für abgegolten galten. Man entzieht ihm für die Dauer von zehn Jahren alle Reproduktionsrechte an seinen Archiven und erkennt ihm den Professortitel ab. Sein Vermögen wurde bis auf 5000 Mark konfisziert, die man ihm für den Unterhalt seiner Familie ließ. Schließlich entschied wieder eine andere Spruchkammer, ihn von der Liste der Hauptschuldigen zu streichen; er wurde nur noch als einfacher Erfüllungsgehilfe eingestuft. 1957 werden alle Verfahren gegen ihn eingestellt. Gegen Ende desselben Jahres stirbt er im Alter von 72 Jahren[108]. Ohne Zweifel war Hoffmann einer von jenen Nazis, die von der Hitlerherrschaft materiell am meisten profitierten.

Seine Archive wurden beschlagnahmt und 1947 den amerikanischen Nationalarchiven eingegliedert. Anfang der sechziger Jahre gewann sein Sohn und Erbe, der gleichfalls Heinrich heißt, den Prozeß, den er angestrengt hatte, um die Reproduktionsrechte an der Photosammlung seines Vaters zurückzubekommen, aber die Originalnegative deren © Recht verfallen ist, blieben in Amerika. Mittlerweile haben Photoagenturen der ganzen Welt Kopien vom Hoffmann-Archiv an sich gebracht und verkaufen sie zu ihren Gunsten.

Die liberale Tradition der deutschen Illustrierten vor der Hitlerzeit wurde zuerst von dem französischen Magazin *Vu* übernommen, das von Lucien Vogel (1886–1954), Verleger, Journalist, Maler und Zeichner von Talent, 1928 gegründet worden war. Er begann seine journalistische Laufbahn 1906 mit der künstlerischen Leitung des Magazins *Fémina*. Einige Jahre später leitete er *Art et Décoration*. 1912 gründet er die *Gazette du bon ton* und gibt ein weiteres Magazin heraus, *Le Jardin des Modes*.

Lucien Vogel war ein eindrucksvoller Mensch mit sehr originellen Ideen. Er war ein sehr höflicher und eleganter Mann, blond mit blauen Augen, in denen sich ein entschlossener Charakter und eine ungewöhnliche Großzügigkeit spiegelten. Seine Modezeitschriften waren von seinem sehr pariserischen, raffinierten Geschmack und von seinen liberalen Ideen geprägt. Schon in der ersten Nummer von *Vu* bricht er mit der klassischen Regel des Einzelphotos, wie sie von *L'Illustration*, einer der ältesten Illustrierten Frankreichs, praktiziert wurde. Vogel umgab sich mit ausgezeichneten Mitarbeitern, fähigen

Journalisten und Schriftstellern wie Philippe Soupault, den er später nach Deutschland schickte, oder Madeleine Jacob, die als Redaktionssekretärin angefangen hatte und dann als Korrespondentin nach Österreich geschickt wurde, oder die Amerikanerin Ida Treat, die für *Vu* nach Asien ging. Er beschäftigt die besten Photographen der Zeit, unter ihnen Germaine Krull, André Kertesz, Laure Albin-Guillot, Muncaszi, Felix H. Man, Lucien Aigner und Capa, dessen berühmtestes Photo, das Bild eines spanischen Republikaners im Moment, als er von einer Kugel tödlich getroffen wird, 1936 zum ersten Mal in *Vu* erscheint.

Die erste Nummer trägt das Datum vom 28. März 1928. Vogel kündigt sie folgendermaßen an:

»In einem neuen Geist und mit neuen Mitteln realisiert, bringt *Vu* ein neues Prinzip nach Frankreich: die Bildreportage mit Informationen aus aller Welt... Wo immer auch sich ein besonderes Ereignis zutragen wird, *Vu* wird Photos, Telegramme, Artikel erhalten und damit dem Publikum die ganze Welt erschließen... und dem Leser alles, was lebt, vor *Augen* führen (Hervorhebung durch d. Verf.) ... Seiten von Photographien, die die politischen Ereignisse Frankreichs und außerhalb Frankreichs ins Bild übersetzen... sensationelle Bildreportagen... Reiseberichte, Untersuchungen über berühmte Prozesse..., die jüngsten Entdeckungen, sorgfältig ausgesuchte Bilder...«

Diese erste Nummer enthält bereits mehr als sechzig Photos. Der Verkaufspreis beträgt 1,50 Francs. Ab 1931 veröffentlicht Vogel große Sondernummern mit mutigen Analysen internationaler Ereignisse. *Vu im Land der Sowjets* erscheint 1931, im selben Jahr *Amerika im Kampf*, ein Heft, das sich mit Roosevelts *New Deal* beschäftigte; *Das deutsche Rätsel* im April 1932. Diese Nummer umfaßt 125 Seiten mit 438 Photographien. Zum ersten Mal wird die französische Öffentlichkeit vor dem Nazismus gewarnt. Eine Sondernummer über Italien; *Das Jahr XI des Faschismus* erscheint 1933; *China im Verhör* im Mai 1934. Doch der Ton und die Themenwahl von *Vu* (in der Zwischenzeit gibt Vogel auch *Lu* heraus, eine Art Presseecho) gefallen seinen schweizerischen Geldgebern nicht. Die Werbung, materielle Basis einer Zeitschrift in der kapitalistischen Gesellschaft, hält sich in bescheidenen Grenzen, weil Vogel kein Hehl aus seiner Sympathie gegenüber der Linken macht, die, in der

Volksfront zusammengeschlossen, die Wahlen von 1936 gewinnt. Die Großindustrie, wichtigster Auftraggeber der Werbung, ist ihm feindlich gesinnt. Als im Herbst 1936 ein Sonderheft über den Bürgerkrieg in Spanien aus republikanischer Sicht erscheint, sind seine Geldgeber entrüstet, und Vogel wird entlassen. Die Zeitschrift erscheint noch bis 1938, aber ihr Inhalt wird viel uninteressanter und sie verliert einen großen Teil ihrer Leserschaft.

Als Lucien Vogel 1954 an seinem Schreibtisch plötzlich stirbt, telegraphiert Henry Luce, der 1936 die Zeitschrift *Life* in Amerika gegründet hatte, an Vogels Familie: »Ohne *Vu* hätte es *Life* nie gegeben« – damit erwies er dem Mann eine letzte Reverenz, der das erste moderne Photomagazin in Frankreich gegründet hatte.

Hitler posiert für Hoffmann, um seine vorteilhaftesten Wirkungen zu studieren

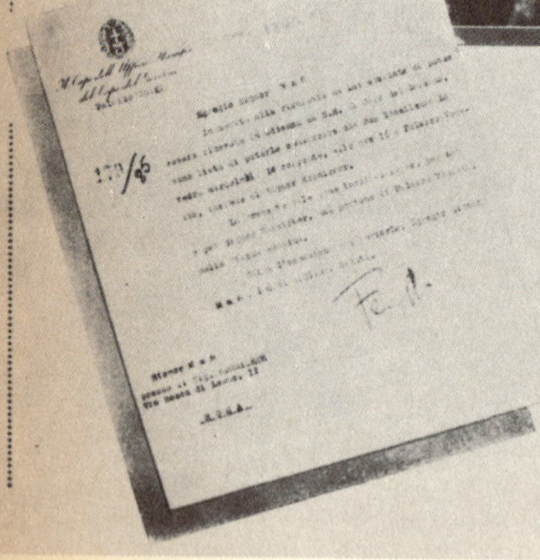

Bevor Mussolini sich an die Arbeit begibt, reitet er jeden Morgen im Park der Villa Torlonia, manchmal nimmt er dabei seinen jüngsten Sohn mit, der (Rom zu Ehren) den Namen Romano trägt

MUSSOLINI

SONDERAUFNAHMEN FÜR DIE MÜNCHNER JLLUSTRIERTE VON MAN-DEPHOT
TEXT VON KURT KORNICKER

Dieser Brief öffnete unserem Berichterstatter die Tore des Palazzo Venezia, des Amtsgebäudes Mussolinis

Genie ist Fleiß. Dieses Wort gilt nicht nur für den Künstler im engeren Sinne, sondern vielleicht in noch höherem Maße für den Politiker, der die Geschicke seines Volkes modelliert und in dessen Händen sich die Massenbewegungen der modernen Zeit zu sinnvoller Einheit formen. Mussolini, der Führer des neuen Italien, der Organisator der faschistischen Revolution, ist dafür ein lebendiges Beispiel. Kein politisches System im heutigen Europa ist wohl

Eine Reportage über Mussolini von Felix H. Man, der zwei Generationen von Photoreportern beeinflußte

Dem Besucher scheint es eine Ewigkeit zu dauern, bis er das riesige Arbeitszimmer im Palazzo Venezia Mussolinis durchschritten hat, an dessen äußerstem Ende der Schreibtisch des Duce steht

Eine Karte Italiens und ein Dolch, den Mussolini als Ehrengabe der faschistischen Kampfverbände erhielt, liegen auf dem Aktenbock neben dem Schreibtisch

auf zwei Augen eines Menschen gestellt, wie as der faschistischen Diktatur. Und selbst der, der iemals Gelegenheit hatte, in die geheime Werkatt dieses Mannes zu blicken, kann sich allein us dieser Überlegung heraus eine Vorstellung achen von der enormen Arbeitslast, die auf iesen Schultern ruht, und von diesem fabelaften Arbeitspensum, das dieser Mann tagiglich bewältigt.

Bis auf die großen öffentlichen Manifestatioen und die mehr oder weniger kurzen Audienen haben wenig Außenstehende Gelegenheit geabt, Mussolini bei der Arbeit zu beobachten. Mussolini hatte die große Liebenswürdigkeit, dem Vertreter der „Münchner Illustrierten Presse", nd einem Spezialphotographen zu gestatten, ihn inige Tage zu begleiten und den Ablauf seiner äglichen Arbeit im Bilde zu fixieren.

Mussolini führt ein sehr zurückgezogenes, mit roßer Präzision eingeteiltes Leben. Wenn es as Wetter einigermaßen gestattet, pflegt er orgens im Park der Villa Torlonia auszureiten, ener prächtigen Villa draußen vor Porta Pia, ie ihm der Fürst Torlonia als Wohnsitz zur Verfügung gestellt hat und die eine der ausedehntesten Villenanlagen Roms ist. Wir sahen Mussolini dort an einem schönen Januarmorgen ur in Begleitung seines Reitlehrers Rodolfi. Er empfing uns am Eingang zur Reitbahn in ußerst liebenswürdiger, ungezwungener Form nd schien an diesem Tage glänzend aufgelegt. Er stellte uns auch seinen jüngsten Sohn, den reijährigen Romano vor, der auf den Schultern ines alten Dieners huckepack angeritten kam und en er dann zur hellen Begeisterung des Kleinen or sich aufs Pferd nahm. Der kleine Romano

Vor der letzten Tür

Mussolinis Leibdiener im Vorzimmer des Duce. In den Vitrinen an den Wänden kostbare Keramiken aus Orvieto

Aufn. Man-Dephot

QUEEN-MOTHER MARY AND GRANDCHILDREN: PRINCESSES ELIZABETH AND MARGARET ROSE, PRINCE EDWARD (ON LAP).

Almost inevitably the dark-haired little girl at the left will some day be Queen-Empress Elizabeth. Only two things can prevent it: a child sired by her uncle, King Edward; a manchild sired by her father, the Duke of York.

Hard comfort is the Parson's message of courage in despair.

Scratching coal out of the earth by hand is one recourse of the two million people in the South Wales Depressed Area.

This ragged young man with one bare foot and a cold pipe has never worked. He grew up and graduated directly into the Dole.

The wet desolation of a rainy day in England's Depressed Areas is unforgettable. Cursed towns include Durham, Jarrow and Gateshead on the Tyne and Welsh towns in Glamorgan and Monmouth counties.

Eine Reportage in *life*, nebeneinandergestellt, um Mrs. Simpson zu rächen: ein Bild der Königin Mary und Elendsbilder, die durch das angerissene Papie[r] hervorgehoben sind

This is what Englishmen mean by . . .

. . . THE DEPRESSED AREAS

This long-jawed north-countryman in England's Depressed Areas is a good coal miner but he has not had coal to mine for 8 years.

A Durham coal seam ran out here in 1927. The workings shut down and a whole town was without work. The narrow coal seams of South Wales and northeast England were wastefully worked for a century.

THE real rub between King Edward and the British Cabinet is not Mrs. Simpson but Edward's symptoms of turning into an aggressive King. Old English Tories dismiss the King's liberalism as a rich playboy's whim. But he touches them squarely on their rawest spot with Great Britain's Depressed Areas—South Wales, Cumberland, and Tyneside in northeast England. Edward has publicly visited them all, flagrantly embarrassed his Government by declaring that "something must be done" and having his pictures taken in front of such sorry landscapes as those depicted on these pages. The Conservative Government has led Great Britain out of Depression and into Prosperity. Nevertheless its chief sin of omission has been its failure to solve the heart-rending problem of the Depressed Areas.

In the dregs of a dead coal industry, Tyneside women pick over low-grade coal and cinders to earn a pittance that only the starving would consider. Such work is not a solution but an aggravation.

Children find enough coal to dirty their faces but not to live on. But even in the Depressed Areas, people sometimes smile—and even laugh.

AN OFFSPRING OF THE DEPRESSED AREAS (CONTINUED)

BRITISH children in the Depressed Areas lisp their plans for the future. "Of course I'll be like Daddy and go on the Dole when I grow up." Some parents, notably Welshmen, have the gumption to move out. The Conservative British Government has widely publicized its efforts to move profitable new industries into the Depressed Areas and to support physical training classes to keep idle men fit. But far more effective than moving anything else into this coal-depleted area is moving out the inhabitants, of whom some 50,000 have been moved elsewhere in the past two years. Total British unemployed today: 1,600,000.

THE PROCESSION MARCHES THROUGH HISTORY HE HAD MAD

by ALAN MOOREHEAD

He began his last journey in Parliament Square where St. Margaret's stands. In this church on a gay day in 1908, he married Clementine, and it was one of the events of the social season that year, with the guests arriving in horse-drawn carriages, the men in top hats and the women in Edwardian dresses. He was 33 then, and already the young man had been in the cabinet for three years.

Now, as the procession moved up Whitehall, it passed, one after another, the great government offices which he controlled as a minister of the Crown: first, the Treasury, where from 1924 to 1929 he served as Chancellor of the Exchequer—perhaps his least successful period in office. As Chancellor, he brought England back to the gold standard, and the financial depression that followed precipitated a general strike which, for two weeks in May 1926, paralyzed the whole country. While the strike lasted, he produced with volunteer labor the only newspaper in the country, the *British Gazette*, and since he was out to smash the strike his name soon was almost as much loathed among the workers as later on it came to be loved.

Then, on—past the old Ministry of Munitions, past the Colonial Office, the Home Office. At Munitions he pushed final development of the tank, the weapon which perhaps did more than any other to defeat Germany in World War I; at the Colonial Office, the abortive campaign at Vladivostok against Red Russia in the early 1920s. He served only one year in the Colonial Office, but his belief in colonialism was enduring. "We mean to hold

CONTINUED

HIS PEOPLE. As he lies in state, attended by Welsh Guards, mourning thousands pass in utter silence. In three days, 23 hours a day (one hour set aside for cleaning), 321,360 came.

HIS JOURNEY. Having left Westminster, coffin moves through Whitehall, drawn by sailors. Family mourners follow, men walking, women in carriages. Big Ben is in background.

Churchills Beerdigung, ganz in Farbe: Für *Life* betrugen die Kosten 250 000 Dollar

THEN TO BLADON

AT WATERLOO STATION. From river, bearer guard slow-steps the coffin to special train for the run to Handborough near burial site at Bladon. The locomotive, one of the "Battle of Britain" type of engines, was named "Winston Churchill" in 1946. Line over which train rolled had long been out of use but was kept up solely for Sir Winston's funeral journey.

CHURCHILL CONTINUED ON PAGE 65

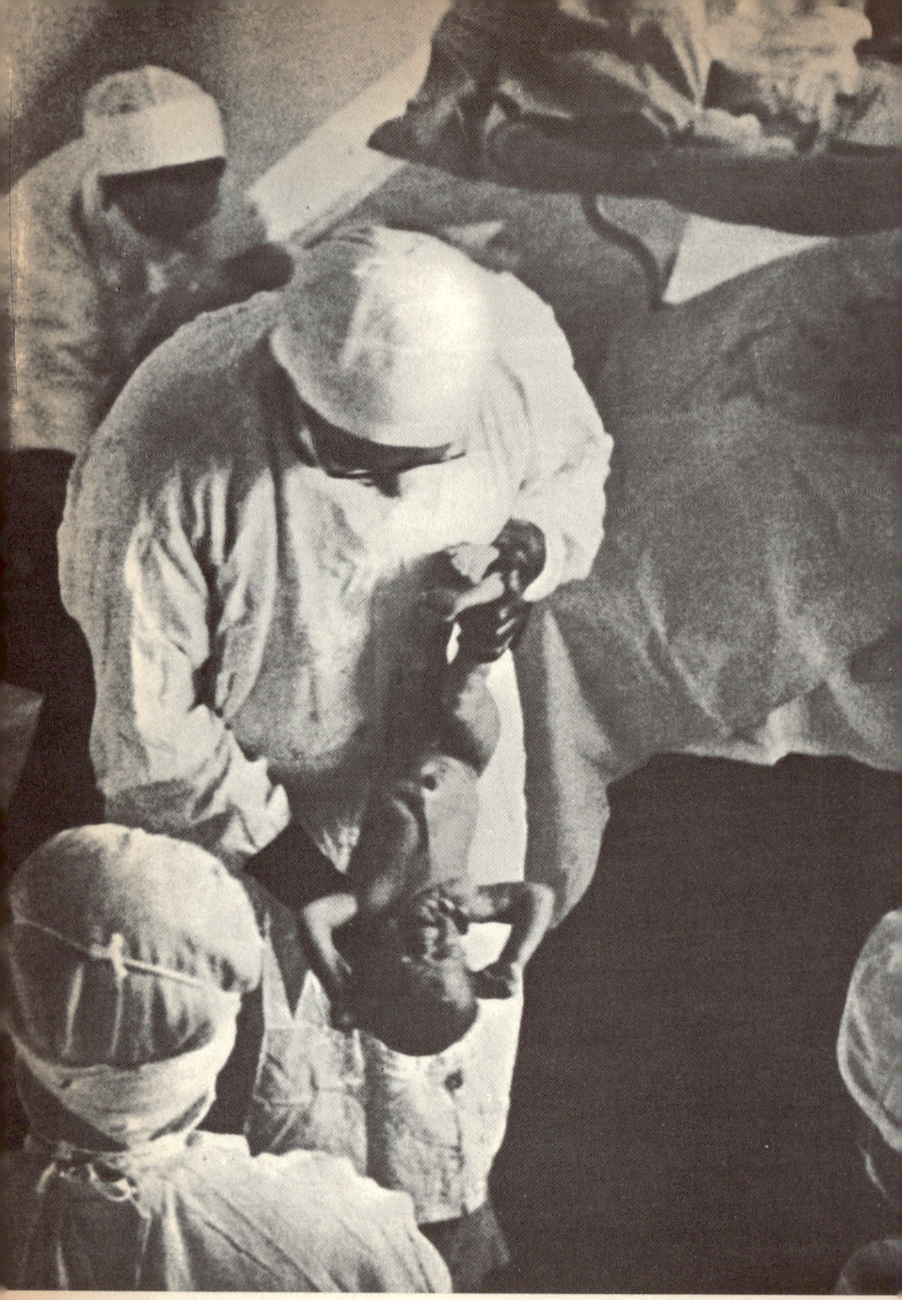

Das erste Photo der ersten *Life*-Nummer

Die illustrierte Massenpresse in den Vereinigten Staaten

Drei Jahre nach Hitlers Machtübernahme und nach der »Gleichschaltung« aller Illustrierten und des gesamten Pressewesens erscheint in Amerika eine neue Illustrierte, die die bedeutendste ihrer Art auf der ganzen Welt werden sollte. Sie heißt *Life*. Die erste Nummer erscheint am 23. November 1936 mit einer Auflage von 466000 Exemplaren; ein Jahr später ist sie bereits auf über eine Million gestiegen, und im Jahr 1972 sind es mehr als acht Millionen. Ihr Erfolg war einzigartig, und ihr Konzept wurde in der ganzen Welt nachgeahmt.

Life war nicht die erste amerikanische Zeitschrift, die fast ausschließlich aus Photographien bestand. Schon seit 1896 hatte die *New York Times* eine wöchentlich erscheinende Photobeilage herausgegeben. Andere Zeitungen waren diesem Beispiel gefolgt. Sie hießen *Mid-week Pictorial, Panorama, Parade* usw., aber keine von ihnen war so erfolgreich wie später *Life*.

Die Idee lag schon seit Jahren in der Luft. Zu ihrer Verwirklichung trugen die verschiedensten Einflüsse bei: zunächst die Entwicklung des Films. Seit den ersten Jahrzehnten des 20. Jahrhunderts hatte er das Stadium des Tingeltangels verlassen und zog Tag für Tag Millionen von Zuschauern ins Kino; er popularisiert das bewegte Bild und schult den Blick. Der neue Stil des Photojournalismus, den die deutschen Illustrierten zu Anfang der dreißiger Jahre eingeführt hatten und den etwas später in Frankreich die Zeitschrift *Vu* übernahm, übte einen großen Einfluß auf die Gestalter von *Life* aus und wurde von ihnen übernommen. Die Photographien von Erich Salomon und von Felix H. Man waren bekannt; viele waren bereits in amerikanischen Magazinen erschienen. *Life* engagierte die ausgezeichneten Photographen, die vor dem Hitler-Faschismus geflohen waren und ließ sich von ehemaligen Mitarbeitern deutscher Illustrierten wie Korff und Szafranski (beide von der *Berliner Illustrirten)* beraten. Schließlich spielten auch neue Techniken in der Photographie und im Druckverfahren, vor allem im Farbdruck, wie auch die telegraphische Bildübermittlung bei der Entstehung des modernen photographischen Magazins eine große Rolle. Aber einer der für den Erfolg ausschlaggebenden Faktoren war die allmächtige Werbung.

In Amerika werden die Magazine ausschließlich durch die Werbung finanziert; von ihr allein hängen Profit und Verlust ab. Die dominierende Rolle der Werbung ergab sich unmittelbar aus der Umwandlung Amerikas vom Agrarstaat zur Industrienation. Mit dem Aufkommen neuer Industrien und der Rationalisierung der Produktionsmethoden wurden die Konsumgüter standardisiert und in großen Mengen hergestellt. Mit dem Ausbau des Straßen- und Eisenbahnnetzes verringerten sich die Entfernungen zwischen Produzenten und Verbrauchern. Amerika ist ein riesiges Land, und jede Region hat ihre eigenen Zeitungen, die sich auf Lokalnachrichten spezialisieren. Dagegen finden die Zeitschriften, die nur einmal in der Woche oder im Monat erscheinen, im ganzen Land Verbreitung und werden dadurch von der ganzen Bevölkerung gelesen. Die Inserenten hatten also ein ganz besonderes Interesse daran, ihre Annoncen in diesen Zeitschriften unterzubringen.

Zwischen 1939 und 1951 stieg die Zahl der Inserenten von 936 auf 2538, und die Anzahl der verkauften Produkte, dank der Werbung, von 1659 auf 4472. Diese Tatsache war von nachhaltigem Einfluß auf die Gestaltung der Zeitschriften. Bis zum Ende des 19. Jahrhunderts waren die Verleger die alleinigen Produzenten des Blattinhalts gewesen. Aber mit der Hereinnahme von Inseraten in ihre Zeitschriften und mit der Entstehung der Konsumgesellschaft veränderte sich ihre Rolle. Von dem Augenblick an, wo die Werbung die einzige Quelle ihrer Profite wurde, interessierten sich die Verleger nicht länger für den Leser als Leser ihrer Zeitschrift, sondern als Leser der in ihrem Blatt veröffentlichten Inserate. Die Verleger waren nicht mehr nur die Produzenten ihrer eigenen Ware: – Texte und Illustrationen – sie wurden vielmehr Verkäufer von Werbeinhalten. Damit wurden sie zu einem integralen Bestandteil des amerikanischen marketing-Systems[110].

Der Preis, den die Inserenten für den jeweiligen Anzeigenraum bezahlten, richtete sich nach der Höhe der Auflage. Wollten die Verleger ihren Gewinn steigern, so mußten sie versuchen, die Auflage zu erhöhen; deshalb mußte die Zeitschrift für die Käufer so attraktiv wie möglich sein. Mit dem Aufkommen des Fernsehens wurde in dieser Wechselbeziehung eine tiefgreifende Veränderung eingeleitet. Darauf kommen wir noch zurück.

In den sechziger Jahren entfielen von hundert Dollar, die auf dem amerikanischen Zeitschriftenmarkt ausgegeben wurden, 14 Dollar auf *Life*, das von ungefähr vierzig Millionen Amerikanern gelesen wurde.

Life wurde von Henry R. Luce gegründet. Er war der Sohn eines presbyterianischen Missionars, der in China gearbeitet hatte, wo Luce 1898 geboren wurde. Seine calvinistische und puritanische Erziehung, die Strenge, unter der er aufwuchs und später das Studium in Yale prägten seine konservative Haltung und seine Ideen, die sich in all seinen Publikationen widerspiegelten. Sein Leben – das eines armen jungen Mannes, der in wenigen Jahrzehnten zu einem der größten Pressemagnaten Amerikas aufsteigt – ist Ausdruck der reinsten Tradition des liberalen Amerika im ersten Drittel des 20. Jahrhunderts.[111]

Im November 1929 gründet er mit Briton Hadden, seinem Studienfreund aus Yale, die Gesellschaft *Time Inc.* Der Name *Time* war ihm beim Anblick einer Annonce in der Untergrundbahn gekommen. Die jungen Gründer – sie waren noch in den Zwanzigern – stellten fest, daß es keine Zeitschrift gab, die dem beschleunigten Arbeitsrhythmus Rechnung trug. Die meisten Menschen sind zu beschäftigt, um sich jeden Tag über die Ereignisse zu informieren. Diesem Mangel kann man abhelfen mit einer Wochenzeitschrift, die über alle Ereignisse der vergangenen Woche berichtet. Ihre Anfänge sind bescheiden; sie haben einige Schwierigkeiten, sich 85 000 Dollar zu beschaffen, um die erste Nummer von *Time* herauszubringen. Ihr Inhalt ist – da die Zeitschrift noch nicht über einen großen Nachrichtenapparat verfügt – vollkommen aus der *New York Times* übernommen, aber in einem völlig anderen Stil geschrieben. Das war damals tatsächlich möglich, denn der Oberste Gerichtshof hatte in einem Urteil erklärt, daß alle Nachrichten, die älter als vierundzwanzig Stunden waren, Allgemeingut würden.[112]

Time hatte einen enormen Erfolg, und als im Jahre 1936 *Life* erschien, wurde es nach dem gleichen Prinzip gestaltet: seine Redaktion war in siebzehn Hauptabteilungen gegliedert: Inlandsnachrichten, Musik, Bücher, Natur, Sport, Wissenschaften, Mode, Leitartikel usw. Diese Hauptabteilungen waren zu Gruppen zusammengeschlossen: zum Beispiel Film und Theater bildeten die Sparte Unterhaltung; Kunst und Religion die

Sparte Kultur usw. Jedes Ressort unterstand einem leitenden Redakteur und einem leitenden Dokumentalisten, von denen weitere Redakteure und Dokumentalisten abhängig waren. Alle Dokumentalisten (researchers) waren Frauen. Die Redakteure, die die Texte schrieben, wurden unter den jungen Leuten ausgesucht, die ihr Universitätsstudium beendet hatten und vorzugsweise aus Yale kamen, wo Luce studiert hatte. Jede Woche legte jede Abteilung dem Ressortchef einen Bericht vor, in dem die druckfertigen und die in der Planung befindlichen Reportagen aufgeführt waren. Oft wurden die druckfertigen Reportagen erst viele Monate später veröffentlicht, manche auch niemals. Eine weitere Liste wurde geprüft – die Artikel *in the works*, die in Vorbereitung waren. Jeden Tag wählte der Chefredakteur einige Seiten für die Zeitschrift aus und gab sie zum Druck. In den darauffolgenden Tagen suchte er in Anlehnung an die bereits ausgesuchte Reportage das übrige Material für die laufende Nummer aus. Wenn die Titelstory etwas zu umfangreich und zu gewichtig schien, wie beispielsweise Memoiren oder ein wissenschaftlicher Artikel, so wählte er für den übrigen Teil leichtere Themen, um die Schwerfälligkeit wieder auszugleichen. Wenn der aktuelle Artikel etwas trocken ausgefallen war, hatte die Wissenschaftsredaktion, die Redaktion für Erziehung oder die für Religion die Möglichkeit, etwas aus dem »Eisschrank« zu holen und es zum Druck zu bringen. Das alles entschied sich oft in wenigen Stunden.

Die Arbeit der Nachrichtenredaktion bestand darin, Zeitungsausschnitte zusammenzutragen, deren Inhalte eventuell zu einer Reportage führen konnten; diese Presseausschnitte wurden dann an die betreffenden Redaktionen geschickt. Die Dokumentalisten mußten sie daraufhin an den Chef der Büros für Inlands- oder Auslandsnachrichten weitergeben, der sie seinerseits, wenn ihm das Thema interessant schien, sofort an die Korrespondenten von *Life* in aller Welt schickte. Wenn man Informationen zu einem bestimmten Thema suchte, ging man in die »Leichenhalle«, wo sich alle Presseausschnitte und Informationen befanden, geordnet nach unzähligen Stichworten[113].

Der Leiter der Photoredaktion stand mit allen Photographen, die für *Life* arbeiteten, in dauernder Verbindung. Er war das Bindeglied zwischen ihnen und den Chefredakteuren. Er vergab die *assignments*: die geplanten Reportagen. Seine Aufgabe bestand darin, die Photographen anzuleiten und ihre Arbeiten zu überwachen. Er konnte Photographen einstellen und entlassen. Seine Stellung innerhalb der Zeitschrift hing davon ab, wie weit er in der Lage war, seinen Photographen Höchstleistungen abzuverlangen; er mußte eine gute Menschenkenntnis besitzen, denn Photographen sind oft ziemlich empfindlich und leben ständig unter Druck, da ihre Aufgabe nicht einfach ist, denn sie arbeiten fast immer unter schwierigen, oft unter sehr gefährlichen Umständen. Sie müssen eine eiserne Gesundheit haben, viel Mut, ein schnelles Reaktionsvermögen und eine enorme Anpassungsfähigkeit. Oft geraten sie in Lebensgefahr, und viele haben ihren Mut mit dem Leben bezahlt. Sie haben es mit Menschen aller Gesellschaftsschichten zu tun und müssen sich am Hofe eines Königs mit derselben Ungezwungenheit bewegen können wie unter Wilden. Die Beziehungen zwischen dem Leiter der Photoredaktion und den Photographen sind nicht immer ganz einfach, denn er gibt Anweisungen vom grünen Tisch aus, während sie sich »vor Ort« befinden und oft mit unüberwindlich erscheinenden Schwierigkeiten zu kämpfen haben.

Einer der Leiter der Photoredaktion, der den unverwechselbaren Stil von *Life* entscheidend prägte, war Wilson Hicks. Dreizehn Jahre lang (1937–1950) hatte er diesen Posten inne; in dieser Zeit formte er eine Generation von Photographen, von denen viele berühmt geworden sind. Er war nicht sonderlich beliebt, da er oft sehr grob mit ihnen umsprang. Sein Prinzip war das von Zuckerbrot und Peitsche, und trotzdem hatten die Photographen, die für ihn arbeiteten, große Achtung vor seinen photojournalistischen Kenntnissen und seinen fruchtbaren Ideen[114].

Wenn man sich für eine bestimmte Reportage entschieden hatte, wurden diese Photographien zum ›Art Director‹ geschickt, der die Seiteneinrichtung zu machen hatte, und zum Redakteur, der den Text in einem ganz genau in der Wortzahl festgelegten Umfang schreiben mußte. Er redigierte ihn auf einem gelben Spezialpapier, auf dem die Anzahl der Buchstaben und Zeilen genau angegeben war, die der Länge des gewünschten Textes entsprachen. Dokumentalisten hatten dann als nächstes die Aufgabe, jedes Wort auf seine Richtigkeit hin zu überprüfen. Über jedes geprüfte Wort mußten sie, wenn der Inhalt ihnen korrekt erschien, einen roten Punkt machen. Anschließend wurden die Artikel dann in einem Spezialbüro kopiert. *Life* beschäftigte außerdem noch Fachspezialisten: Historiker, Mediziner, Psychologen, Pädagogen usw., um die Artikel inhaltlich überprüfen zu lassen.

Außer den Photographen, die von der Zeitschrift fest angestellt waren, nahm man auch *freelance* Photographen und Agenturen in Anspruch. Was den großen Erfolg von *Life* ermöglichte, war die enorme Organisation von *Time Inc.*, der Gesellschaft, unter deren Dach alle Unternehmen von Luce vereinigt waren. Während des letzten Krieges wurde sie noch erweitert mit der Gründung von *Time-Life International* und verfügte damit über ungefähr 360 Büros in der ganzen Welt, die 6700 Menschen beschäftigten.

Henry R. Luce hatte seine journalistische Karriere 1921 als Reporter bei der *Chicago News* mit einem Wochenlohn von 16 Dollar begonnen. 1967 kontrollierte er von seinem Büro aus, das im 34. Stock des *Rockefeller Center* in New York lag, ein großes Imperium von Zeitungen und anderen Unternehmen, das zu den fünfhundert größten Industrieunternehmen Amerikas gehörte. Inzwischen hatte *Time* eine Auflage von mehr als 3 Millionen Exemplaren pro Woche, *Life* von mehr als 8 Millionen. Außerdem gehörte ihm *Sports Illustrated* und *Fortune* (letztere Zeitschrift ausschließlich für Geschäftsleute geschaffen). Die Gesamtauflage seiner Magazine betrug mehr als 13 Millionen. Neben diesen Publikationen besaß er eine Verlagsabteilung, die zirka 17 Millionen Bücher im Jahr verkaufte, fünf Radiostationen und sechs Fernsehsender, Papierfabriken, Wälder, Ölfelder in Texas usw. *Time Inc.* brachte annähernd 15 Millionen Dollar im Jahr ein, und das persönliche Einkommen von Luce belief sich auf über eineinviertel Millionen Dollar. Er war auf dem Gipfel seines Erfolgs, als er plötzlich im Alter von 69 Jahren im selben Jahr 1967 starb[115].

»Das Leben sehen, die Welt sehen, Zeuge großer Ereignisse sein, die Gesichter der Armen betrachten und die Gesten der Stolzen; seltsame Dinge sehen: Maschinen, Armeen, Menschenmassen, die Schatten im Urwald und auf dem Mond; Dinge sehen, die Tausende von Kilometern entfernt sind, Dinge die hinter Mauern und Räumen verborgen sind, Dinge, die zu einer Gefahr werden können, Frauen, von Männern geliebt, und viele Kinder; sehen und Freude am Sehen haben, sehen und staunen, sehen und lernen.« Mit diesen Worten leitete

Henry R. Luce die erste Nummer von *Life* ein[116]. Sie bestand aus 96 Seiten, ein Drittel davon war Werbung. Das Coverphoto stammte von Margaret Bourke-White, deren Name zusammen mit den Namen von Alfred Eisenstaedt, Thomas Mc Avoy und Peter Stackpole für das ›Team‹ von Photoreportern stand, das die Zeitschrift unter Vertrag genommen hatte. Das Titelbild zeigte Fort Peck Dam in Montana im Westen der USA und verwies auf die Titelreportage dieser Nummer: neun Seiten über die Arbeitslosenhilfe, einen der Aspekte des *New Deal*, jenes Programms, das der damalige amerikanische Präsident Roosevelt zur Bekämpfung der Wirtschaftsdepression entwikkelt hatte. Wenige Zeit später wurde Henry Luce aber zu einem seiner erbittersten Gegner und setzte seine Zeitungen ein, um Roosevelts Politik zu bekämpfen.

Ein einziges Photo füllte die erste Seite: die Geburt eines Kindes. Ein Arzt hält das Neugeborene in seinen Armen; die Bildunterschrift dazu lautete: »Das Leben beginnt«. Das Wortspiel bezog sich auf die erste Nummer und den Namen der neuen Zeitschrift. In dem Text hieß es weiter: »Die Kamera erfaßt den wichtigsten Augenblick im Leben jedes Menschen: seinen Beginn.« Es folgten zwei Seiten über die Kinder einer chinesischen Schule in San Francisco, eine Photoserie über den Präsidenten Franklin Roosevelt, vier Seiten – davon drei in Farbe – über einen Modemaler namens Curry, vier Seiten über die »größte lebende Schauspielerin«, Helen Hayes, davon eine in Farbe; weiter enthielt die Nummer zwei Seiten über das Rockefeller Center und seinen Radiosender, fünf Seiten beschäftigten sich mit Brasilien, vier mit dem Filmstar Robert Taylor; eine Seite über Sarah Bernhardt, zwei über eine neue metereologische Weltkarte. Auf einer Seite sieht man einen Einbeinigen, der einen steilen Bergkamm besteigt. Dazu kamen noch zwei Seiten über das Leben in Rußland und zwei über ein Insekt, die Schwarze Witwe. Schließlich folgte eine Reportage, die unter dem Titel: »*Life* geht auf eine Party« Photos von einem Gartenfest französischer Aristokraten zeigt.

Diese erste Nummer bestimmt den Stil von *Life*. Es hatte arbeitsreiche Monate gedauert, bis das Konzept feststand; die Illustrierte sollte möglichst vielen Lesern aus dem Osten wie aus dem Westen der Vereinigten Staaten gefallen; es kam darauf an, ihre Neugier zu wecken, alle Probleme anzusprechen, die sie betrafen, ihre Erfolgsträume wie auch ihre Liebessorgen.

Man mußte volkstümlich sein, um von allen verstanden zu werden; die Wissenschaften und die Künste mußten dem großen Publikum zur Kenntnis gebracht und allgemeinverständlich dargestellt werden. *Life* wollte eine Zeitschrift sein, die alle Mitglieder der Familie interessierte. Später kamen Rubriken hinzu wie »Die Welt, in der wir leben«, Memoiren von Prominenten wie z. B. diejenigen von König Edward, der auf den Thron verzichtet hatte, um Mrs. Simpson zu heiraten. Man veröffentlichte Werke großer Schriftsteller, wie »Der alte Mann und das Meer« von Hemingway, wie auch Essays über die großen Weltreligionen. »Ich bin Presbyterianer und Kapitalist. Ich bin für Gott, die republikanische Partei und den freien Wettbewerb. Hadden und ich haben *Time* geschaffen, und deshalb haben wir das Recht zu bestimmen, wie die Zeitung aussieht. Wir berichten die Wahrheit nach bestem Wissen und Gewissen[117].« Die Wahrheit, das Wissen und Gewissen von Henry Luce entsprachen dem Gedankengut der kleinen Schicht des Großkapitals, welche die Geschicke der Vereinigten Staaten lenkte. *Life* sollte vor allem Geld einbringen und die Politik unterstützen, die Luce als die richtige erschien. Luce machte daraus keinen Hehl. Überdies sah er sich, wie seine presbyterianischen Vorfahren es taten, als Erzieher der Massen. Der Erfolg seiner Zeitschrift beruhte auf gründlichen psychologischen Studien. Der Mensch interessiert sich vor allen Dingen für sich selbst. Die menschlichen und sozialen Bedingungen, die einen Bezug auf das eigene Leben des Lesers haben, werden Eindruck auf ihn machen. Wenn diese Bedingungen schlecht sind, muß man ihm Hoffnung geben. Die neun Seiten über den *New Deal* in Montana, wo man der Bevölkerung einer ganzen Region durch Arbeitsbeschaffung ihre Misere überwinden hilft, machen Mut. Die Kinderphotos berühren die sentimentale Seite, die Photos vom Präsidenten sind das Symbol für den schützenden Vater. Das Leben der Schauspieler und Filmstars beweist, daß Talent und harte Arbeit immer belohnt werden; die Wissenschaft vollbringt Wunder. Die mutige Tat des Einbeinigen befriedigt das Sensationsbedürfnis, die Bilder aus Brasilien kommen dem Geschmack am Exotischen entgegen; die Photos vom Gartenfest der Aristokraten geben jedermann das Gefühl, dabeigewesen zu sein.

Die Welt, so wie sie sich in *Life* widerspiegelte, war voller Licht und hatte wenig Schatten. Alles in allem war es eine

Scheinwelt, die in den Massen falsche Hoffnungen erweckte. Andererseits hat *Life* aber auch zur Popularisierung der Wissenschaften beigetragen, Fenster zu noch unbekannten Welten geöffnet, die Massen auf seine Weise gebildet und mit der Kunst bekanntgemacht. Man schätzt, daß dieses Magazin mehr als dreißig Millionen Dollar für Farbreproduktionen von Kunstwerken ausgegeben hat. Luce war ein glühender Patriot: in seinen Zeitschriften wurde der amerikanische Nationalismus stark hervorgekehrt. Die große Mehrheit der anderen Zeitschriften wurde nach dem gleichen Modell fabriziert, aber was *Life* so viel glaubwürdiger machte, war der massive Einsatz der Photographie. Für den unbefangenen Betrachter lügt die Photographie nicht, für ihn ist sie die exakte Wiedergabe der Wirklichkeit. Wenige sind sich der Tatsache bewußt, daß man die Aussage einer Photographie durch die Bildunterschriften oder durch Gegenüberstellung mit einem anderen Bild völlig verändern kann. Dazu kommt noch die Art und Weise, wie man Personen und Ereignisse photographiert. Doch davon später.

Die Popularität dieser neuen Form des Journalismus, die fast ausschließlich auf dem Bild beruht, hängt mit dem Wandel der Lebensbedingungen des modernen Menschen zusammen und mit der Tendenz zu einer immer stärkeren Standardisierung. Das Individuum als solches verliert an Bedeutung, doch sein moralisches Bedürfnis, sich als Individuum zu bestätigen, nimmt zu. Der enorme Erfolg des Kriegsberichterstatters Ernie Pyle bestand darin, daß er in seinen Frontberichten nicht mehr das Leben der GI's im allgemeinen schilderte, sondern erzählte, was Bob Smith aus Brownsville in Texas, oder Jim Brown aus Nashville in Tennessee zugestoßen war. Millionen von Lesern hatten somit die moralische Befriedigung, das Schicksal ihrer eigenen Brüder, Ehemänner oder Söhne mit dem von Pyle beschriebenen Leben der GI's identifizieren zu können. Obwohl sie in der Masse der anonymen Soldaten untergingen, konnten sie dank der Identifizierung mit einer konkreten Figur wieder als Individuen auferstehen. Der Erfolg der illustrierten Wochenschriften erklärt sich aus demselben Phänomen. Außerhalb der Aktualität erzählen sie Geschichten, die die Masse der Leser angeht und in denen die Personen immer mit Namen angegeben werden. Während sich die Beziehungen zwischen den Menschen verdinglichen, versucht der Journalist, dem Individuum eine künstliche Persönlichkeit zu verleihen.

Life hatte einen enormen Erfolg und wurde von den Massen gelesen. Es war ein Familienmagazin, das nichts Schockierendes veröffentlichte. Doch Ende der sechziger Jahre geriet *Life*, ebenfalls andere Zeitschriften wie *Look* oder *Holiday*, in Schwierigkeiten. Von allen Unternehmungen der *Time Inc.* hatte *Life* den größten Gewinn abgeworfen. Nun brachte es Verluste.

Einer der Gründe für diese Krise lag in der Inflation: Das Papier, der Druck, die Löhne, die Versandkosten, kurz, alles was zur Herstellung eines Bilderjournals notwendig ist, hatte sich beträchtlich verteuert. 1971 schätzte man die Kostensteigerung im Vergleich zum Vorjahr auf ungefähr 35 Prozent. Die Besitzer der großen amerikanischen Magazine ergriffen drastische Maßnahmen. *Life* schloß eine Reihe seiner In- und Auslandsbüros, reduzierte die Anzahl der Beschäftigten, stellte seine spanische Ausgabe ein, die sich nie rentiert hatte. Etwas später wurde auch die internationale Ausgabe eingestellt. Bis dahin hatte die Zeitschrift bei jedem ihrer Themen für eine *blanket coverage* gesorgt: die Dokumentation und die Recherchen gingen bis ins kleinste Detail. Oft beschäftigte man mindestens zwanzig Journalisten und Photographen, selbst wenn man sie in die entferntesten Länder schicken mußte, wenn dies nötig erschien. Hier ein Beispiel für die Arbeitsweise von *Life*, wenn es darum ging, sich eine *blanket coverage* für eine exklusive Reportage zu sichern.

Am 5. Februar 1965 konnten 35 Millionen Amerikaner (zu jener Zeit hatte *Life* eine Auflage von ungefähr 7 Millionen Exemplaren) zweiundzwanzigeinhalb Seiten, davon zwanzig in Farbe, von Winston Churchills Begräbnis betrachten. Für diesen Bericht brauchte man siebzehn Photographen und über vierzig Journalisten und Techniker, ein Dutzend Motorradfahrer, zwei Hubschrauber und ein Flugzeug. Bereits zwei Jahre zuvor hatte ein Dokumentalist eine streng vertrauliche Liste mit allem, was beim Tode Churchills geschehen würde, aufgestellt: Art der Feierlichkeiten, Ort der Feierlichkeiten, Verlauf des Trauerzugs, Begräbnisstelle und Tag des Begräbnisses, der mit 90prozentiger Wahrscheinlichkeit ein Samstag sein würde. Man stellte eine Liste der Wohnungen auf, von deren Fenstern die Photographen in Ruhe arbeiten konnten, und sobald Churchill krank wurde, wurden sie gemietet. Normalerweise war bei *Life*, das montags erschien, am Mittwochabend Redaktionsschluß. Doch diesmal richtete man es so ein, daß man mit dem Druck der Nummer bis zum Samstag wartete. Die Auslieferung sollte diesmal ausnahmsweise auf dem Luftweg, und nicht wie üblich, auf dem Landweg erfolgen. Dem alten Krieger blieb nichts anderes mehr übrig als zu sterben.

Wie vorhergesehen findet die Beerdigung an einem Samstag statt. Jeder Photograph ist auf seinem Posten. Die belichteten Filme werden an fünf Stellen eingesammelt: Westminster Hall, Saint-Paul, Trafalgar Square, Landungsbrücke an der Themse und Bladon, wo die Beerdigung stattfinden wird. Seit zwei Wochen sind die Fensterplätze von drei kleinen Häusern, die direkt am Friedhof liegen, gemietet, und 48 Stunden, bevor bekanntgegeben wird, daß dort nicht photographiert werden darf, warten dort bereits drei Photographen. (*Life* veröffentlicht ihre Photos nicht.)

Motorradfahrer bringen die belichteten Filme zum Flughafen, wo ein gechartertes Flugzeug wartet. Im Innern hat man es in ein Redaktionszimmer mit Tischen und Schreibmaschinen verwandelt. Ein Labor ist im vorderen Teil des Flugzeugs installiert worden, und ein spezielles Stromnetz steht dafür zur Verfügung. Auch ein großer Tisch ist vorhanden, damit die Photos für das *Layout* ausgelegt werden können, außerdem Lichttische zur besseren Beurteilung der Farbphotos. Eine kleine Bibliothek mit den zehn Bänden der Werke Churchills steht den Journalisten zur Verfügung.

Das Flugzeug war am Vorabend in New York gestartet. An Bord befanden sich vierzig Redaktionsmitglieder und unter ihnen sechs Spezialisten, die die siebzig Farbfilme entwickeln werden. Das Flugzeug braucht etwas mehr als neun Stunden, um die 8500 Kilometer zwischen London und Chicago zurückzulegen, wo sich die Druckerei von *Life* befindet. Die Wahl der Dokumente, die Einrichtung der Seiten und die ausführlichen Texte, die sie begleiten sollen, werden während des Flugs vorbereitet. Um verzögernden Winden auszuweichen, steuert das Flugzeug nördliche Richtung an und fliegt direkt unter dem Polarkreis. Eine Seite nach der anderen wird umbrochen, und als der Michigan-See auftaucht, an dessen Ufer Chicago liegt, ist die Arbeit beendet[118]. Die Kosten dieser Reportage belaufen sich auf 250000 Dollar. »Unsere Leser sind die ersten, die davon profitieren«, schreibt der Herausgeber. »Dieser Modellfall hat gezeigt, daß alle Glieder der Kette, die vom Ereignis zum

Leser führen, funktionierten. Wir haben gegenüber dem Fernsehen einen Punkt Vorsprung.« Also bereits Anfang 1965 begann die Konkurrenz durch das Fernsehen die Verleger zu beunruhigen. Wenige Jahre später wurde sie zu einer Realität. Man ist gezwungen, die Zahl der Mitarbeiter beträchtlich zu verringern. In der Hoffnung die Rentabilität der Zeitschrift wieder herzustellen, unternimmt man Änderungen. So beschließt man zum Beispiel, den Texten mehr Platz einzuräumen. Photoreportagen, die zuvor über zwölf Seiten liefen, werden jetzt um die Hälfte gekürzt. Schließlich geht das sehr moralische *Life* von seinen Prinzipien ab und veröffentlicht Reportagen über die Mafia und die Korruption, um »den jungen Leuten zu gefallen«. Doch die Leser protestieren, und diese Art von *yellow journalism* wird wieder aufgegeben.

Die Krise scheint unverständlich, wenn man sich vergegenwärtigt, daß *Life* beim Publikum einen außerordentlichen Erfolg hatte. Die Zahl der Abonnenten beträgt jetzt 8,6 Millionen; keine Illustrierte hat jemals diese Zahl erreicht. Doch eine zu große Abonnentenzahl kann einen Verlust bedeuten, vor allem in einer inflationären Periode, wenn die Herstellungskosten einer Zeitschrift steigen – allein die Postgebühren hatten sich in fünf Jahren um 170 Prozent erhöht –, während die Werbeverträge, von denen die Zeitschrift lebt, nicht erhöht werden können, weil sie allgemein für längere Zeiträume abgeschlossen werden. Dazu kam noch eine Vertrauenskrise der Anzeigenkunden.

1966 hatte *Life* 3300 Seiten an Inseraten für einen Betrag von annähernd 170 Millionen Dollar verkauft. Zwei Jahre später verkaufte man nur noch 2761 Seiten für ungefähr 154 Millionen Dollar, ein Rückgang um 16 Prozent. 1969 stieg das Defizit auf zehn Millionen, und der Verlust hielt die folgenden Jahre an[119]. Am 31. Oktober 1970 stand in der *New York Times*, daß *Time Inc.* elf Fernsehstationen und lokale Radiosender für die Summe von 80,1 Millionen Dollar verkauft habe. Die Zeitung betonte, daß es sich hier um einen erstaunlichen Vorgang handle, da die Verkäufer sich gewinnbringender Unternehmen entledigten, um andere wie *Life,* mit denen sie Geld verloren, zu behalten. Die Direktoren von *Time Inc.* hatten offensichtlich immer noch nicht die Hoffnung aufgegeben, daß die Zeitschrift eines Tages wieder Gewinn bringen würde[120].

Eine ganze Seite in vier Farben kostete in *Life* 1970 ungefähr

64000 Dollar. Mit seiner großen Abonnentenzahl hatte die Zeitschrift vierzig Millionen Leser. Für denselben Betrag konnte ein Inserent eine Minute in einem der populärsten Fernsehprogramme wie *Laugh in* kaufen und damit fünfzig Millionen Menschen erreichen.

Am 9. Dezember 1972 stand auf der Titelseite der *International Herald Tribune: »Life Magazine* ist im Alter von 36 Jahren gestorben.« *Time Inc.* hatte beschlossen, die Illustrierte einzustellen. Auf der ganzen Welt reagierte die Presse mit Betroffenheit. Alle Zeitungen, alle Fernsehsender und Radiostationen meldeten das Ende der größten illustrierten Wochenschrift (die letzte Nummer erschien am 28. Dezember 1972). Mit dem Verschwinden von *Life* ging eine ganze Epoche des Bildjournalismus zu Ende. Aber an der New Yorker Börse stiegen die Aktien von *Times inc.* an. Befreit vom *Life*-Defizit gewann der große amerikanische Pressekonzern wieder Vertrauen und versprach neue Profite.

Seit seinen Anfängen in den vierziger Jahren hatte das Fernsehen Riesenschritte gemacht. 1949 gab es in Amerika 69 Stationen; 1970 mehr als 800. Es war zu einem beachtlichen Konkurrenten für die Zeitschriften geworden. Obwohl das Bild auf dem kleinen Schirm stets wieder verschwindet, bringt es doch Nachrichten manchmal so schnell, daß zwischen den Ereignissen und der Berichterstattung keine Zeitdifferenz besteht. *Life* dagegen erschien nur einmal in der Woche, und der Redaktion blieb nichts anderes übrig, als die den Millionen von Fernsehzuschauern bereits bekannten aktuellen Nachrichten und politischen Ereignisse zu vervollständigen. Die einzigen Zeitschriften, die von der Krise weitgehend verschont blieben, waren Fachzeitschriften wie »M. D.« (*Medical World Tribune*), das vom marktbeherrschenden pharmazeutischen Konzern finanziert wird und das sich an Ärzte richtet; oder Magazine, die sich an eine weibliche Leserschaft wenden und die Sex-Magazine und schließlich Lokalzeitschriften.

Auf Grund von Marktforschungen, aus denen hervorging, daß Fachzeitschriften viel weniger von der Konkurrenz des Fernsehens bedroht sind, das nicht ausführlich auf Spezialfragen eingehen kann, beschlossen die *Time Inc.*-Direktoren, um das journalistische Unternehmen fortführen zu können, mehrere spezialisierte Zeitschriften zu veröffentlichen. Als Themengebiete waren geplant: Gesundheit, Reisen, Ernährung,

Film, Geld, Kinder usw. Die erste dieser Zeitschriften kam im Oktober 1972 unter dem Titel *Money* (Geld) auf den Markt, und später erschien *People* (Leute).

Im April 1972, als Hedley Donovan und Andrew Heiskell, die Direktoren von *Time Inc.*, die neue Monatszeitschrift in der Presse ankündigten, begründeten sie ihr Erscheinen damit, daß die meisten Leute nicht wüßten, wie sie ihre finanziellen Angelegenheiten regeln sollten. An die Adresse der Aktionäre gerichtet, erklärte Donovan: »*Money* wird Sie nicht reich machen; keine ehrliche Zeitschrift kann dieses Versprechen geben. Doch die Lektüre seiner laufenden Nummern wird dem Leser helfen, seine persönlichen Finanzen besser unter Kontrolle zu bringen. *Money* wird eine Startauflage von 225 000 Exemplaren im Inland haben; der größte Teil wird bereits im voraus durch Abonnements bezahlt sein, die 15 Dollar im Jahr kosten...«

Die neue Zeitschrift hat das gleiche Format wie *Time* und enthält 104 Seiten, davon 48 Seiten Werbung. »Bisher waren Zeitschriftenkonsumenten in den Vereinigten Staaten gewohnt, für ein Magazin nur einen lächerlichen Betrag auszugeben«, erklärte Donovan den Aktionären. »Jetzt schlagen wir unseren Lesern vor, einen wesentlichen Teil der Kosten zu tragen, wodurch eine gewisse finanzielle Unabhängigkeit gegenüber der Werbung möglich wird.«[121]

Zu Beginn der siebziger Jahre breitete sich die Inflation auch in Europa aus; die Illustrierten kamen in Schwierigkeiten, und zwar aus denselben Gründen wie die amerikanischen Magazine. Auch in Europa wurde das Fernsehen zu einer gefährlichen Konkurrenz, obgleich die Werbung hier noch eingeschränkt bleibt, wie etwa in Frankreich. *Paris-Match*, die größte französische Illustrierte, hatte 1957 eine Auflage von 1,8 Millionen Exemplaren. Zehn Jahre später geht die Auflage auf 1 382 000 zurück, und im April 1972 beträgt sie nur noch 810 722[122].

Paris-Match ist mit *Le Figaro* (1975 an die Gruppe Hersant verkauft), *Télé Sept Jours*, *Marie-Claire*, *Parents*, Radio Luxemburg usw. im Besitz von Jean Prouvost, eines Textilmagnaten. Zur Rettung von *Paris-Match* schlägt er seinen Herausgebern eine Umgestaltung vor. Das Ziel von *Paris-Match* war es immer gewesen, *Life* nachzuahmen. In dieser Krise wendet sich Prouvost – wie schon zuvor – an Amerika. Aus New York läßt er den Mann kommen, der das graphische Konzept des *New*

York Magazine entwickelt hatte. Es war 1968 gegründet worden und verzeichnete bereits einen großen Erfolg. Das Format wird etwas verkleinert. Der photographische Teil umfaßt nicht mehr als fünfzig Prozent der Seiten; dafür wird der redaktionelle Teil erweitert. Neue Rubriken werden eingeführt, die sich direkt an die Leser wenden; hier wird von technischen und wissenschaftlichen Neuerungen berichtet, die in das Leben des Einzelnen eingreifen. Die Seiten mit Klatsch aus dem Pariser Leben werden zahlreicher. Sogenannte Sensationsartikel, Geschichten, die Aufsehen erregt haben wie die Veröffentlichung von Photos der nackten Jacqueline Kennedy oder auch Einzelheiten aus der Geschichte des *Playboy*, einem mehr oder weniger pornographischen Magazin aus Amerika, sollen *Paris-Match* etwas pikanter machen. Der Preis wird erhöht; der Verkauf der ersten Nummern im neuen Stil nimmt, den Aussagen der Redaktion zufolge, zu. Doch die ehemaligen Macher von *Life* sind skeptisch. Sie hatten ebenfalls versucht, ihre Zeitschrift durch eine Umgestaltung zu retten, doch umsonst. 1976 hat die Illustrierte ein Defizit von 15 Millionen Frs. und Prouvost verkauft die Zeitschrift an die Zeitungsgruppe Filipacchi. Diese Art von Publikumszeitschrift verringert sich wie die Zahl der Leser der Tagespresse, die von Jahr zu Jahr zurückgeht. In dem Maße, in dem sich der Lebensrhythmus beschleunigt, hat man auch weniger Zeit zum Lesen. Nach den offiziellen Statistiken informieren sich 85 Prozent der französischen Bevölkerung über die laufenden Ereignisse durch Staatsrundfunk und Staatsfernsehen oder durch die Radiosender »am Rande«, die ebenfalls von der Regierung kontrolliert werden. Diese Massenmedien, die sich objektiv geben, deren Programmdirektoren ständig der Zensur ausgesetzt sind oder sich selbst zensieren müssen, formen und manipulieren die öffentliche Meinung im Namen der herrschenden Macht. Die Zukunft wird zeigen, ob *Paris-Match* weiter bestehen kann.

Der Beruf des Photoreporters wurde von den Veränderungen innerhalb der Illustriertenpresse stark betroffen. Wenn man in diesem Beruf bleiben möchte, muß man andere Märkte finden. Eine Anzahl von Photographen, die in Amerika für die großen Magazine gearbeitet hatten, fanden Arbeit für Zeitschriften, die von großen Konzernen wie IBM, RCA und anderen Giganten der Industrie herausgegeben werden. Diese Unternehmen hatten in der Vergangenheit Berichte herausge-

bracht, die ziemlich langweilig und voller Zahlen waren. Doch seit einigen Jahren haben sie sich in ihrer Aufmachung und ihrem Inhalt radikal verändert. Sie sind interessante und üppig ausgestattete Magazine geworden, die mit großer Sorgfalt publiziert werden. Namhafte Schriftsteller und Journalisten schreiben die Artikel, und die Photoreportagen werden an bedeutende und gut bezahlte Photographen vergeben. In den Vereinigten Staaten gibt es hunderte von Magazinen dieser Art. Die Mehrzahl dieser Publikationen werden gratis und auf Anfrage verteilt. Andere wieder sind Firmenzeitschriften, die sich nur an die Angehörigen des Unternehmens richten. Diese Magazine haben die Werbung für die Produkte des jeweiligen Unternehmens im Auge; die Firma verbirgt sich aber oft hinter Artikeln und Reportagen, die scheinbar mit ihr direkt nichts zu tun haben. Interessanterweise taucht die Abkürzung IBM in der Zeitschrift *Think* nirgends auf. Damit ist es mit dem »Starsystem«, von dem eine Handvoll von Reporterphotographen profitierte, und deren Leben der Wunschtraum vieler junger Anfänger war, zu Ende. Diese Photographen müssen jetzt, um ihre ökonomische Unabhängigkeit zu bewahren, für die vielen kleinen Magazine arbeiten.
In Europa werden ebenfalls viele Zeitschriften von Industrieunternehmen veröffentlicht, wie z. B. der *Electricite de France*, oder *Crédit Foncier de France* oder die Zeitschriften der pharmazeutischen Industrie. Manche Photographen arbeiten für Verlage, die einzelne Bilder zur Illustration ihrer Bücher brauchen. Wieder andere sind zum Fernsehen gegangen und haben sich auf Dokumentarfilme spezialisiert; sie können ihre Filme aber nur verkaufen, wenn sie von außergewöhnlicher Aktualität sind. Schließlich ist mit den zahlreichen Enzyklopädien, die seit einigen Jahren auf der ganzen Welt erscheinen, ein neuer Markt entstanden. Ihre Herausgeber hatten die schlaue Idee, sie in wöchentlichen Lieferungen zu verkaufen, die man an allen Kiosken, zum selben Preis wie die Wochenzeitschriften, finden kann. Am Ende des Jahres kann man dann beim Verlag die Einbände beziehen. Der Reiz dieser Enzyklopädien liegt in ihrer Aufmachung; sie sind fast durchgehend in Farbe gedruckt. Ihr günstiger Preis wird dadurch ermöglicht, daß sie alle als Koproduktionen erscheinen, was ihre Herstellungskosten beträchtlich senkt. Die Texte zu den Abbildungen sind in einem pseudowissenschaftlichen Stil geschrieben, der für jeden ver-

ständlich ist. Sie sind sehr erfolgreich, soweit sie dem Leser den Eindruck verschaffen, daß er mit ihrer Hilfe unsere Welt besser verstehen wird und die immer komplizierter werdende Technologie, in der wir leben.

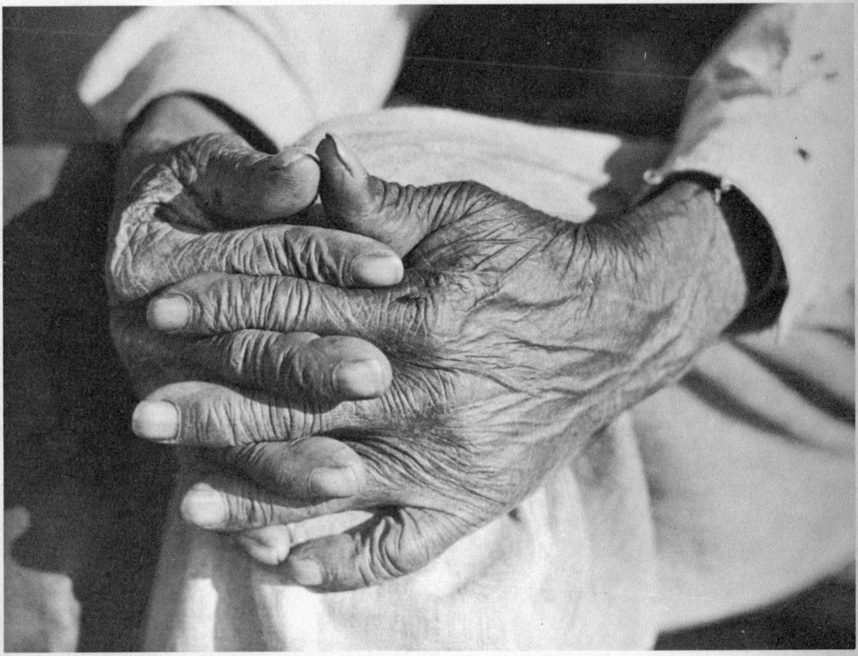

Jack Delano: Die Hände eines ehemaligen Sklaven

Jessi Tarbox Beals: Einwanderer-Familie in New-York (1907)

Lewis W. Hine: Kinder arbeiten in den Zechen Pennsylvaniens (1911)

Werner Bischof: Hunger

Eugène Smith: Opfer der Meeresverschmutzung in Japan

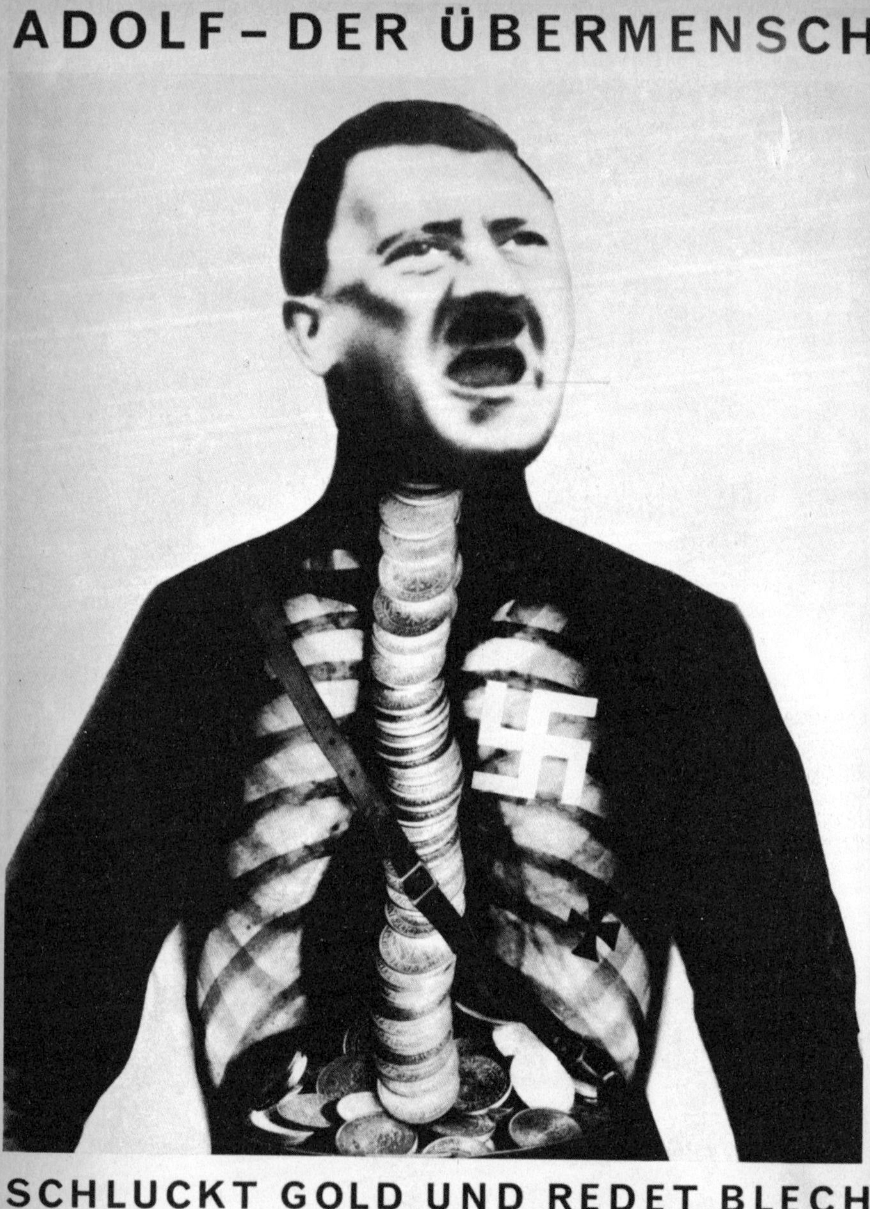

Photomontage von John Heartfield

Die Photographie als politisches Instrument

Seit die Verwendung von Photos in der Presse üblich geworden ist, sind die freien Photographen, jene, die nicht an ein Presseunternehmen gebunden sind, darauf angewiesen, ihre Produktion mit Hilfe von Photoagenturen zu verkaufen. Diese sind das Zwischenglied zwischen Bildproduzenten und Bildkäufern.

Eine der ersten Agenturen dieser Art wurde in Amerika von George Grantham Bain (1865–1944) gegründet. Er war Journalist und schrieb für Zeitschriften. Er kam auf den Einfall, mit seinen Artikeln auch Photos zu schicken, die er selbst aufgenommen hatte. Bald merkte er, daß die Redakteure fast immer seine Bilder behielten, doch auf seine Artikel keinen großen Wert legten, da sie viele andere zum selben Thema erhielten. Photos an die Presse zu schicken war damals noch nicht üblich. Die neuen Möglichkeiten voraussehend, die in dieser Richtung zu erschließen waren, gründet er 1898 den *Montauk Photo Concern.* Um die Nachfrage zu befriedigen, verpflichtet er Berufsphotographen; unter ihnen ist auch Frances Benjamin Johnston (1864–1952), eine der ersten weiblichen Photographen, die sich in Amerika einen Namen gemacht haben. Auf dem dritten internationalen Kongreß für Photographie, der 1900 in Paris stattfand, ist sie die einzige Frau unter den Delegierten und vertritt, zusammen mit dem Photographen Alfred Stieglitz, die Vereinigten Staaten[123].

Die beständige Vergrößerung der Nachfrage führte dazu, daß sich die Zahl der Bildagenturen in allen Ländern vervielfachte. Sie stellen Photographen an oder schließen Verträge mit freien Photographen. Vom Erlös der verkauften Bilder behalten sie allgemein 50 Prozent, manchmal sogar mehr, unter dem Vorwand, daß sie den Gewinn noch mit einer ausländischen Agentur teilen müssen. Der Photograph, der alle materiellen Risiken auf sich nimmt, hat keinerlei Möglichkeiten, den Verkauf seiner Photos zu kontrollieren. Aus diesem Grund gründete Capa 1947 mit einigen Freunden die Photoagentur *Magnum*.

Die Gründerväter dieser Kooperative waren Robert Capa,

David Seymour (Chim), Henri Cartier-Bresson, George Rodger, William Vandivert und Maria Eisner. Sie alle kauften gleich große Anteile. Werner Bischof, Ernst Haas und Gisèle Freund schlossen sich 1948 der Agentur an; Eve Arnold, Erich Hartmann, Erich Lessing, Denis Stock, Kryn Taconis, Jean Marquis, Burton Glinn, Elliot Erwitt, Inge Morath, Marc Riboud, Cornell Capa, Wayne Miller, Brian Brake, René Burri und Bruce Davidson kamen zwischen 1951 und 1958 dazu. Maria Eisner leitete zuerst das Pariser Büro, dann das New Yorker, wo sie Rita Vandivert ablöste.

Für diese Photographengruppe war das Bild nicht nur ein Job zum Geldverdienen. Sie wollten mit Photos ihre Gefühle und ihre Gedanken zu den Problemen ihrer Zeit zum Ausdruck bringen. So lehnte es zum Beispiel Capa ab, eine große Reportage über die *Jugend der Welt* veröffentlichen zu lassen. Alle Mitglieder der Gruppe hatten mitgearbeitet. Der Verleger, der das Projekt akzeptiert hatte, wollte Änderungen vornehmen, die den Charakter der Geschichte völlig verfälscht hätten. Die Serie erschien daher erst ein halbes Jahr später in *Holiday*, da diese Zeitschrift bereit war, die Reportage so zu veröffentlichen, wie sie konzipiert worden war.

Allerdings haben nur wenige Photographen die Möglichkeit, ihre Auffassung durchzusetzen. Oft genügt ein geringfügiger Eingriff, um Photographien einen Sinn zu geben, der den Intentionen des Reporters diametral entgegengesetzt ist. Diese Erfahrung machte ich bereits bei meinen Anfängen. Vor dem Krieg wurde der Wertpapierhandel an der Pariser Börse noch unter freiem Himmel abgewickelt, unter den Arkaden. Eines Tages machte ich dort eine ganze Serie von Photos, wobei ich mich auf einen Effektenmakler als Motiv konzentrierte. Bald mit lachender, bald mit ängstlicher Miene und sich ständig über sein rundes Gesicht wischend, redete er mit heftigen Gesten auf die Käufer ein. Ich schickte diese Photos mit dem harmlosen Titel »Schnappschüsse von der Pariser Börse« an verschiedene europäische Illustrierte. Einige Zeit später erhielt ich Ausschnitte von einem belgischen Journal; zu meinem großen Erstaunen entdeckte ich meine Bilder darin unter der Schlagzeile: »Hausse an der Pariser Börse, Aktien notieren phantastische Preise.« Einfallsreiche Untertitel gaben meiner unschuldigen kleinen Reportage die Bedeutung eines finanziellen Ereignisses. Ich war aber vor Staunen sprachlos, als ich einige Tage später die gleichen Photos in einer deutschen Illustrierten wiederfand, diesmal unter der Überschrift: »Panik an der Pariser Börse; Vermögen werden vernichtet, Tausende sind ruiniert.« Meine Bilder illustrierten aufs Beste die Verzweiflung des Verkäufers und die Bestürzung der Spekulanten, die vor dem Ruin stehen. Es war offenkundig, daß jede Publikation meinen Bildern eine entgegengesetzte Bedeutung gegeben hatte, die jeweils ihren politischen Intentionen entsprachen. Die Objektivität des Bildes ist nur eine Illusion. Die Kommentare, die man ihm mitgibt, können seine Bedeutung völlig verändern[124].

Unter dem Titel: »Information oder Propaganda?« brachte die Wochenzeitschrift *L'Express* im Dezember 1956 eine doppelte Photoserie, die während des ungarischen Aufstandes gemacht worden war. Es waren beidesmal dieselben Dokumente, und die Redaktion hatte nicht mehr getan als die Anordnung und den Kommentar zu verändern. Es ging darum zu demonstrieren, wie die verschiedenen staatlichen Fernsehsender dieselben Bilder verwenden können, um völlig entgegengesetzte Versionen von Ereignissen zu geben, von denen jedoch jede Darstellung wahrheitsgetreu erscheint. Damit wollte man das Publikum vor möglichen Manipulationen warnen. Hier nun einige Beispiele.

Ein Photo zeigte einen russischen Panzer auf der Straße. Erste Bildunterschrift: »Unter Mißachtung des Selbstbestimmungsrechts der Völker hat die sowjetische Regierung Panzerdivisionen in Budapest auffahren lassen, um den Aufstand niederzuschlagen.« Zweite Bildunterschrift: »Das ungarische Volk hat das sowjetische Volk um Hilfe gebeten. Zum Schutz der Arbeiter und zur Wiederherstellung der Ordnung sind russische Panzer geschickt worden.«

Ein anderes Photo zeigte Janos Kadar. Erste Bildunterschrift: »Unter dem Schutz sowjetischer Panzer hat der Stalinist Janos Kadar eine neue Regierung gebildet und ein Regime des Polizeiterrors errichtet.« Zweite Bildunterschrift: »Doch dank den energischen Maßnahmen der neuen Regierung Janos Kadars, die von der gesamten Bevölkerung unterstützt wird, ist die Revolte erstickt worden.«

Unter einem Photo von zwei jungen Ungarn stand die Unterschrift: »Trotz der blutigen Unterdrückung durch die sowjetischen Truppen kämpft die ungarische Jugend weiter. Ihr Kampfruf heißt: Lieber tot als Sklaven!« Die zweite Unterschrift lautete: »Trotz der Aufrufe der Regierung haben es fanatisierte Konterrevolutionäre abgelehnt, die Waffen niederzulegen, und führen einen aussichtslosen Kampf weiter.«

Während des Biafra-Krieges veröffentlichte die westdeutsche Illustrierte *Stern* im September 1967 eine Reportage unter dem Titel: »Die Söldner und ihr Paradies«. Die Photos waren großenteils in der Gegend von Bukavu von dem Photographen Paul Ribeau aufgenommen worden. Die Wochenzeitschrift *Jeune Afrique,* die in Paris erscheint, druckte eine Woche später Auszüge dieses Artikels sowie eine Photographie nach, die die verrenkten Körper zweier Afrikaner zeigte, die an den Armen an einem Baum aufgehängt worden waren. Im Abstand von einer Woche hatte sich die Legende unter demselben Photo geändert. Das deutsche Publikum hatte gelesen: »Soldaten der kongolesischen Nationalarmee haben diese beiden Katangapolizisten gefangen und an Bäumen aufgehängt, um sie dort Hungers sterben zu lassen. Die weißen Söldner Schrammes haben ihnen das Leben gerettet.« Die Leser von *Jeune Afrique*, deren Leserschaft vorwiegend aus Afrikanern besteht, die einen großen Teil des Publikums dieser Zeitschrift ausmachen, lasen hingegen: »Soldaten der kongolesischen Nationalarmee in der Gefangenschaft der Söldner.«

Am 4. Oktober 1967 veröffentlichte *Le Monde* einen von Paul Ribeau unterzeichneten Brief unter dem Titel: Die Wahrheit über ein umstrittenes Photo. Er erklärte darin: »Die Männer, die an dem Baum hängen, sind weder kongolesische Soldaten noch Polizisten Katangas. Auf der Photographie läßt sich ohne weiteres erkennen, daß der eine der beiden aufgehängten Männer Zivil trägt, eine helle Hose und ein etwas dunkleres Hemd. In diesem Land, wo die Söldner, die Katangapolizisten und die Soldaten Mobutus sehr viel Wert auf ihre Uniformen legen, tragen die Kämpfenden kein Zivil. In Wirklichkeit handelt es sich bei den beiden Männern um Zivilisten, die das Verbrechen begangen hatten, ›boys‹ der Söldner zu sein. Da man sie als ›Kollaborateure‹ betrachtete, wurden sie von der kongolesischen Nationalarmee gefangengenommen, gefoltert und lebendig an den Zweigen einer Palme aufgehängt. Sie wurden bei der unerwarteten Rückkehr der Söldner befreit. Ich möchte hinzufügen, daß es höchst selten vorkommt, daß die Soldaten der kongolesischen Nationalarmee sich mit der Folterung ihrer Gegner begnügen. Nach der Folter wird der Körper mit der

Machete verstümmelt. Manchmal gibt es nach der Hinrichtung ein kannibalisches Fest. Dies geschieht zwar nicht häufig, aber man hat in der Umgebung von Bukavu menschliche Knochen in der Nähe eines Holzfeuers gefunden. Ich bin im Besitz von photographischen Dokumenten, die die Überreste von Männern, Frauen und Kindern zeigen, die von der kongolesischen Armee hingerichtet wurden. Leider Gottes gibt es im heutigen Kongo keine Achtung vor dem menschlichen Leben. Weiter möchte ich hinzufügen, daß ich nicht die Unterschriften für meine Photoreportage verfaßt habe, die unlängst in verschiedenen Publikationen in Frankreich, England, Amerika, Deutschland, Italien usw. erschienen ist. Ich war sehr erstaunt, in *Jeune Afrique* die Reportage der deutschen Zeitschrift *Stern* zu lesen...«

Ein weiteres Mittel, die Bedeutung von Photographien zu verändern, ist die Art und Weise, in der sie zusammengestellt werden. 1936 wurde ich von *Life* beauftragt, eine Reportage über die *distressed areas* in England zu machen, diese »notleidenden Gebiete«, die offiziell »schwarzes Land« genannt wurden. Im letzten Jahrhundert waren diese hochindustrialisierten Gegenden Zentren der ertragreichsten Industriezweige. Durch den ersten Weltkrieg und die sich anschließende große Krise waren diese Gebiete stark in Mitleidenschaft gezogen worden. Die meisten der im 19. Jahrhundert gegründeten Unternehmen arbeiteten mit veralteten Methoden und konnten mit den modernen Fabriken nicht konkurrieren. Die Eigentümer fanden es rentabler, ihre Unternehmen zu schließen anstatt sie zu modernisieren. Sie verließen das Land, jedoch die Bevölkerung blieb zurück und verelendete. 1936 gab es in England fast zwei Millionen Arbeitslose.

Als ich in Newcastle-upon-Tyne ankam, war die Bevölkerung der ganzen Stadt arbeitslos. Die Werften, deren Gebäude zur Hälfte eingestürzt waren, sahen aus wie Kriegsruinen. Zwischen den verrosteten Schienen wuchsen Unkraut und Blumen. Ich hatte den Eindruck, auf einem Friedhof zu sein. Die Arbeitslosenunterstützung reichte gerade soweit, um zu verhindern, daß die Arbeiter und ihre Familien verhungerten. Ich photographierte ausgemergelte, zerlumpte Menschen, die seit Jahren zur Untätigkeit verdammt waren. In Witton Park, der Stadt Bischof Aucklands, machte ich Aufnahmen von Familien, die zu acht und noch mehr Personen in einem einzigen Zimmer wohnten. Die Gesichter der Frauen waren ausgemergelt. Sie wußten nicht, wie sie die Miete zahlen und ihre Familien ernähren sollten. Was soll aus unseren Kindern werden, fragten sie immer wieder verzweifelt.

Zur selben Zeit kam es zum Skandal Simpson: König Edward hatte sich in eine geschiedene Amerikanerin verliebt. Die ganze Presse tobte. Die englische Moral, noch immer durchtränkt von viktorianischer Strenge, wollte es nicht zulassen, daß eine Mrs. Simpson zur Königin wurde. Der Skandal war so groß, daß der König es vorzog abzudanken.

Ganz Amerika fühlte sich durch die Haltung der öffentlichen Meinung in England vor den Kopf gestoßen. *Life* veröffentlichte meine Reportage unter dem harmlos klingenden Titel: *Was man in England unter notleidenden Gegenden versteht.* Zusammen mit meinen Photos vom Elend der Bevölkerung hatte man ein ganzseitiges Bild der Königin Mary gebracht. Sie saß da im Spitzenkleid, mit viel Schmuck behängt, eine vierreihige Perlenkette um den Hals, auf den Knien einen ihrer Enkel haltend und umgeben von der Prinzessin Elisabeth, der heutigen Königin und Margaret-Rose, ihrer Schwester, beide entzükkend anzusehen in ihren makellosen Kleidchen. Die Brutalität des Kontrastes machte jede Bildunterschrift überflüssig. Mrs. Simpson war in den Augen des liberalen Amerika gerächt.

Hier ist ein anderes Beispiel,das zeigt, wie man mit einer Reportage Werbung treiben kann, ohne die Sache, für die geworben wird, beim Namen zu nennen. In Kanada ist die Wehrpflicht nicht obligatorisch. Um junge Männer und Frauen zum Eintritt in die Armee zu ermuntern, betrieb diese in den fünfziger Jahren eine große Werbung mit Plakaten. Sie waren alle von derselben Idee inspiriert: den Militärdienst mit dem Tourismus zu identifizieren: »Zur Armee gehen heißt die Welt kennenlernen.« *Weekend Magazine,* die Sonntagsbeilage einer kanadischen Zeitungskette, die eine Millionenauflage hat, schickte einen ihrer besten Journalisten zur Abfassung des Artikels nach Europa. Ich war beauftragt, die Photos dazu zu machen. Nach unserer Ankunft in Zweibrücken, wo eine Einheit der RCAF stationiert war, riet mir der Journalist, die Gebäude aufzusuchen, in denen die Mädchen untergebracht waren. »Sehen Sie sich gut um und wählen Sie diejenige, die dem Idealtyp der jungen Kanadierin am meisten entspricht, ein anständiges junges Mädchen von daheim, mit dem die Eltern ihre Tochter, die Brüder ihre Schwester usw. identifizieren können.«

Die junge Person, die mir diesen Erfordernissen am ehesten zu entsprechen schien, hieß Sonia Nichols. Sie war blondhaarig und blauäugig, einfach, freundlich und photogen. Sie wurde die Heldin der Reportage, die einige Wochen später in *Weekend Magazine* unter dem Titel: *Airwomen Overseas* erschien. Der Journalist berichtete, daß Sonia, geboren in Berwick, N.S. und zwanzig Jahre alt, niemals die Gelegenheit gehabt hatte, aus ihrer Heimatstadt herauszukommen, bevor sie der RCAF beigetreten war. Seit ihrem Eintritt in die Armee hatte sie jedoch einen großen Teil ihres eigenen Landes kennengelernt, hatte Reisen in Deutschland gemacht, Paris und die Schweiz besucht. Während ihrer Militärzeit würde sie sicher noch Italien und die skandinavischen Länder kennenlernen. An ihrem Standort lernte sie Fremdsprachen, kam mit Einheimischen zusammen, besuchte mit ihren Kameraden die Umgebung und ging mit ihnen aus. Sie trieb Sport in einem supermodernen Stadion, konnte in einem schönen Schwimmbad schwimmen. Kurzum, Sonias Leben war aufregend geworden, und sie hatte Erfahrungen gemacht, die sie auf andere Weise nie hätte gewinnen können.

Meine Photos bebilderten diesen Text über mehrere Seiten. Sonia, auf ihrem Arm das Baby von »Frau Else Gratz in der Wohnung der letzteren«, Sonia im Kreis von Kameradinnen, wie sie Bier in einem Biergarten trinkt, Sonia beim Schwimmen im Schwimmbad, beim Basketball-Spiel, beim Spaziergang über Land, das Leben der Bauern beobachtend usw. All diese Photos waren schwarz-weiß, bis auf ein farbiges, auf dem sie im Gespräch mit einem jungen Soldaten auf einem kleinen Kraftfahrzeug sitzend zu sehen war. Die Bildunterschrift lautete einfach: »Mit ACI Peter Colliver, Streetville (Ontario), der einen Sabre-Düsenjäger ans Rollfeld bringt.« Das Photo suggerierte die Möglichkeit für junge Leute, bei der Armee Bekanntschaften machen zu können und verleitete sie zu sentimentalen Träumen. Nach meinen Photos zu schließen, die auf die Angaben des kanadischen Journalisten zurückgingen, war der Dienst in der Armee das reinste Vergnügungsunternehmen. Ich hatte zwar nicht versäumt, Sonia bei ihrer Arbeit als Sekretärin aufzunehmen, doch der Redakteur hatte diese Photos ausgeschieden. Das farbige Titelbild zeigte vor dem Hintergrund eines blauen Himmels eine lächelnde Sonia in Uniform, die Hand zum militärischen Gruß erhoben.

In Kanada wurde sie zum Star der Woche, erhielt unzählige Briefe, mehrere Heiratsanträge, und die kanadische Armee konnte ein Anwachsen der Bewerbungen verzeichnen. Diese Reportage war, was Daniel J. Boorstin ein Pseudo-Ereignis genannt hat – und Sonia eine Pseudo-Berühmtheit, künstlich erschaffen für einen bestimmten Zweck[125].

Will man eine politische Figur lächerlich machen, so genügt es schon, ungünstige Bilder von ihr zu zeigen. Der intelligenteste Mensch kann idiotisch aussehen, wenn er mit offenem Mund photographiert wird oder mit zugekniffenem Auge. Hier ein Beispiel unter tausenden.

Im Oktober 1969 veröffentlichte die *New York Times* in ihrer Literaturbeilage einen langen Artikel über das Buch *Self-portrait USA* von David Douglas Duncan, einem der großen amerikanischen Photographen. Dieser Bildband enthält über 300 Photos, die auf Kongressen der beiden großen politischen Parteien Amerikas aufgenommen wurden. Die Republikaner auf der einen Seite, die Demokraten auf der anderen, hatten sich versammelt, um ihre Kandidaten für die nächsten Präsidentschaftswahlen aufzustellen. Der Artikel war mit vier Photos von Richard Nixon, dem Kandidaten der republikanischen Partei illustriert, die man dem Buch entnommen hatte. Man hatte von ihm die unvorteilhaftesten ausgewählt, da die *New York Times* gegen seine Kandidatur war. Ohne den Kontext des Buches ließen sie ihn dumm und unsympathisch erscheinen. Der Kommentar des Kritikers lautete folgendermaßen: »In diesem Buch gibt es etwa ein Dutzend Richard Nixons, die meines Wissens noch niemals gezeigt worden sind, und dennoch sind Nixon und Duncan, beide Leutnants der Marine (während des Krieges) auf den Salomon-Inseln, rasch Freunde geworden. Deshalb durfte allein der Photograph Duncan jederzeit Nixons Haus in Miami Beach betreten und konnte ihn dort photographieren. Beim Betrachten dieser Photos werden Historiker über ihn mehr erfahren, als wenn sie Tonnen seiner Korrespondenz studiert hätten[126].« Der Kritiker erwähnte jedoch nicht, daß die vier Bilder, die er zur Illustration seines Artikels ausgewählt hatte, in Duncans Album durch andere Photos von Nixon ausgeglichen wurden, die ihn in günstigeren Haltungen zeigten.

Je nach dem Blickwinkel, unter dem jemand aufgenommen wird, kann man ihn sympathisch, unsympathisch oder lächerlich erscheinen lassen. Eine Photographie von General de Gaulle, die von oben aufgenommen worden war, verlängerte seine Nase; photographierte man ihn von unten, so hatte er ein enormes Kinn und keine Stirn. Die Mode des Weitwinkelobjektives hat zu diesen Verzerrungen viel beigetragen.

Die Verwendung des photographischen Bildes wird zu einem ethischen Problem, wenn man sich seiner bedient, um absichtlich Tatsachen zu verfälschen. Im Juni 1966 veröffentlichte *Paris-Match*, das damals eine Auflage von 1200000 Exemplaren hatte, eine große Reportage von acht Seiten mit dem Titel: »Bei den Nazis von 66«. Man erwartete damals einen Erfolg der rechtsextremen NPD bei den Landtagswahlen, die einen Monat später stattfinden sollten. Zwanzig Jahre waren seit dem Krieg vergangen, doch die Franzosen waren noch immer traumatisiert von den Nazigreueln, und die Existenz einer Partei, die vor allem Nostalgiker des Dritten Reichs um sich scharte, erschien als eine Bedrohung. Das Thema war also äußerst aktuell, und die Redaktion der Zeitschrift hielt es für so wichtig, daß sie es bereits auf der Titelseite ankündigte.

Die Reportage begann mit einer ganzen Farbseite, die einen stehenden jungen Mann zeigte, der, eine Armbinde mit dem Hakenkreuz auf dem weißen Hemd, drei anderen jungen Leuten zuprostet. Auf der Wand im Hintergrund sah man eine riesige Nazifahne. Die Bildunterschrift lautete: »Nazipartei in Bayern; sie holen die Reliquien des Reiches hervor und beim Biertrinken singen ›sie‹ wieder im Chor das *Horst-Wessel-Lied*.« Die folgenden Seiten zeigten einige Bilder von Bewohnern eines bayrischen Dorfes und seinem Bürgermeister; die Unterschriften erklärten, dies seien ehemalige Nazis, was man allein nach den Photos nicht schließen konnte; es folgten einige Photos vom Gründer der neuen Partei, und zum Abschluß ein weiteres »Schock«-Photo in schwarz-weiß, das über zwei Seiten lief und junge Leute in SS-Uniform zeigte. Die Bildunterschrift besagte: »Bei Peter Breuer, einem Münchener, der eine Sammlung von 400 SS- und SA-Uniformen besitzt, salutiert ein Nostalgiker des Dritten Reichs vor der Büste Hitlers.« In England veröffentlichte der *Daily Express* (Auflage: mehr als 4 Millionen) einige Tage später das erste Schockphoto, und in der Sowjetunion wurde es im Fernsehen ausgestrahlt, das ein Publikum von 100 Millionen Zuschauern erreicht.

Diese beiden Bilder waren aber Fälschungen. Einer der *Pa-*

ZENSUR

ris-Match-Redakteure hatte sich bei einem Kostümverleiher namens Breuer die Uniformen geliehen. Einige junge Männer waren bereit gewesen, für den Photographen von *Paris-Match* zu posieren. Die Männer, die einander zuprosteten, waren Feuerwehrleute eines bayrischen Dorfes, denen der Redakteur der französischen Illustrierten ein Faß Bier gestiftet hatte, und die geglaubt hatten, auf die deutsch-französische Freundschaft anzustoßen. Die deutsche Regierung protestierte; zahllose Artikel in der deutschen Presse wiesen den Schwindel im Detail nach, doch *Paris-Match* dementierte nie, und Millionen Franzosen, Engländer und Russen hatten die Photos gesehen und sie für authentisch gehalten.

Im Sommer 1975 wirbelte eine andere Affäre großen Staub auf. Anläßlich eines Streiks bei der Fabrik Chausson in Paris veröffentlichten Zeitungen auf der Titelseite Photos von Männern mit Wachhunden. Die Unterschrift hieß: »Polizisten mit dressierten Hunden innerhalb der Fabrik beim Einsatz gegen Streikende«. Später erfuhr man, daß die Photos bei einer Wachübung auf dem Pariser Messegelände aufgenommen worden waren.

Man kann ein Photo verfälschen, indem man nur einen Ausschnitt davon bringt, oder auch verändern, indem man Pinsel, Retusche und Schere zu Hilfe nimmt. Die Revue *Photo* brachte im Juni 1970 einige Beispiele für diese Art der Fälschung. Dabei handelte es sich um tschechische Photos. Auf einem der Dokumente hatte man aus dem Originalklischee Alexander Dubček entfernt, der bei der »Normalisierung« der Tschechoslowakei in Ungnade gefallen war, und den man deshalb nicht mehr an der Seite Präsident Svobodas einer jubelnden Menge zuwinken lassen konnte. Nur Steinplatten, die nicht mehr zusammenpaßten, und das seltsame Hervorstehen eines Gebäudes verrieten die Fälschung. Die Zeitschrift zeigte mit Hilfe von Zeichnungen, wie das Photo verfälscht worden war.

Während der zwei Weltkriege war die deutsche Presse, aber genauso auch die Presse der Alliierten, voll von solchen Fälschungen. Die Zensur auf beiden Seiten wählte mit Sorgfalt ermutigende Photos zur Publikation aus. Die jeweiligen Zensoren unterdrückten nicht nur Bilder, die der Verteidigung hätten schaden können: getarnte Fabriken, Befestigungen, Artilleriestellungen, sondern auch solche, auf denen die Zerstörungen und die Leiden zu sehen waren, die ihre eigenen Armeen in den

Feindesländern verursacht hatten. John Morris, der während des letzten Krieges Bildredakteur bei *Life* in London war, schreibt in einem Artikel, der im September 1972 in *Harper's Magazine* erschienen ist: »Die Gesichter von Schwerverwundeten und Toten waren tabu; die Angehörigen sollten nicht schockiert werden. Schließlich, und das ist für das Verständnis der Meinungslenkung wesentlich, photographierten die Bildreporter nicht die schrecklichen Folgen des Krieges, die der Einsatz unserer Waffen beim Gegner verursacht hatte. Ich erinnere mich noch an einen englischen Zensor, als ich einige Photos von den Opfern der Luftangriffe auf Berlin (an *Life*) schicken wollte. ›Sehr interessant‹, sagte er zu mir, ›die können Sie nach dem Krieg bringen.‹« Doch es war klar, daß es sich hier nicht um Zensorennaivität handelte, sondern um ein durchdachtes Verhalten, mit dem die Veröffentlichung von Photos, die ans Gewissen appellierten und den Krieg unpopulär machen konnten, verhindert werden sollte. Bilder, die die Kriegsbemühungen beeinträchtigen konnten, durften nicht gezeigt werden. Die Photographen selbst waren infolge der allgemeinen Indoktrinierung überzeugt, für eine gerechte Sache zu kämpfen; sie übten Selbstzensur und photographierten nur Szenen, die für die Länder, die sie repräsentierten, nicht unvorteilhaft waren. »Während des zweiten Weltkriegs wurde generell nur gezeigt, wie anständig wir kämpfen. Bomben fielen vorzugsweise bei strahlender Sonne. Man konnte zwar ein bißchen Leiden zeigen, das durch Angriffe der anderen verursacht worden war, aber nie zuviel, um nicht Mitleid hervorzurufen. Auf der Gegenseite galten ähnliche Gesetze. Man wird keine einzige Photographie entdecken, die Hitler bei der Besichtigung von Gaskammern eines Konzentrationslagers zeigt. Die Japaner sahen keine Bilder von den Leuten, die bei Pearl Habour zerfetzt worden waren; Luftaufnahme zeigten ihnen Bilder von ihrem Sieg. Auf die gleiche Art haben wir den photogenen Pilz der Hiroshima-Bombe photographiert.«[127]

Diese Haltung ändert sich erst, als der Krieg in der Öffentlichkeit unpopulär wird. John Morris bemerkt, daß dieser Wandel seit dem Korea-Krieg eingetreten sei, »als die Photographen mit einer doppelten Tragödie konfrontiert wurden: jener der amerikanischen GI's, die in einem Krieg kämpfen mußten, den sie nicht verstanden, und der eines im Bürgerkrieg zerrissenen Volkes«[128]. Dieser Konflikt erreicht seinen Höhepunkt während des Vietnam-Kriegs und spaltet die öffentliche Meinung Amerikas in zwei Lager. Photographie und Fernsehen haben entscheidend dazu beigetragen, das Gewissen der Öffentlichkeit wachzurütteln. In Amerika gibt es keine Zensur. Während der beiden Weltkriege hatten sich die Photographen selbst zensiert, weil sie glaubten, für eine gerechte Sache zu kämpfen. Doch im Lauf der Jahre und als die Zerstörung Vietnams durch die amerikanische Luftwaffe immer schlimmere Formen annimmt, sind die Pressephotographen in Vietnam selbst über die furchtbaren Folgen immer mehr betroffen. Die Nicht-Amerikaner unter ihnen hatten noch weniger Grund, an diesen Krieg zu glauben. Sie waren die ersten, die ihn mit ihren Bildern anklagten. Die erschütternden Photos, die in der Tagespresse und den Illustrierten abgedruckt wurden, die zahlreichen Bildbände, die das Elend der Zivilbevölkerung schilderten, aber auch die Leiden, die die GI's in diesem Land durchzustehen hatten, machten den Amerikanern die Schrecken dieses Krieges bewußt, in den ihre Regierung eingegriffen hatte, »um sich die wichtigsten Quellen der Welt für Naturkautschuk, Zinn und andere Rohstoffe in Südostasien zu sichern da sie von strategischer Bedeutung sind«[129].

Le Monde, 25.1.1973

Roger Fenton: Der Krimkrieg als Lustpartie (1855)

Timothy O'Sullivan: Der tatsächliche Krieg (bei Gettysburg um 1863 im Sezessionskrieg)

A.-J. Russel: Die Tiere krepieren wie die Menschen (1863)

Robert Capa: Spanischer Bürgerkrieg (1936)

Im Warschauer Ghetto (1943)

Nächstes Photo:
Huynh Cong: Vietnamkrieg (1972)

Ein angefochtenes Photo (Robert Doisneau, 1958)

Die Photographie und das Gesetz

Zu den Schwierigkeiten, eine Anstellung zu finden, kommt für die Pressephotographen noch der ständige Kampf zur Verteidigung ihrer Rechte. Das Reproduktionsrecht für eine Photographie ist gesetzlich geschützt, doch in jedem Land ist es verschieden. Es gibt kein internationales *copyright*, das automatisch das Recht an einer Photographie in der ganzen Welt schützt. Das internationale Abkommen über das *copyright*, das bis 1971 62 Länder unterzeichnet haben (die UdSSR im Februar 1973), garantiert nur die Anwendung des Gesetzes gegenüber Ausländern, berücksichtigt jedoch nicht die Bestimmungen im Herkunftsland des Photographen.

In Frankreich stellt das Gesetz vom 11. März 1957 die Photographie den geistigen Produkten gleich; dadurch ist sie für die Dauer von fünfzig Jahren nach dem Tode des Urhebers geschützt. Es kommen noch die Jahre der beiden Weltkriege hinzu, und in bestimmten Fällen kann der Urheberschutz noch verlängert werden.

In Amerika kann ein Photograph sein Alleinrecht nur dann in Anspruch nehmen, wenn auf jedem Abzug der Urhebernachweis, d. h. das © und der Name des Autors vermerkt sind. Die rechtliche Frist beträgt 28 Jahre, gerechnet vom Datum der ersten Veröffentlichung an, doch können der Urheber oder seine Erben eine Verlängerung von noch einmal 28 Jahren beantragen. Dieses Gesetz wird allerdings demnächst revidiert werden.

In der Bundesrepublik sieht das Gesetz wieder anders aus. Eine Photographie ist vom Augenblick der Aufnahme an automatisch für eine Dauer von 25 Jahren geschützt. Wird sie publiziert, so ist sie vom Tag der ersten Veröffentlichung an für weitere 25 Jahre geschützt. Danach wird sie Allgemeingut.

In der UdSSR gilt das Urheberrecht für die Lebenszeit des Photographen und 25 Jahre nach seinem Tod. Jedoch kann die Gesetzgebung der Vereinigten Republiken die Dauer des Urheberrechts für photographische Arbeiten einschränken. Allerdings besteht dieser Schutz mindestens zehn Jahre lang, vom Zeitpunkt der Erstveröffentlichung eines Photos an. Wenn das Photo aber als kulturell relevant anerkannt wird oder als nützlich für die Öffentlichkeit, so kann es bereits zehn Jahre nach der Erstveröffentlichung publiziert werden, ohne daß der Urheber Gebühren verlangen kann.

Die gegenwärtige Situation ist chaotisch. Selbst in den Ländern, wo die Urheberrechte durch das Gesetz eindeutig definiert sind, werden sie ständig ignoriert. In Frankreich zum Beispiel ist die Photographie vor jeder mißbräuchlichen Verwendung, wie z. B. die Herstellung von Negativen nach Abzügen, vor unbefugtem Weiterverkauf usw. geschützt. Das Gesetz verfügt im Artikel 6 ausdrücklich, daß »der Autor das Recht auf Erwähnung seines Namens hat, und auf die gute Wiedergabe seines Werkes«. Jedoch lassen viele Zeitungen systematisch den Urhebervermerk unter den Photographien weg, wenn sie nicht von ihren Hausphotographen stammen. Manche bieten als Entschädigung die doppelte Bezahlung des geltenden Tarifs an. Es ist jedoch nicht die Eitelkeit, der Wunsch, seinen Namen gedruckt zu sehen, die den Photographen veranlaßt auf der Erwähnung seines Namens zu bestehen. Wird sein Name weggelassen, so ist das Photo vor Nachdrucken nicht mehr geschützt. Die Reproduktionstechniken sind heutzutage so perfektioniert, daß man von allem Kopien machen kann. Wenn der Name nirgends erwähnt wird, fühlen sich diejenigen, die die Photographie weiterverwenden, ebenfalls nicht verpflichtet, die Reproduktionsrechte zu zahlen; sie sind aber die einzige Einnahmequelle des selbständigen Photographen.

Viele Journalisten, Verleger und Leute aus der Werbebranche betrachten den Beitrag des Photographen für ihre Veröffentlichungen als unwichtig, obwohl die Verwendung der Photographie immer bedeutsamer geworden ist und die Attraktivität der Zeitungen und Bücher beim Publikum steigert. Um diese Verachtung von seiten der Verleger zu erklären, kann man einen psychologischen Grund anführen. Das Bild hat an Wert verloren, seitdem Millionen Amateure täglich auf den Auslöser drücken, selbst wenn in den meisten Fällen der Qualitätsunterschied zwischen dem Bild eines Amateurs und dem eines Berufsphotographen riesengroß bleibt.

Ein weiteres Problem ist die Auslegung des Gesetzes durch den Richter, wenn es zum Prozeß kommt. Ist zum Beispiel die Reproduktion eines Gemäldes ein künstlerisches Werk? Ein Photograph hatte die Reproduktion eines Meisterwerkes mit der Erlaubnis des Besitzers veröffentlicht, der es auf einer Auktion gekauft hatte. Für die Überlassung des Reproduktionsrechtes wurde der Photograph bezahlt, jedoch erhoben die Erben des Malers Einspruch und erklärten, nur ihnen stünden die Rechte an diesem Photo zu, auch wenn das Bild nicht mehr ihnen gehörte. Das Gericht entschied zu ihren Gunsten, da man zwischen dem Reproduktionsrecht und den Kosten der Reproduktion unterscheiden müsse. Manche Agenturen verkaufen Photos unter ihrem eigenen Namen und kassieren die Gebühr für die Rechte, selbst wenn diese Bilder schon längst Allgemeingut geworden sind. In diesem Fall haben die Agenturen gesetzlich nur das Recht, sich die Reproduktionskosten und einen bestimmten Gewinn als Aufschlag auf diese Kosten bezahlen zu lassen. Solange die Verleger in Unkenntnis der Rechtslage Reproduktionsrechte für Photos, die Allgemeingut geworden sind, bezahlen, werden ein paar skrupellose Agenturen davon profitieren.

Viele Prozesse wurden von Personen angestrengt, die auf der Straße oder an anderen Orten photographiert wurden, die als öffentlich gelten, wie Restaurants, Theater usw. In der Tat schützt das Gesetz das *Recht der Person* am eigenen Bild. Dagegen können Personen des öffentlichen Lebens die Veröffentlichung der Photos, die von ihnen gemacht werden, nicht verhindern. Zu dieser Kategorie gehören alle Politiker und berühmte Künstler. Aber wer entscheidet über die Bedeutung einer Person? Ganz offensichtlich der Richter und seine Auslegung des Gesetzes. Diese komplizierten juristischen Fragen erschweren die Arbeit des Photoreporters außerordentlich.

So erlebte der Photograph Robert Doisneau, wie einem seiner Bilder eine völlig falsche Bedeutung unterlegt wurde. Für ihn sind die Pariser seit jeher die interessantesten photographischen Objekte. Er bummelt gern durch die Straßen und hält sich viel in Kneipen auf. Eines Tages entdeckt er in einem kleinen Café in der rue de Seine ein reizendes junges Mädchen, das an der Theke ein Glas Wein trinkt. Neben ihm steht ein Herr mittleren Alters, der sie mit amüsiertem und etwas genüßlichem Lächeln betrachtet. Doisneau bittet die beiden um die Erlaubnis, sie photographieren zu dürfen. Sie willigen ein. Das Photo erscheint in der Zeitschrift *Le Point*, in einer Nummer über Bistros[130]. Er übergibt dieses Photo seiner Agentur. Wenn die Zeitungen zur Illustration eines Artikels Bilder brauchen, wenden sie sich an Agenturen. Kurz darauf erscheint dieses

Photo als Illustration eines Artikels in einer kleinen Zeitschrift, die sich gegen den Alkoholismus wendet. Der photographierte Herr, ein Zeichenlehrer, ist sehr ungehalten. Er beklagt sich bei Doisneau: »Man wird mich für einen Säufer halten!«

Doisneau entschuldigt sich und erklärt ihm, daß es für einen Photographen unmöglich ist, den Verkauf seiner Photos zu überwachen. Aber bald darauf wird dasselbe Photo in einem vielgelesenen Pariser Skandalblatt veröffentlicht mit der Unterschrift: »Prostitution auf den Champs-Elysées.« Die Redaktion dieser Zeitung hat das Photo ohne Erlaubnis der Agentur oder des Photographen einfach aus der Zeitschrift nachgedruckt. Diesmal ist der Zeichenlehrer wütend und führt einen Prozeß gegen die Agentur und den Photographen. Das Gericht verurteilt die Zeitung zu einer hohen Geldstrafe, ebenfalls die Agentur, obwohl diese das Photo nicht verkauft hat; der Photograph wird jedoch freigesprochen, da der Richter ihn zu einem »Künstler ohne Eigenverantwortung« erklärt.[131].

Die Geschichte hat ein Nachspiel. Ein wohlmeinender Journalist, der Pariser Korrespondent einer südfranzösischen Zeitung ist, veröffentlicht einen Artikel über die Geschichte, in dem er den Photographen heftig angreift. Er wirft ihm vor, zu jener Sorte von Photographen zu gehören, die sich ›hinter dem Vorhang‹ verstecken, um Skandalphotos zu machen. Für Doisneau trifft das nicht zu, aber diesen Typ von Photographen gibt es, die sogenannten *paparazzi*.

Täglich kommt es in der Presse und in Verlagen vor, daß irrtümlicherweise Photos verwendet werden, die in keinerlei Zusammenhang mit dem zu illustrierenden Thema stehen. So wollte einmal ein deutscher Verleger für den Umschlag eines seiner Bücher ein Farbphoto einer Indianerin von mir haben, ohne zu spezifizieren, was für eine Indianerin es sein sollte. Ich schickte ihm das Bild einer sehr schönen Mexikanerin und war äußerst überrascht, als ich später das Photo auf dem Umschlag eines Buches über Westindien entdeckte. Und doch hatte ich deutlich darauf hingewiesen, daß es sich um eine mexikanische Schönheit handelte.

Viele Prozesse wurden in der Folge von Auseinandersetzungen zwischen Photographen und denjenigen, die ihre Bilder unerlaubt verwendeten, geführt. Hier einige Beispiele: Ein großes Farbphoto von General de Gaulle aus *Paris-Match* wurde von einem Zeichner nachgemalt und auf goldenen Vignetten reproduziert. Sie gelangten in den Handel und wurden viel verkauft. Die Hersteller räumten ein, daß es sich um eine Nachahmung handelte, man einigte sich gütlich, und dem Photographen wurde eine Entschädigung bezahlt. Vor kurzem sah ein Photograph im Fernsehen die Vorführung eines Kinderalbums. Die erste Seite enthielt ein Gemälde, das ein von ihm gemachtes Photo wiedergab. Sowohl das Gemälde als auch dessen Wiedergabe hätte von dem Photographen genehmigt werden müssen. Auch diese Angelegenheit wurde gütlich geregelt. Eine bekannte Wochenzeitschrift hatte es versäumt, bei einer großen Reportage den Namen des Photographen unter seinen Photos anzugeben. Der Oberste Gerichtshof in Paris entschied, daß die Erwähnung des Namens des Photographen am Ende des Artikels – unter den Namen von Agenturen und anderen Photographen –, nicht ausreichte, um den Urheber jedes einzelnen Photos eindeutig zu bestimmen. Die Zeitschrift wurde verurteilt (7. April 1967). In einem anderen Fall hatte ein bekannter Produzent für einen Film die Photos von Reportern ohne ihre Genehmigung benutzt und ihre Namen nicht erwähnt. Das Gericht verurteilte den Produzenten zu hohen Schadenersatzleistungen an die Photographen und verwies in seinem Urteilsspruch auf ihr Recht, in ihrer Eigenschaft als Urheber auf der Veröffentlichung ihres Namens entweder auf den Photos oder im Vorspann zu bestehen.(Urteil vom 13. Dezember 1968.) In wieder einem anderen Fall urteilte das Gericht, daß die Verwendung von Luftaufnahmen in Form von Plakaten, ohne Erwähnung der Herkunft und des Namens des Photographen, das Urheberrecht verletze. Wieder ein anderer Photograph warf einer Zeitung vor, seine Bilder ohne Namensnennung verwendet und sie dann auch noch an andere Publikationen weiterverkauft zu haben. Der Pariser Gerichtshof entschied, daß die Zeitung die finanziellen Interessen des Photographen geschädigt hätte, und sie wurde verurteilt. (Beschluß vom 17. Mai 1969.)

Die große *Playboy*-Familie

Die Skandalpresse

In den fünfziger Jahren begannen die Skandalzeitschriften in Italien außerordentlich populär zu werden; mit ihnen entstand eine neue Sorte von Photographen: die *paparazzi*. Sie bedienen sich der Teleobjektive, um bekannte Persönlichkeiten in ihrem Privatleben zu photographieren. Die Teleobjektive, mit denen man aus weiter Ferne Aufnahmen machen kann, wurden besonders im zweiten Weltkrieg erheblich verbessert. Die deutsche Armee bediente sich ihrer für Spionagezwecke, um zum Beispiel die englische Küste zu photographieren. Sie wurden durch die Raumfahrtwissenschaft noch erheblich verbessert. Fellini zeigt diese Photographen an der Arbeit in seinem Film »La dolce vita«, der eine gewisse römische Gesellschaft anprangert, die aus korrupten Müßiggängern besteht. Die Sensationspresse, die »Regenbogenpresse«, wie sie in Deutschland genannt wird, gibt es in allen kapitalistischen Ländern, nicht dagegen in denen des Ostblocks, wo sie als unmoralisch gilt. Auch in Frankreich verkaufen sich Zeitungen dieses Genres, wie *France-Dimanche, Ici-Paris, Noir et Blanc*. Diese Presse lebt ausschließlich von Klatsch und Liebesgeschichten und ist ständig auf der Suche nach Photos, die sie teuer bezahlt. Gegenstand dieser Artikel sind vor allem Filmstars wie Liz Taylor, Brigitte Bardot, Zsa Zsa Gabor usw., reiche Geschäftsleute wie Patino, der »Zinnkönig«, oder Prinzessinen wie Soraya, Margaret von England, Grace Kelly, die Frau von Fürst Rainier oder Farah Diba, und dann auch die *Playboys*. Diese ›Prominenz‹ wird dauernd von *paparazzi* überwacht, die sich Tag und Nacht unauffällig vor den Häusern, den Hotels und den modischen Nachtlokalen aufhalten, wo sie die besten Chancen haben, ihre Opfer zu überraschen. Diese Presse hat Millionen unersättlicher Leser und vor allem Leserinnen. Das Privatleben und die Liebesaffären der reichen und berühmten Persönlichkeiten zu kennen, erlaubt einem, davon zu träumen und die eigene, oft mittelmäßige Existenz zu vergessen. Diese Presse dient auch als Ventil für die Haßgefühle, die aus den Alltagsproblemen entstehen. Selbst wenn man das Leben dieser Kreise beneidet, so fühlt man sich doch gleichzeitig über sie erhaben.

In vielen Fällen machen die *paparazzi* ihre Bilder mit dem Einverständnis der Beteiligten. Wenn ein Photograph in diesem Milieu bekannt ist, wird er oft von den Betreffenden selbst, ihren Werbeagenten und Pressebeauftragten im voraus über ein Ereignis, ein Treffen oder die Anwesenheit einer bestimmten Person an einem bestimmten Ort verständigt. Die Fälle sind selten, in denen es zum Prozeß kommt. Der Schauspieler Samy Frey verklagte *Ici-Paris* wegen übler Nachrede, weil die Zeitung eine Artikelserie veröffentlicht hatte, in der er beschuldigt wurde, B. B. (Brigitte Bardot) »zerstört« zu haben[132]. Die Artikelserie war mit Photos illustriert, die gegen seinen Willen aufgenommen worden waren. Jacqueline Kennedy mußte sich 1971 gegen den Photographen Ronald E. Galella zur Wehr setzen. Sie zitierte ihn vor Gericht, weil er sie und ihre Kinder ständig verfolgte. In der Gerichtsverhandlung sagte ihr damals elfjähriger Sohn, John F. Kennedy, aus, der Photograph Galella habe ihn überfallen, ihm den Weg verstellt und ihn mit Blitzlicht geblendet. Seine vierzehnjährige Schwester Caroline überbot seine Aussage noch und erklärte: »Ich fühle mich nicht sicher, wenn er in der Nähe ist.« Der Photograph verklagte seinerseits Jacqueline Kennedy und ihre drei Leibwächter und forderte 1300000 Dollar Schadenersatz mit der Behauptung, daß sie ihn an der Ausübung seines Berufes hinderten.

»Ich will sie nicht belästigen«, sagte er vor Gericht. »Ich will nur spontane Bilder machen, die nicht gestellt sind. Dies ist eben meine Art, à la *paparazzi* Photos zu machen[133].« Das Gericht entschied, Galella müsse sich in Zukunft mindestens 45 Meter von Frau Onassis und ihren Kindern entfernt halten.

1972 wurde Jacqueline Kennedy-Onassis erneut das Opfer von *paparazzi*. Das italienische Sexmagazin *Playmen* veröffentlichte vierzehn Photos von ihr, die großes Aufsehen erregten. Die 750000 Exemplare dieser Nummer wurden binnen 24 Stunden verkauft. Trotz aller Vorsichtsmaßnahmen, die verhindern sollten, daß *paparazzi* in die Nähe der Insel Scorpios kämen, die Onassis gehörte und die von einer kleinen Flotte und bewaffneten Wächtern von der Außenwelt abgeschirmt war, gelang es Photographen mit Taucheranzügen und Teleobjektiven ausgerüstet, Jackie beim Sonnenbaden im Evaskostüm zu überraschen. »So ein schöner Körper! Was für eine hübsche Frau!«, rief Frau Tattilo aus, die Verlegerin von *Playmen*, als sie sich entschloß, diese Dokumente zu veröffentlichen. Diesmal bemühte sich Jackie nicht einmal, einen Prozeß einzuleiten, denn diese Photos wurden anschließend von der Skandalpresse der ganzen Welt veröffentlicht (mit Ausnahme des *Playboy*, der sie ablehnte!). Selbst Zeitschriften, die sich keineswegs als Sex- oder Skandalmagazine betrachten, wie *Paris-Match,* profitierten von der Gelegenheit. Heutzutage sind die Zeitschriften voll von hübschen nackten Mädchen; jedoch die ehemalige Frau eines amerikanischen Präsidenten, der dazu noch auf tragische Weise umgekommen war, splitternackt zu sehen, war schockierend.

Unter der Bezeichnung »Freikörperkultur» konnte man in den dreißiger Jahren Zeitschriften kaufen, die voll von Aktphotos waren. Man fand sie in jedem Zeitungskiosk, doch wurden sie unter dem Ladentisch verkauft. (In Frankreich wird die Wiedergabe des nackten Körpers gesetzlich verfolgt, wenn ein Richter daran Anstoß nimmt.) Mit dem allmählichen Verschwinden der sexuellen Tabus seit den fünfziger Jahren nahm die Zahl solcher Zeitschriften zu. *Playboy*, die berühmteste von allen, wurde von dem damals siebenundzwanzigjährigen Hugh M. Hefner, dem Sohn eines Predigers, in Amerika entworfen. Die erste Nummer erschien im Dezember 1953 und trug kein Datum, denn Hefner hatte wenig Geld. Er mußte sich 11000 Dollar leihen und den Verkauf dieser ersten Nummer abwarten, bevor er die zweite herstellen konnte[134]. Schon in der ersten Ausgabe führte er das *Playmate* ein, das Photo einer jungen, völlig nackten Frau. Die erste dieser Schönheiten war Marilyn Monroe, und ihre üppigen Formen beeinflußten die Wahl aller ihrer Nachfolgerinnen. Für Hefner verkörperte Marilyn »den natürlichen Sex«.

»Wenn man alle nackten Mädchen, die in den achtzehn Jahren seit der Existenz von *Playboy* veröffentlicht wurden, in ein einziges verwandeln könnte, dann würde sie elfeinhalb Tonnen wiegen und einen Taillenumfang von 18105 Zentimetern haben«, erklärte 1971 der Chefredakteur von *Playboy*, A. C. Spectorsky[135].

Playboy wendet sich nur an Männer, und Ende 1972 hatte er sieben Millionen Leser. Sein großer Erfolg beruht auf der Kombination von zwei Wunschbildern der amerikanischen Mittelschicht: dem Bedürfnis nach sexueller Befriedigung und der Hoffnung auf sozialen Aufstieg. Liest man *Playboy*, so ist einem der soziale Aufstieg gewiß, vorausgesetzt man folgt seinen Ratschlägen, z. B. zur Art und Weise sich zu kleiden. Von Anfang an suggeriert *Playboy* seinen Lesern, daß zu ihrer Garderobe mindestens sieben bis zehn Hemden gehören, »vorausgesetzt, Sie wechseln täglich Ihre Hemden, was wir Ihnen empfehlen[136]«. Im Herbst 1971 erfahren die Leser, daß in der Mode »Leder immer noch König ist«.

Sexuelle Probleme werden im *Playboy*-Forum behandelt, einer Rubrik, die für den Gedankenaustausch zwischen Lesern und Redaktion bestimmt ist und dem Kummerkasten der Frauenzeitschriften entspricht. Die Antworten und Ratschläge werden mit Hilfe der »*Playboy*-Philosophie« erteilt.

Welche Art von Männern liest *Playboy*? Anfang der siebziger Jahre sind 50% unter 35 Jahren und verdienen mehr als 15000 Dollar (38250 DM) pro Jahr. 64% sind verheiratet. Das Magazin wird vor allem von Männern gelesen, die sich zu Hause langweilen und keine besonderen Interessen haben. Die Anziehungskraft der Zeitschrift besteht vor allem in der Diskrepanz zwischen dem Leben, wie es *Playboy* zeigt, und dem der Leser, denn das Leben, so wie *Playboy* es darstellt, ist absolut künstlich; eine Mischung aus sozialen Bestrebungen und sexuellen Wünschen der Leserschaft. Bezeichnend dafür sind die Inserate. Sie bestehen meist aus Bildern von eleganten und gutaussehenden jungen Leuten, die auf einer Yacht oder neben einem großen Wagen stehen und von hübschen Mädchen bewundert werden.

»*Ja*, die Welt sagt *Ja* zum Gold von Benson und Hedges.
Haben auch Sie schon *Ja* gesagt?«

Diese Reklame für eine Zigarettenmarke ist mit einem Farbphoto illustriert, das einen junge Beau vor einem Schachspiel (Symbol der Intelligenz) darstellt, der eine geöffnete Zigarettenschachtel betrachtet. Ein junges Mädchen lehnt sich über seine Schulter und folgt seinem Blick. Oder ein anderes Photo, welches die nackten ineinander verschlungenen Körper eines jungen Mannes und eines jungen Mädchens mit deutlich sichtbarem üppigen Busen zeigt, als Reklame für eine Stereo-Anlage (Januar 1973).

Die Attraktivität von *Playboy* besteht hauptsächlich darin, daß von Sex die Rede ist und daß dieses Thema reichhaltig illustriert wird. Die Nummer vom Januar 1973 bestand aus 260 Seiten, davon 78 Seiten mit Inseraten. Sie enthielt 41 Aktphotos, 12 pornographische Zeichnungen und Karikaturen, eine siebenseitige Folge von Zeichnungen des Künstlers Charles Bragg, die die Apokalypse aus erotischer Sicht darstellten, Nacktaufnahmen aus dem Film *Le sens de la vie* – »mit viel Fleisch und Phantasie«, wie die Redaktion hinzufügte –, und die berühmten erotischen *comic-strips*. In dieser ersten Nummer des Jahres 1973 wurden auch die *Playmates* von jedem Monat des vergangenen Jahres abgebildet. Unter jedem Photo dieser jungen Mädchen im Evaskostüm – einige auch »in Zivil« – waren der Name und die Verhältnisse angegeben, in denen die Betreffende lebte, wie auch ihre Zukunftspläne. So erfahren wir beispielsweise, daß »Miss March 1972«, Ellen Michaels, ihr Universitätsdiplom in Kunst am Queensborough College abgelegt hat, augenblicklich ihr Studium unterbrochen hat, aber dennoch ihren BA (Bachelor of Arts) machen wird: »Ich werde sicher Lehrerin«, erklärt sie, »aber augenblicklich möchte ich gern als Photomodell in New York arbeiten ...« »Miss August«, Linda Sommers, hat ihre Tätigkeit in den Läden ihres Schwiegervaters für Gesundheitsprodukte zugunsten einer neuen Berufung aufgegeben: Sie macht eine Ausbildung als Grundstücksmaklerin in Chula Vista in Kalifornien ...

Alle *Playmates* des *Playboy* stammen aus ehrbaren Familien, die offenbar nichts dabei finden, daß eines ihrer Mitglieder völlig nackt photographiert und den Blicken von Millionen von Männern ausgesetzt wird.

In welchem Grade das Magazin als respektabel gilt, läßt sich an der Zahl berühmter Schriftsteller und Journalisten ablesen, die der Zeitschrift Texte und Interviews beisteuern, wie z. B. Vladimir Nabokov, Jean-Paul Sartre, Alberto Moravia, John Kenneth Galbraith, der berühmte Wirtschaftswissenschaftler, ehemalige Botschafter und Harvard-Professor und andere. Selbst die katholische Kirche bedient sich des *Playboy*, um neue Gläubige zu gewinnen. So ließ Pater Joseph Lupo aus Pikesville in Maryland vom katholischen Orden der Heiligen Dreieinigkeit 1971 eine ganzseitige Anzeige in der Zeitschrift erscheinen (Kosten 10000 Dollar), um junge Leute anzuwerben, die sich »ihrer sozialen Pflichten bewußt sind«. Der Erfolg war »phantastisch, unvorstellbar«.

Noch vor zwanzig Jahren wäre der durchschnittliche Amerikaner von einem Magazin wie *Playboy* zutiefst geschockt gewesen. Aber heute in unserer »Plastikgesellschaft« gilt Hugh Hefner zusammen mit Walt Disney als einer der »zwei großen puritanischen Unternehmer des 20. Jahrhunderts«. *Playboy* wird ernsthaft zu den Zeitschriften des WASP-Stils (White Anglo Saxon Protestant) in der Tradition der Gründerväter Amerikas und der Erfinder der protestantischen Ethik gezählt. »Wie konnte es passieren, daß Hefner mit Disney in denselben Topf geworfen wurde?« fragt sich die äußerst seriöse Zeitung *The Christian Century* mit Bestürzung[138].

»Hugh Hefner hat sich all der Dinge bemächtigt, die die Puritaner für lustvoll hielten und verdrängten. Er erklärte sie für gesund und vollwertig, indem er versicherte, daß sie Freiheit und Selbstverwirklichung darstellten. Früher konnte man sich schuldig fühlen nur allein darum, weil man ein Geschlechtsorgan besaß; heute fühlt man sich, dank Hefner, schuldig, wenn man keines hat. Disney und Hefner vertreten eine fertige, makellose Welt, die von einer mechanischen Phantasie gelenkt wird[139].«

Playboy Enterprises Inc. hat zahlreiche Unternehmen gegründet: Clubs, Hotels, einen Verlag; sie hat Kapital in eine Plattenfirma investiert, finanziert Filme und bringt eine europäische *Playboy*ausgabe auf den Markt. Doch sind bereits Zeitschriften erschienen, die das *Playboy*-Prinzip kopieren: *Penthouse* in England, das seit 1971 auch eine amerikanische Ausgabe herausbringt, *Playmen* in Italien und *Lui* in Frankreich. 1971, 18 Jahre nach der ersten Nummer von *Playboy,* verkaufte Hefner eine Million Aktien an der Börse, das Stück zu 25 Dollar. Er behielt für sich 7 Millionen. Sein Vermögen wurde auf fast 164 Millionen Dollar geschätzt[140]. Noch nicht fünfzig Jahre alt, gehört er heute zu dem halben Dutzend amerikanischer *selfmademen* – Multimillionäre, die ihren Erfolg allein sich selbst verdanken.

Dennoch gingen in den letzten Jahren die Gewinne von *Playboy* zum erstenmal seit Bestehen der Zeitschrift um fast die Hälfte zurück. Während der ersten sechs Monate des Jahres 1974 mußte die Zeitschrift ihre Auflage auf 5,8 Millionen reduzieren. In der Geschichte der Illustriertenpresse in Amerika war es noch niemals zu einem solchen Rückgang der Leserzahlen gekommen. Die Wirtschaftskrise ist dafür nicht allein verantwortlich, sondern ironischerweise auch der Erfolg der sexuellen Revolution, für die *Playboy* so beharrlich eingetreten war. Einst so provokativ, erscheint die Zeitschrift heute im Vergleich zur Konkurrenz als altmodisch[141].

Kurz nach Kriegsende ermordete in Paris ein amerikanischer Soldat eine Prostituierte, mit der er eine Nacht verbracht hatte. Diese Angelegenheit erregte großes Aufsehen. Die Psychiater erklärten, daß der junge Amerikaner, der in der puritanischen Tradition seines Landes erzogen worden war, die Frau getötet habe, um sich von seinen Schuldgefühlen zu befreien. Das Genie Hefners bestand darin, das Ende der sexuellen Tabus in Amerika vorauszuahnen. Die Photographie schien ihm ein ideales Mittel, die erotischen Wünsche seiner Zeitgenossen zu manipulieren und zu erfüllen, während er sich selbst gleichzeitig als den großen Moralisten seiner Zeit darstellte.

Die Befreiung von sexuellen Tabus hat in Frankreich nicht dieselben explosiven Formen angenommen wie in den angelsächsischen und nordischen Ländern, die jahrhundertelang vom protestantischen Puritanismus beherrscht wurden. Die Franzosen stehen in dem Ruf, gute Liebhaber zu sein, und der Geschlechtsakt ist in Frankreich niemals als etwas Lasterhaftes betrachtet worden. Dagegen wird dort die bürgerliche Moral vom Gesetz streng geschützt. Die Photographie eines nackten Hintern in der Öffentlichkeit vorzuführen, kann teuer zu stehen kommen. Der Popsänger Michel Polnareff mußte diese Erfahrung machen.

Polnareff sollte 1972 ein Konzert im Pariser *Olympia* geben. Zusammen mit seinem Werbeagenten hatte er ein Plakat entworfen, dem ein Photo zugrundelag. Darauf trug er eine Sonnenbrille, einen breitrandigen Frauenhut, ein hochgerafftes Spitzenhemd und zeigte seinen nackten Hintern. Sechstausend dieser Plakate wurden an die Mauern von Paris geklebt. Die Hälfte der Pariser lachte darüber, die andere Hälfte war entrüstet. Henri Larivière, ein professioneller Plakatkleber, den der Anblick des Hintern offensichtlich geschockt hatte, überklebte ihn mit einem weißen Streifen, in Anlehnung an das französische Fernsehen, das auf diese Art Eltern auf Filme hinweist, die als jugendgefährdend gelten.

Polnareff kam vor Gericht, wo er beschuldigt wurde, er habe ein Plakat mit einer anstößigen Photographie zur Schau gestellt habe. Der Dialog zwischen der richterlichen Obrigkeit und dem Sänger hätte aus einem Stück von Courteline sein können. Hier ein Auszug:

Richter: »Sie wollten wohl einen besonderen Werbeeffekt erzielen, indem Sie den braven Bürger schockierten?«

Polnareff: »Keineswegs. Das war nur ein Jux. Ich wollte nur die Leute zum Lachen bringen. Es gibt zuviel Verdrossenheit.« (Mit diesem Wort hatte der ehemalige Premierminister Jacques Chaban-Delmas die bedrückende Atmosphäre beschrieben, die zu jener Zeit in Frankreich herrschte.)
Richter: »Sie glauben also, ein Heilmittel gefunden zu haben für alles, was nicht in Ordnung ist?«
Polnareff: »Warum nicht? Das Image meines Landes sollte sich nicht auf die Wasserspiele von Versailles und den Camembert beschränken.«
Richter: »Halten Sie sich selbst für ein historisches Denkmal?«
Polnareff: »Der Ruhm Frankreichs ist nicht auf die Vergangenheit allein beschränkt.«
Richter: »Ihr Plakat war unanständig.«
Polnareff: »Auf den Gedanken bin ich nicht gekommen.«
Richter: »Weil Sie sich selber nicht sehen können.«

Nach zweiwöchigem Nachdenken wurde der Sänger zu einer Geldstrafe von 60000 Francs verurteilt (10 Francs pro Plakat); die Gesellschaft, die seine Platten herstellt, mußte ebensoviel bezahlen, und sein Presseagent, der das Photo konzipiert hatte, zahlte 30000 Francs. Insgesamt wurde die beträchtliche Summe von 150000 Francs bezahlt, weil man ein blankes Hinterteil an die Mauern von Paris geklebt hatte. Heute ist dieses Plakat zu einem Sammlerobjekt geworden.

Was den Richter und manchen Pariser so geschockt hatte, war die Tatsache, daß es sich bei der Darstellung um eine Photographie handelte. Eine Zeichnung hätte sicherlich weniger anstößig gewirkt. Aber der einer Photographie innewohnende Realismus (der Hintern des Sängers war weißer als seine braungebrannten Beine) machte dieses Plakat sehr viel aggressiver.

POLNAREVOLUTION
MICHEL POLNAREFF A L'OLYMPIA
A PARTIR DU 6 OCTOBRE

Brassaï: Graffiti (1945)

Die Photographie als künstlerisches Ausdrucksmittel

Die Photographie ernährt heute Zehntausende von Berufsphotographen. Das Werk der besten unter ihnen zeichnet sich durch dokumentarische Qualität, durch Kunstsinn und Erfindungsgeist aus. Zwei große Strömungen lassen sich unter den gegenwärtigen Tendenzen feststellen: Es gibt »engagierte« Photographen, für die das Bild ein Mittel ist, mit dessen Hilfe sie ihre individuellen Gefühle und zugleich die menschlichen und sozialen Probleme unserer Zeit aufdecken wollen. Für andere ist die Photographie Mittel zur Verwirklichung ihrer persönlichen künstlerischen Ambitionen. In beiden Fällen können sie Künstler sein oder einfacher Handwerker; alle sind sie jedoch Nachfahren jener, die der Photographie nach einem halben Jahrhundert der Stagnation wieder zu Ansehen verholfen haben. Diese Väter der modernen Photographie waren eng mit den künstlerischen und politischen Bewegungen der zwanziger Jahre verbunden.

Der Weltkrieg hatte große Umwälzungen bewirkt, die sich auch in den künstlerischen Tendenzen der Zeit spiegelten. Neue, oft gegensätzliche Ideen und künstlerische Bewegungen entstanden. In Amerika waren Schriftsteller wie Dreiser, Upton Sinclair, Steinbeck, Hemingway und andere einem kraftvollen dokumentarischen Realismus verpflichtet, in dem sich die Bewußtseinskrise niederschlug, die diese Schriftsteller angesichts der Brutalität des amerikanischen Alltags ergriffen hatte. Man warf ihnen oft vor, ihr Stil sei »photographisch«.In Rußland markierten die Filme eines Einstein und eines Pudowkin die Geburt einer neuen Kunst. Die Schriftsteller beschrieben die sowjetische Wirklichkeit und verherrlichten die Großtaten der Revolution. Ins Riesenhafte vergrößerte Photographien sollten das Bild der revolutionären Führer den Menschen für alle Zeiten einprägen. In Frankreich verband die surrealistische Bewegung die realen Fakten des äußeren Lebens mit den Strömungen des Unbewußten. Man Ray stellte Photographien ohne Kamera her. Bilder zu machen, indem man verschiedene Gegenstände auf empfindlich gemachtem Papier zusammenstellt und dieses dann belichtet, war keine neue Technik[142]. Doch Man Ray entdeckte dieses Verfahren durch Zufall wieder. Er nennt diese Photographien in Anlehnung an seinen Namen »Rayographien«. Beeinflußt von den Theorien der Surrealisten, betrachtet er sie als eine Art automatische Schreibweise, die sich aus dem zufälligen Zusammentreffen verschiedener Gegenstände ergibt[143].

Als zu Beginn des Jahrhunderts die ersten Photos in den Zeitungen erschienen, schnitt man sie oft aus und klebte sie in Alben. Dabei entstanden rein mechanisch zusammengesetzte Kompositionen, in denen der Sinn der einzelnen Photographie nicht verändert wurde. Die Dadaisten hatten dann in den zwanziger Jahren eine Vorliebe für die Collage; sie kombinierten ausgeschnittene Photographieschnipsel mit Zeichnungen. Für sie ist die von ihrem Kontext getrennte Photographie nicht mehr als ein negatives Mittel, die traditionelle Kunst anzugreifen. In der Photomontage dagegen behält sie ihre volle Bedeutung. John Heartfield, der Erfinder dieser Technik, wurde 1891 in Deutschland geboren. Anfangs widmete er sich der Malerei. Während des Ersten Weltkriegs wird er zum entschiedenen Antimilitaristen. Aus Protest gegen die offizielle antibritische Haßpropaganda anglisiert er seinen Namen: aus Helmut Herzfeld wird John Heartfield. Er arbeitet mit dem Maler George Grosz zusammen, der die bürgerliche Gesellschaft in seinen aggressiven Zeichnungen mit beißender Ironie anklagt. Um den Krieg anzuprangern und später die Weimarer Republik, die die Novemberrevolution von 1918 erstickt hatte, verfertigten sie gemeinsam Collagen. Von 1920 an bedient sich Heartfield ausschließlich der Photographie, um den reaktionären Charakter der herrschenden Klasse zu entlarven. Er erfindet die Photomontage und nennt sich »Monteur«, wobei er sich mit den Arbeitern identifiziert, die »Monteuranzüge« tragen,was vor allem für die Mechaniker und Elektriker zutrifft. Er verwendet sorgfältig ausgesuchte Photographien. Jedes Bild hat seine eigene Bedeutung, stellt man aber zwei Bilder einander gegenüber, gibt man ihnen neue Inhalte – ein dialektischer Prozeß. John Heartfield zählt zur äußersten Linken. Seine Photomontagen erscheinen auf Buchumschlägen des Berliner Malik-Verlags und als Flugblätter in Arbeiter-Publikationen. Ihre Wirkung beruht auf der Einfachheit der Komposition, die allgemeinverständliche Ideen veranschaulicht. Unter seinen Händen wird die Photographie zu einer Waffe im Klassenkampf[144].

Der große Theoretiker der Photographie, der erste, der die neuen Möglichkeiten sah, die sich durch sie auf schöpferischem Gebiet eröffneten, war Laszlo Moholy-Nagy. In seinem (1925 in der vom *Bauhaus* publizierten Reihe erschienenen) Buch *Malerei, Photographie, Film* beschreibt er die weitere Entwicklung der Photographie und der zeitgenössischen Kunst[145]. Mit seinen Analysen der künstlerischen Strömungen ist er seiner Zeit um dreißig Jahre voraus; diese Bewegungen beginnen sich erst in der zweiten Hälfte des 20. Jahrhunderts auszubreiten. Seine Anschauungen über die Rolle der Photographie, die er aus seinen praktischen Erfahrungen gewann, werden einige Jahre später von Walter Benjamin in seinem epochalen Aufsatz über *Das Kunstwerk im Zeitalter seiner technischen Reproduzierbarkeit* und in seiner *Kleinen Geschichte der Photographie* bestätigt[146].

Moholy-Nagy wurde 1895 in Ungarn geboren. Ein Jurastudium gibt er bald zugunsten der Malerei auf, der er sich in der Folge ganz widmet. Er schließt sich der avantgardistischen ungarischen Kunstbewegung *Ma* (»Heute«) an, die ähnliche Ziele wie die französische Gruppe *Esprit nouveau* (»Neuer Geist«)verfolgt und in der Le Corbusier und Ozenfant die gegenseitige Abhängigkeit von Malerei, Plastik und modernen Industrietechniken aufdecken. 1920 geht Moholy nach Berlin, und schließt sich der Dada-Bewegung an. In dieser Zeit stellt er Photogramme ohne Kamera her, ohne jedoch von den Versuchen Man Rays zu wissen. Während aber der letztere sie als eine automatische Schreibweise interpretiert, ist für Moholy der Aufbau des Photogramms eine Angelegenheit sorgfältiger Überlegung. Jede Wirkung wird berechnet, nichts bleibt dem Zufall überlassen. Er will zu ganz bestimmten Formen und Tonabstufungen kommen, von Weiß ausgehend auf der gesamten Skala von Grauwerten zum Schwarz. 1922 stellt er seine abstrakten Gemälde und seine Photogramme in der avantgardistischen Berliner Galerie *Der Sturm* zum ersten Mal aus. Walter Gropius, der Gründer des *Bauhauses*, besucht diese Ausstellung und fordert ihn auf, an seiner staatlichen Weimarer Schule zu lehren. Im Frühjahr 1923 wird er an der Seite von Paul Klee, Johannes Itten, Oskar Schlemmer und anderen Künstlern Professor am *Bauhaus*. Seine Ideen verschmelzen mit dem Geist der Schule und beeinflussen nachhaltig die moderne Kunst.

Moholy ist Maler, Bildhauer, Filmemacher und Photograph. Er beschäftigt sich besonders mit Problemen von Licht und Schatten. Er macht experimentelle Filme; der bekannteste davon trägt den bezeichnenden Titel *Lichtspiel in schwarz, weiß und grau.* 1933 emigriert er bei Ausbruch des Dritten Reichs nach Amsterdam; später geht er nach London, wo er seine Farbfilmexperimente wieder aufnimmt; er entwirft Plakate und macht Dokumentarfilme. Er beginnt mit Plexiglas zu experimentieren und verwendet dieses Material in seinen dreidimensionalen Gemälden, die er »Raum-Modulatoren« nennt. 1937 bietet man ihm die Leitung des neuen *Bauhauses* in Chicago an. Sein Einfluß auf die amerikanische Kunst ist beachtlich. Er konstruiert Stabiles und Mobiles. Am meisten beschäftigen ihn weiterhin seine Licht-Experimente. 1946 stirbt er im Alter von 51 Jahren in Chicago an Leukämie.

Nachdem man ein Jahrhundert lang über die Frage diskutiert hatte, ob die Photographie eine Kunst sei, weist ihr Moholy den ihr angemessenen Platz zu. Der alte Streit zwischen Künstlern und Photographen, bei dem es darum ging, zu entscheiden, ob die Photographie eine Kunst sei, stellte die falsche Frage. Das Problem besteht nicht darin, die Malerei durch die Photographie zu ersetzen, sondern die Beziehungen zwischen der Photographie und der heutigen Malerei zu klären und zu zeigen, daß die aus der industriellen Revolution hervorgegangene Entwicklung der technischen Mittel ganz konkret zur Entstehung neuer Formen optischer Gestaltung beigetragen hat[147]. Alle früheren Interpretationen der Photographie hatten unter dem Einfluß der ästhetischen und philosophischen Auffassungen gestanden, die von der Malerei ausgegangen waren. Es kam also darauf an, die spezifischen Gesetze der Photographie zu erkennen. Das Licht als solches muß in seiner formschöpferischen Qualität gesehen werden; aus dieser Sicht müssen Photographie und Film neu gewertet werden. Die Photographie eröffnet bisher unbekannte Perspektiven; sie fängt die Lichtspiele des Helldunkel ein, hält das Licht auf einem Stück Papier gefangen, ohne den Apparat, und entdeckt die Schönheit des Negativ-Bildes.

In dem Buch *Die neue Sicht*[148], das 1929 erscheint, erläutert Moholy seine Theorie der Lichtabstufung, seine Entdeckung neuer Blickwinkel und Perspektiven, die der Technik moderner Maschinen entsprechen. Die Photographie hat ihre eigenen Gesetze und ist unabhängig von den Auffassungen der Kunstkritik; diese Gesetze werden zum einzig gültigen Maßstab ihrer künftigen Rolle. Wichtig dabei sind unsere Experimente, mit denen wir an den neuen Raumerfahrungen teilnehmen. Dank der Photographie gewinnt der Mensch die Möglichkeit, seine Umgebung und seine Existenz mit neuen Augen zu sehen. Der wahrhafte Photograph trägt eine große soziale Verantwortung. Er muß mit den technischen Mitteln arbeiten, die ihm zur Verfügung stehen. Diese Arbeit besteht in der exakten Wiedergabe der alltäglichen Dinge, ohne Verdrehung oder Verfälschung. Der Wert der Photographie darf nicht nur allein nach ästhetischen Gesichtspunkten bemessen werden, sondern sie muß auch nach der menschlichen und sozialen Intensität ihrer optischen Wiedergabe beurteilt werden. Die Photographie ist nicht nur ein Mittel zur Entdeckung der Realität. Die von der Kamera gesehene Natur ist anders als die Natur, die das menschliche Auge wahrnimmt. Doch die Kamera beeinflußt unsere Sehweise und schafft die *neue Sicht*[149].

Theoretiker wie McLuhan sind von den Ideen Moholy-Nagys stark beeinflußt worden, ebenso zwei Generationen von Photographen, selbst jene, die seinen Namen noch nie gehört haben. So wie die Entdeckungen Freuds in unsere Beurteilungsweisen gegenüber bestimmten menschlichen Verhaltensformen eingegangen sind – die Erklärung von Fehlleistungen erscheint uns heute als etwas Selbstverständliches –, so sind Moholy-Nagys Ideen nicht mehr von unserer Sehweise zu trennen. 1925 erschien seine neue Sicht den Zeitgenossen als eine Utopie. Heute sind uns seine Sprache und seine Ideen vertraut geworden und haben in den verschiedenen Formen der Gegenwartskunst ihren Ausdruck gefunden. Wenn man in den zahlreichen Photozeitschriften und -büchern blättert, die es heute gibt, dann entdeckt man, mit welch prophetischem Blick Moholy-Nagy die außerordentlich verschiedenartigen Aspekte der modernen Photographie vorausgesehen hat[150].

Niemand bezweifelt mehr, daß die Photographie zu den graphischen Künsten gehört. Moholy hatte darauf hingewiesen, daß das Photo seine eigene Ästhetik hat. Sein künstlerischer Verfall gegen Ende des vorigen Jahrhunderts rührte vom Irrtum des Photographen her, der die Malerei imitieren wollte.

Heute beobachten wir in der Malerei eine gegensätzliche Tendenz, die mit Hilfe der Photographie Kunst zu machen versucht. Hier geht es nicht mehr darum, ein Photo auf ein Gemälde zu kleben, wie es die Kubisten und die Surrealisten bereits taten, sondern ein Bild mit den Augen der Kamera zu malen. Aus diesem Grunde ist es nicht erstaunlich, daß das Publikum, das sich in solchen Ausstellungen drängt, diese Arbeiten für Kopien von Photos hält. (Diese Schule hat nichts mit den Künstlern der *concept art* zu tun, die sich ebenfalls der Photographie als Ausdrucksmittel bedienen, jedoch mit ganz anderen Techniken und Zielen.)

Seit jeher haben sich die Maler des Bildes bedient und es als Dokument verwendet, doch jetzt sieht man zum ersten Mal, wie Maler das Auge der Kamera nachahmen. Man kann sogar sagen, daß gerade dank dieser Malrichtung, an deren Anfang die *Photorealisten* standen, das Interesse an der Photographie gewachsen ist.

Es bedarf stets einer gewissen zeitlichen Distanz, um in der Vielzahl von Künstlern jeder Generation Werke herausragender Qualität zu entdecken. Bei den großen Photographen, die in den zwanziger und dreißiger Jahren zu arbeiten begannen, mußten wenigstens zwanzig Jahre vergehen, bevor sie als die unbestrittenen Meister der Erforschung des Visuellen bestätigt wurden. Ihrem Talent ist es zu verdanken, daß die Photographie wieder als vollwertige künstlerische Ausdrucksform anerkannt wird. Tcils kamen sie vom Photojournalismus her, teils von einer Kunstrichtung, die sich »Neue Sachlichkeit« nannte. So verschieden ihre Erfahrungen waren, so verschieden interpretierten sie ihre Umwelt. Die meisten von denen, die in Europa lebten, das von sozialen Krisen erschüttert wurde, vom Bürgerkrieg in Spanien und den Auswirkungen des letzten Weltkriegs, fanden ihre Sujets auf der Straße. Viele von denen, die in Amerika lebten, sahen die Dinge auf eine mehr introvertierte Art, obwohl dieses Land von der Wirtschaftskrise nicht verschont blieb. Heute sieht man in dieser Generation von Photographen die »Klassiker« der modernen Photographie.

Seit den sechziger Jahren sucht eine neue Generation andere Wege. Sie versucht, sich in Bildsequenzen auszudrücken, in der Gegenüberstellung von Bildern, in Photos, die individuelle Erinnerungen auslösen und die vielfältigen Probleme der Gegenwart evozieren. Zwar wird das Photo immer ein Dokument bleiben, aber die Ausdrucksversuche dieser neuen Photographen sind ein Zeichen für die Vitalität der Photographie.

Gegenwärtig gibt es Tausende von Malern, und die große Zahl von Meisterwerken, die durch die Jahrhunderte entstanden sind, vermögen sie nicht zu entmutigen. Sie glauben, neue Formen schaffen zu können. Und sie haben recht. Es gibt ebenfalls Tausende von Berufsphotographen, und auch unter ihnen suchen viele nach neuen Wegen. Sie haben genauso recht.

Heute findet die Photographie mit Zustimmung jener, deren Aufgabe das Bewahren der Kunst ist, Eingang in Museen. An der Museumswand erlangt sie die Aura des Kunstwerkes wieder, die sie verloren hatte. Was ihr aber vor allem anderen eine derartige Aktivität verleiht, ist die Tatsache, daß sie für Hunderte von Millionen von Amateuren – die visuelle Generation – ein Mittel geworden ist, sich auszudrücken.

Man Ray: Rayogramm (1922)

Moholy-Nagy: Photogramm (1922)

Henri Cartier-Bresson

Die Photoamateure

Amateure gibt es seit den Anfängen der Photographie. Doch erst nach 1888, als George Eastman die erste Kodak auf den Markt brachte, begann der eigentliche Siegeszug der Amateurphotographie. Die Box von Kodak kostete 25 Dollar und enthielt einen Rollfilm, mit dem man 100 Photos machen konnte. Wenn der Film belichtet war, mußte man den Apparat zusammen mit dem Film an die Fabrik in Rochester schicken; dort wurde der Film entwickelt, wurden Abzüge gemacht und wurde eine neue Filmrolle eingelegt; daraufhin schickte man den aufnahmebereiten Apparat dem Kunden wieder zurück, das Ganze für 10 Dollar[151]. Seit jener Zeit sind in Amerika und Europa unzählige Kameramodelle für Amateure herausgebracht worden, doch gerade in den letzten Jahren haben Kameras und Filme revolutionäre Verbesserungen erfahren. Die Firma Kodak war die erste Photofabrik, die die Möglichkeiten eines Massenmarktes erkannte.

Noch vor einigen Jahrzehnten waren Reisen das Privileg einer kleinen wohlhabenden Schicht. Heute verreisen dank vermehrter Freizeit, bezahlten Urlaubs und verbesserter Verkehrsmittel Jahr für Jahr Millionen von Menschen. In der Überflußgesellschaft sind Automobil und Flugzeug kein Luxus mehr.

Im Jahre 1971 waren fast 71 Millionen Touristen in aller Welt unterwegs. Sie haben die großen Hauptstädte überschwemmt, die exotischen Gegenden, die Küsten der Meere, die Wälder und die Berge. »Zwanzig Länder in zwanzig Tagen« lautet der Werbespruch eines großen Reisebüros, das *Pauschalreisen* verkauft. Wie die Zugvögel reist man im geschlossenen Verband. Während der Sommermonate parken lange Reihen von Bussen vor den Kunstdenkmälern. Die Touristen besichtigen sie im Laufschritt. Sie reden in allen Sprachen und kennen sich nicht, doch sie haben ein gemeinsames Kennzeichen: sie tragen alle einen Photoapparat am Schulterriemen.

Auf den organisierten Reisen ist alles vorausgeplant: Der Bus hält an bestimmten Stellen, vor allem an solchen, die zuvor als besonders günstig zum Photographieren erkundet worden sind. Die Touristen haben gerade die Zeit, auszusteigen und auf den Knopf zu drücken: in Paris Notre-Dame, in Jerusalem den Ölberg, in Ägypten die Pyramiden ... Am nächsten Tag sind es dann andere Baudenkmäler, andere Gegenden, andere Länder. Der Tourist ist zu einem willenlosen Objekt geworden, das man herumtransportiert. Doch dem menschlichen Körper sind Grenzen gesetzt; er kann nicht in so kurzer Zeit so viele neue Eindrücke aufnehmen, ohne sie durcheinanderzubringen. Doch das macht nichts, denn sobald man wieder zuhause ist, werden die Photos entwickelt, und man wird sich die besuchten Orte wieder ins Gedächtnis rufen. Man muß nicht mehr hinsehen. *Der Apparat sieht für Sie.*

Heute ist die Zahl der Amateure Legion, und die Photoindustrie wächst und gedeiht. Ihre Zuwachsrate gehört zu den höchsten unter den Industrien der Welt. Nach dem Wolfman-Report von 1974/75, der über den Stand der photographischen Industrie in den Vereinigten Staaten Auskunft gibt, haben amerikanische Photoamateure im Jahre 1973 die unglaubliche Anzahl von 6,225 Milliarden Photos geknipst, davon 87 Prozent in Farbe[152]. Den Gesamtumsatz für 1974 schätzte man auf 5,685 Milliarden Dollar. 42 Prozent des Photo-Weltmarkts entfallen auf die USA. 1973 gab jede amerikanische Familie für photographische Artikel 15 Dollar aus. Schließlich nimmt in Amerika die Photographie den vierten Platz unter den Freizeitbeschäftigungen ein; vor ihr rangieren Stereomusik, Fischfang und Camping.

In Frankreich waren 1974 10,295 Millionen Photoapparate in Gebrauch, das heißt: jeder vierte Franzose photographiert. Heute ist die Photographie eine Volkskunst geworden. Man darf annehmen, daß diese Begeisterung für die Photographie in den kommenden Jahren noch wachsen wird. Man schätzt, daß 1980 300 Millionen Touristen in der Welt herumreisen werden. Sie werden Photoapparate brauchen. Infolgedessen steigern die großen Unternehmen der Photoindustrie ihre Forschungsbemühungen, damit sie den wachsenden Bedarf decken und ihre Gewinne erhöhen können.

Im vergangenen Jahrzehnt machte die Technik spektakuläre Fortschritte. 1963 brachte Kodak, einer der Riesen der Photoindustrie, einen neuen Kameratyp auf den Markt, die *Instamatic*. Die meisten Amateure, für die das Photo in erster Linie nur ein Mittel ist, Erinnerungen in Bildern aufzubewahren, Bilder von Familienmitgliedern, von Freunden oder von Orten, wo sie gewesen sind, griffen zu diesen Apparaten, weil sie leicht zu bedienen und weil sie billig waren. Die Photoamateure ziehen sie den komplizierteren deutschen und japanischen Kameras vor, die sehr viel teurer sind.

1972 machte die Firma Kodak einen weiteren großen Schritt nach vorn; sie brachte eine neue Serie von *Instamatic-Apparaten* auf den Markt: diese Kameras sind so klein, daß man sie in die Tasche stecken kann wie eine Brieftasche oder eine Schachtel Zigaretten. »Ein revolutionäres Ereignis«, schrieb *Time*. »Das Zeitalter der Taschenphotographie hat begonnen[153].« Dieses Kameraformat kommt den neuen Nutzungsgewohnheiten der Amateure entgegen, die immer mehr reisen, mit immer weniger Gepäck.

Die Miniaturkamera ist keine neue Erfindung. Die bekannteste, die *Minox*, wird in Deutschland schon seit vielen Jahren hergestellt. Doch mit dem Film von so stark verkleinertem Format erzielte man nicht immer befriedigende Ergebnisse und vor allem gab es dafür keinen brauchbaren Farbfilm. Die Forschungsabteilung von Kodak machte sich ans Werk und fand die Lösung des Problems. Der für die Taschenkamera geschaffene Farbfilm ermöglicht Papierabzüge, deren Qualität ebenso gut ist wie bei Filmen größeren Formats. 1974 waren 87 Prozent der von Amateuren gekauften Filme in Farbe und man kann sicher sein, daß der Farbfilm bald den Schwarzweißfilm verdrängen wird.

Den Farbfilm für Amateure gibt es noch nicht sehr lange. Erst 1937 verkaufte Kodak zum ersten Mal den *Kodachrome* und Agfa den *Agfacolor*, aber nur wenige Amateure photographierten damals damit, denn diese Filme waren sehr viel teurer als die Schwarzweißen. Man mußte außerdem einen Projektor kaufen, um die Diapositive betrachten zu können, denn Farbreproduktionen auf Papier kosteten noch enorme Summen. Von wenigen Ausnahmen abgesehen arbeiteten die Berufsphotographen nicht mit Farbfilmen, denn die meisten Zeitschriften hatten noch nicht die Maschinen, die zum Farbdruck nötig sind. Erst nach dem Zweiten Weltkrieg, gegen Ende der vierziger Jahre, fangen die Zeitschriften an, regelmäßig Farbseiten zu bringen; das dadurch angeregte Publikum interessiert sich in zunehmendem Maße dafür. Kodak bringt 1949 in Amerika und 1952 in Frankreich einen Negativ-Farbfilm auf den Markt, den *Kodacolor*, mit dem man relativ gute und billige

Abzüge machen kann. Von diesem Augenblick an beginnt die Mode der Amateurfarbphotographie sich auszubreiten.

Die Taschen-Instamatic ist 11 Zentimeter lang, 5 Zentimeter breit und hat eine Stärke von 2,5 Zentimetern. Sie wiegt nur 90 Gramm. Der dafür verwendete Film ist um ein Drittel kleiner als der für die normale *Instamatic,* und zu seiner Herstellung braucht man 30 Prozent weniger Material; doch die Firma Kodak verkauft den Film zum selben Preis und verdient bei jeder verkauften Filmrolle 30 Prozent mehr. Ein gutes Geschäft! Sobald die Taschenkameras angekündigt wurden, die zusätzliche Gewinne versprachen, reagierte die New Yorker Börse, das Barometer für die amerikanischen Industrieunternehmen, entsprechend: in den ersten Monaten des Jahres 1972 stiegen die Aktien von Eastman-Kodak von 72 auf 113,5 Punkte!

Kodak ist außerdem der einzige Hersteller der neuen Maschinen, die man zum Entwickeln und zur Fertigung von Abzügen im neuen Kleinformat braucht. Allein in Amerika waren etwa 650 photographische Betriebe gezwungen, diese Maschinen zu kaufen. Die neuen Projektoren für Amateure, die Fotodiapositive machen wollen, werden gleichfalls von Kodak hergestellt. 1974 konnte die Firma Eastman-Kodak nach Abzug der Steuern einen Reingewinn von 629,519 Millionen Dollar bekanntgeben. Auch wenn die Inflation, die gestiegenen Betriebskosten, der Mangel an bestimmten Materialien, die Energiekrise usw. das Wachstum gebremst hatten, so war er dennoch sehr beachtlich. Mit den Taschenkameras, die den Photo-Weltmarkt erobern sollen, hofft man die Gewinne zu verdreifachen. Eines der Ziele von Kodak ist es, auf dem chinesischen Markt Fuß zu fassen. Vielleicht ist die Zeit nicht allzu fern, in der 800 Millionen Chinesen statt der roten Mao-Bibel die Taschen-*Instamatic* schwingen werden. Die Firma Eastman-Kodak ist der größte Hersteller von Filmmaterial in den Vereinigten Staaten und 80 Prozent des Gewinns kommen aus dem Verkauf von Filmen. Doch sie ist nicht das einzige photographische Großunternehmen; ein anderer amerikanischer Riese ist die Firma Polaroid.

Drei Monate, nachdem Kodak mit Hilfe einer enormen Werbekampagne seine neue Taschenkamera, die *Instamatic 20*, angekündigt hatte, brachte die Firma Polaroid unter der Bezeichnung *SX-70* ebenfalls eine Kleinkamera heraus. Sie wurde zu einer Sensation. Zwar ist sie schwerer als die *Instama-*

tic – sie wiegt ungefähr 600 Gramm –, man kann mit ihr nicht nur Photos machen, sie entwickelt sofort vollautomatisch und stellt einen Abzug auf Papier her. Diese Wunderkamera wurde von dem Wissenschaftler Edwin Robert Land erfunden. Er wurde 1909 in Bridgeport, Connecticut, geboren, studierte Physik und erregte zum ersten Mal Aufsehen, als er 1932 an der Universität von Harvard einen Vortrag über seine neue Theorie der Polarisation des Lichtes hielt. Später macht er intensive Farbuntersuchungen. Seine wissenschaftlichen Arbeiten sind so überragend, daß ihm elf Universitäten den Titel eines Doktor *honoris causa* verliehen haben; er erhielt unzählige Auszeichnungen aus der ganzen Welt. Seine Experimente mit der Polarisation des Lichtes und mit neuen Stoffen mündeten schließlich in die Konstruktion eines Photoapparates, den er »Polaroid« nannte.

Auf die Frage, wie er auf die Idee gekommen sei, einen solchen Apparat zu konstruieren, pflegt Land die folgende Anekdote zu erzählen: »Eines Tages, während der Ferien im Jahre 1943, machte ich einige Photos von meiner Tochter Jennifer, die damals drei Jahre alt war. Das Kind fragte mich, wie lange es dauere, bis man die Bilder sehen könne.« Land, der sich seit seiner Kindheit für Photographie interessiert hatte, überlegte, wie man Photos direkt in der Kamera entwickeln und abziehen könnte. »Auf dem Heimweg vom Spaziergang habe ich das Problem gelöst«; doch er brauchte noch Jahre, um seine Idee in die Tat umzusetzen.

1947 führt er seine Erfindung einer Versammlung ungläubiger Wissenschaftler vor. Ein Jahr später wird die erste Polaroidkamera in Amerika verkauft. Dieses Modell wog noch zwei Kilo und produzierte Bilder in Sepia. Der Apparat funktioniert nach folgendem Prinzip: Ein belichtetes Negativ wird mit einem sensibilisierten Papier in Berührung gebracht; anschließend werden beide zusammen durch ein Walzenpaar gepreßt. Dabei wird eine kleine Flüssigkeitsmenge über das Papier verteilt, die es entwickelt und fixiert. Innerhalb weniger Minuten ist das Bild fertig und kann dem Apparat entnommen werden. 1950 führte Land ein automatisches Belichtungssystem ein und 1963 einen Farbfilm. Um diese kleinformatige Kamera mit einer völlig neuartigen Technik entwickeln zu können, mußte Land 500 Millionen Dollar investieren. Er ließ neue Fabriken bauen, denn die neue Kamera sollte in großer

Stückzahl produziert werden. Das Neue an diesem Gerät ist, daß das aufgenommene Photo unter den Augen des Photographen, doch völlig ohne dessen Zutun entwickelt wird, ohne daß dabei Abfall entsteht, was heutzutage so wichtig ist, denn eines der beängstigendsten Probleme der »Überflußgesellschaft« ist: Wie soll man sich des Mülls entledigen?

1971 verkaufte die Firma Polaroid Waren im Wert von 504 Millionen Dollar und rückte damit in die Gruppe von Unternehmen, die innerhalb der Vereinigten Staaten am raschesten wuchsen. Jemand, der 1938 Aktien von Polaroid für 1000 Dollar gekauft hat, ist heute Besitzer von 3575000 Dollar[154]! Im Krisenjahr 1974 mußten allerdings die Firmen Kodak und Polaroid ihre Produktion drosseln, und den Verkauf reduzieren. Außerdem haben inzwischen auch andere Firmen damit begonnen, Taschenkameras herzustellen.

Die Firmen Kodak und Polaroid, zwei Giganten der photographischen Industrie Amerikas, stehen in scharfer Konkurrenz miteinander, besonders seit Kodak im Mai 1976 zwei neue Apparate herausbrachte, die genau der Polaroidkamera entsprachen. Beide Firmen zusammen müssen sich jedoch gegen eine weit gefährlichere Konkurrenz verteidigen, nämlich die der japanischen Kamerahersteller. Seit dem Ende des Zweiten Weltkriegs hat sich Japan besonders stark auf dem Photosektor engagiert. In weniger als fünfzehn Jahren ist es den Japanern gelungen, in dieser Branche den ersten Platz auf dem Weltmarkt zu erobern, genauso wie sie den ersten Platz in der Fabrikation von Elektronen-Mikroskopen, Nähmaschinen und Motorrädern einnehmen. 1972 gab es mehr als 100 japanische Firmen, die Photoapparate und Photozubehör produzierten. Zwischen 1966 und 1970 stieg allein die Zahl der Kameras von 3254585 auf 5813226. 56 Prozent der Gesamtproduktion werden exportiert. Die größten Abnehmer sind die Vereinigten Staaten, dicht gefolgt von den europäischen Ländern.

Tausende von Spezialisten werden für die Forschung eingesetzt, und die großen Firmen stellen ihnen die die notwendigen Mittel zur Verfügung. Mit Hilfe von Computern konstruieren sie vielseitige *Zooms* (Linsen, die man auf verschiedene Brennweiten einstellen kann) und arbeiten am Objektiv der Zukunft mit automatischer Ferneinstellung.

Die japanischen Firmen ihrerseits liegen in erbitterter Konkurrenz miteinander. Damit sie jedoch preislich ihre Wettbewerbsfähigkeit behalten, ihre Produkte ständig verbessern und schließlich Zersplitterung verhindern können, fusionieren in Japan, so wie in Amerika und Europa, die einzelnen Gesellschaften, und es kommt zu Konzentrationen, wobei die Großen die Kleinen schlucken. Da die Löhne in Japan ununterbrochen steigen, gründen die Fabrikanten neue Fabriken im Ausland, dort, wo Arbeitskräfte noch billig zu haben sind. So wurden Werke in Singapur und in Hongkong errichtet. Gegenwärtig sind die japanischen Firmen, was ihre Preise betrifft, noch unschlagbar, doch am Horizont erblickt man bereits den Schatten der chinesischen Konkurrenz. Die Japaner waren auf dem Photomarkt anfangs mit Kopien deutscher Apparate aufgetreten. Jetzt stellen die Chinesen Kopien japanischer Apparate her. Die chinesische Fabrik Seagull hat 1972 eine genaue Kopie der *Minolta SRT-101* zusammengebaut und verkauft sie zu einem Preis, der jede Konkurrenz schlägt.

Die Zahl der japanischen Amateure ist Legion. Im Gegensatz zu den westlichen Amateuren kaufen sie auch die kompliziertesten Apparate, da diese so billig sind, daß fast jeder sie sich leisten kann. Elf Fachzeitschriften beschäftigen sich ausschließlich mit Photographie, und zehntausend Photographen verlassen jedes Jahr die japanischen Schulen mit einem Diplom.

Die mit Hilfe der Elektronik gebauten Kameras werden immer raffinierter. Und trotzdem kann selbst ein Kind in wenigen Minuten lernen, wie man damit umgeht. Alles wird automatisch geregelt. In technischer Hinsicht kann niemand mehr ein Bild verpatzen. Das ist auch einer der Hauptgründe für die immense Anziehungskraft, die das Photo auf die Massen ausübt. Ein anderer Grund ist in der immer stärker werdenden Monotonie zu suchen, in der das Leben des Menschen verläuft. Dieser ist in einer von der Technik strukturierten Welt eingegliedert und ihren Gesetzen unterworfen, die ihm immer weniger Initiative lassen. In vorindustrieller Zeit, als alles noch handwerklich hergestellt wurde, hatte der Mensch noch die Möglichkeit, seiner Persönlichkeit und seinem Kunstgefühl Ausdruck zu geben; heute hingegen muß er sich auf die Funktion eines winzigen Rädchens im Getriebe einer immer stärker automatisierten Gesellschaft beschränken. Das Photographieren gibt ihm die Illusion, sein schöpferisches Bedürfnis zu befriedigen. In jedem Land gibt es zahllose Vereine von Photoamateuren, und die Zahl der Photozeitschriften geht in die Hunderte. Der *Time-Life*-Verlag brachte eine umfangreiche Buchserie in Millionenauflage heraus, sie erschienen in vielen Sprachen und behandeln alle möglichen Themen der Photographie. Diese reich illustrierten Bücher wurden in der ganzen Welt verkauft. Die enorme Werbung, die die photographische Industrie betreibt, um ihre Produkte zu verkaufen, ist schließlich noch einer der Hauptgründe für diese Entwicklung der Photographie.

In Amerika ist die Industriegesellschaft am weitesten fortgeschritten. Gegen Ende der fünfziger Jahre begann dort eine Entwicklung unter den Amateurphotographen, die von den anspruchsvollsten unter ihnen ausgeht. Sie fingen an, die perfektesten Kameras zu kaufen, die *Leicas*, die *Nikon F*, selbst die *Hasselblad* und die *Linhof*. Die aus Vietnam zurückgekehrten GI's brachten japanische Apparate mit, die sie in Asien billig gekauft hatten. Dachkammern, Geräteschuppen und Badezimmer wurden in Dunkelkammern verwandelt und mit kostspieligen Einrichtungen ausgestattet. In allen großen amerikanischen Städten entstanden Galerien, die sich auf Photographie spezialisierten. 1976 bestehen bereits 40 solcher Galerien in New York. Bislang hatten die Sammler von Photographien sich ausschließlich für Werke von Photographen des 19. Jahrhunderts interessiert. Jetzt interessieren sie sich auch für die Arbeiten von Zeitgenossen, besonders die jungen Sammler unter ihnen, deren Zahl immer größer wird. Kunstwerke sind so teuer, daß vor allem die junge Generation nicht die finanziellen Mittel hat, um sie zu erstehen. Der Preis einer Photographie dagegen überschreitet selten den einer Lithographie.

Die *New York Times* bringt jeden Sonntag eine ganze Seite über Photographie. Seit dem Frühjahr 1975 erscheinen Besprechungen von Photoausstellungen auch unter der Rubrik »Kunst«; damit hat diese einflußreiche amerikanische Tageszeitung der Photographie einen Platz unter den graphischen Künsten zuerkannt. Außer den monatlichen Fachzeitschriften erscheinen Artikel über Photographie und ihre künstlerische Bedeutung auch in Wochenschriften wie dem *New Yorker*, in *Newsweek*, in der *Times*, der *New York Review of Books* usw. Selbst das höchst seriöse *Wallstreet Journal*, das sich eigentlich nur mit Finanzen befaßt, widmet dem Thema ab und zu Artikel. Schließlich gibt es Finanzberater, die ihren Kunden empfehlen,

Photos als Kapitalanlage zu kaufen. Damit ist die Photographie zu einem Spekulationsobjekt geworden.

1975 wurden mehr als 400 Photoausstellungen in Amerika gezcigt. Die *Park Bernet Gallery* in New York, deren Rang dem größten Pariser Versteigerungshaus *Hôtel Drouot*, den großen Auktionen in Köln oder denen bei *Sotheby* in London entspricht, veranstaltet regelmäßig Auktionen von Photosammlungen. Die Auktionskataloge sind mit derselben Sorgfalt gedruckt wie die von Versteigerungen wertvoller Bücher oder Gemälde. 1971 erzielte *Park Bernet* bei einer einzelnen Versteigerung mehr als 3 Millionen Dollar. Auf einer Auktion, die im Februar 1975 stattfand, kamen zum ersten Mal auch Bilder von Photographen des 20. Jahrhunderts zum Verkauf. Eine Photographie von Alfred Stieglitz, *The Steerage* (sie stellt deutsche Einwanderer auf einem Schiff dar, welches auf der Reede vor New York liegt), brachte 4500 Dollar. *Camerawork*, die berühmte Zeitschrift von Stieglitz (1903–1917), erzielte mit 50 teilweise inkompletten Nummern die Summe von 24000 Dollar. Man Ray, Ansel Adams, Brassaï, Walker Evans und andere gehörten zu den Photographen, deren Bilder hohe Preise erzielten, die manchmal 1000 Dollar überschritten.

Sammlungen von Photographien gibt es in zahlreichen amerikanischen Museen. Im New Yorker *Museum of Modern Art* ist ihr eine ganze Abteilung vorbehalten, in der ihrer Geschichte nachgegangen wird. Dort veranstaltet man auch zeitlich begrenzte Ausstellungen. Andere amerikanische Museen folgen diesem Beispiel. Das Eastman-Kodak-Museum in Rochester, das im weitläufigen Wohnsitz von Georges Eastman untergebracht worden ist, enthält ausschließlich Photographien. Als im Herbst 1974 in New York das von Cornell Capa geschaffene *Photographic Center* eröffnet wurde, widmeten diesem ersten reinen Photographiemuseum in New York alle Zeitungen lange Artikel. Im September 1975 fand im New Yorker *Lincoln Center* das erste Symposium statt, wo Konservatoren, Kritiker und Photospezialisten sich mit den Problemen des Sammelns von Photographien, ihrer Klassifizierungen und anderen sie betreffende Problemen beschäftigen. Die große Bedeutung, die man dem Photo in Amerika beimißt, zeichnet sich auch in der photographischen Ausbildung ab. Im Jahre 1975 schätzte man die Zahl der Studenten in Photographie auf 80000. In 675 Institutionen, darunter 177 Universitäten ist

Ausbildung möglich. Die Photographie ist ein ordentliches Lehrfach geworden, man kann Diplome vom einfachen Zeugnis bis zum höchsten Hochschulgrad erwerben. Seit 1971 gibt es an der Universität von New York die Möglichkeit, in Photographie zu promovieren.

Der zunehmende Photo-Trend kommt auch in den zahlreichen Photobänden zum Ausdruck, die jedes Jahr von den großen Verlagen veröffentlicht werden. Auch Photo-Poster sind in Mode gekommen. Einzelne Verlage haben sich darauf spezialisiert, Mappenwerke zu verlegen, die, luxuriös ausgestattet, Photos in Originalabzügen enthalten. Diese Mappen kosten zwischen 600 und 6000 Dollar und erscheinen in limitierten Auflagen von 30 bis 50 Exemplaren. Ein Einzelphoto kostet im Handel zwischen 25 und 1000 Dollar.

Mehr als zehn Jahre nach dem Beginn des Photographie-Booms in Amerika nimmt auch in Europa das Interesse an der Photographie zu und überschreitet den begrenzten Kreis von Berufsphotographen. Auch hier lösen die immer zahlreicher werdenden Amateure die Mode aus. Spezialisierte Galerien entstehen in Paris, Berlin, London, Mailand, Amsterdam usw. Die Verleger, lange Zeit der Idee von Photobüchern gänzlich abgeneigt, da sie in früheren Jahren damit Verlustgeschäfte gemacht haben, fangen an, ihre Meinung zu ändern. Sammlungen entstehen, die sich ganz auf Photographie konzentrieren. 1976 eröffnete der französische Staat in Lyon und Paris ein *Centre photographique*. Das letztere erhielt das Luxembourg-Museum als Zentralsitz. Das neue französiche Nationalmuseum für moderne Kunst *Beaubourg-Pompidou* hat eine Abteilung für photographische Kunst. Die jährlichen *Rencontres photographiques* im südfranzösischen Arles, die 1976 zum 7. Male stattfanden, haben internationale Bedeutung erlangt. Die berühmtesten Photographen der Welt, dazu Hunderte von jungen Photographen, kommen dort zusammen. Zahlreiche Ausstellungen, Vorlesungen und *Workshops* finden statt. Immer mehr Provinzmuseen haben jetzt auch photographische Abteilungen.

Die *Photokina*, die bedeutendste Messe der Photoindustrie, findet alle zwei Jahre in Köln statt. Sie besteht seit 1950. 1972 hatte sie bereits gigantische Ausmaße angenommen. Der Korrespondent der Zeitung *Le Monde* schrieb: »Die Besucher, angereist per Auto, Zug, Bus oder Charterflug, kamen in solchen

Scharen, daß man in ganz Köln kein freies Hotelzimmer finden konnte, wenn man nicht schon Monate vorher reserviert hatte. Tausende von Besuchern müssen in den Dörfern der Umgebung übernachten, andere wieder kampieren in Lastwagen am Rheinufer. Was für ein Erfolg!« In der unüberschaubar weitläufigen Ausstellung kommt er sich verloren vor, ein wahrer Turm von Babel, wo man so viele Sprachen spricht, die er nicht versteht. »Photographie und Film sind immer weniger die alleinige Domäne von Künstlern und Berufsphotographen. Alles ist so einfach geworden, daß der Benutzer einer Kamera munter Dutzende von Filmmetern verknipst, ohne es richtig zu merken. Das ist kostspielig und im Sinne der Hersteller[155].« Da der Publikumszutritt weitgehend uneingeschränkt blieb, mußten viele Aussteller die nachteilige Erfahrung machen, daß im Ansturm der Massen von Neugierigen die eigentlichen Kunden nicht zu ihnen kamen. Deshalb wurde die *Photokina* 1974 umorganisiert; die Eintrittspreise wurden verdoppelt und ihr kulturelles Angebot – die verschiedenen Photoausstellungen – an einen Ort außerhalb des Messegeländes verlegt; 1972 wurden sie von 60000 Menschen besucht.

Schlußwort

»Das gedruckte Wort ist in Gefahr – nicht nur *Life*«, erklärte Robert Engelke, Direktor einer großen amerikanischen Werbefirma, als die Schwierigkeiten der Zeitschrift bekannt wurden. Es ist eine Tatsache, daß die Menschen heute immer weniger lesen, seitdem sie immer mehr von den audiovisuellen Massenmedien beansprucht werden.

Im 15. Jahrhundert vermehrten sich dank Gutenberg zwar die Bücher, doch ihre Lektüre blieb weiterhin den Gebildeten vorbehalten. Heute geben selbst gebildete Leute zu, daß sie weniger lesen, weil das Bild ihre Aufmerksamkeit immer stärker beansprucht. Selbst diejenigen unter den Intellektuellen, die den kleinen Bildschirm ablehnen, können sich ihm nicht mehr entziehen, denn ihre Kinder wollen fernsehen; sie fühlen sich benachteiligt, wenn in der Schule von Sendungen die Rede ist, die sie nicht gesehen haben.

In der Renaissance pflegt man von einem klugen Menschen zu sagen, er habe eine »gute Nase«. In unserer Zeit sagt man von jemandem, der über alles informiert ist, er halte »die Augen offen«, denn heutzutage müssen die Augen die Reize verarbeiten. Ein Bild ist leichter zu verstehen als das abstrakte Wort und daher für jedermann zugänglich; seine Besonderheit liegt darin, daß es an das Gefühl appelliert; es läßt keine Zeit zum Nachdenken, wie es vergleichsweise bei der Unterhaltung oder der Lektüre eines Buches möglich ist. Die Macht des Bildes liegt in seiner Unmittelbarkeit, und hier liegt auch seine Gefahr. Die Photographie hat das Bild um Billionen vervielfacht. Für die meisten Menschen wird die Welt nicht mehr erzählt, sondern vorgeführt. Die Photographie von Phan Thi Kim Phuc, dem kleinen neunjährigen Mädchen, das mit Napalmverbrennungen auf einer Straße Südvietnams aus seinem brennenden Dorf flieht, symbolisiert den Krieg auf tragische Weise. Dieses Photo wurde in der ganzen Welt abgedruckt und rief überall Haß und Abscheu vor dem Krieg hervor. Es war unendlich viel wirksamer als Dutzende von Artikeln, die man über diesen Vorfall hätte schreiben können. Der Eindruck dieses Photos war so nachhaltig, daß *Life* es in seiner letzten Ausgabe vom 29. Dezember 1972 als eines der denkwürdigsten Bilder des Jahres noch einmal abdruckte. Um den emotionalen Schock zu dämpfen, hatte *Life* neben diesem Photo ein Porträt der kleinen, diesmal lächelnden Vietnamesin in Farbe veröffentlicht und dazu geschrieben, daß Phan Thi 15 Wochen in einem Saigoner Krankenhaus gelegen habe, wo Hauttransplantationen vorgenommen worden waren. »Es erscheint unglaublich«, fügte der Redakteur von *Life* hinzu, »aber der Krieg ist für dieses Mädchen immer noch nicht zu Ende; Flugzeuge der südvietnamesischen Armee (schon der Napalmangriff war durch einen Irrtum dieser Armee verursacht worden) haben ihr Elternhaus zerstört, doch dieses ist inzwischen zum Teil wieder aufgebaut worden. Die Wunden des Mädchens sind verheilt, und sie geht wieder in die Schule. Die schrecklichen Erinnerungen verbergen sich hinter ihrem Lächeln.« Doch trotz dieses beruhigenden Photos wird das Bild von Phan Thi Kim Phuc, ein Kind, das sich schreiend die brennenden Kleider vom Leib gerissen hat und nackt eine Straße entlang rennt, für immer im Gedächtnis jener bleiben, die es gesehen haben.

Weil die Photographie sich an das Gefühl richtet, besitzt sie eine Überzeugungskraft, die ganz bewußt von denjenigen ausgenutzt wird, die sich ihrer als eines Instruments zur Manipulation bedienen. In seinem Buch *Bekenntnisse eines Werbemannes* empfiehlt David Ogilvy, einer der bekanntesten Vertreter der amerikanischen Werbung, daß man den Kunden nahelegen müsse, sich nach Möglichkeit der Photographie zu bedienen, um Produkte zu verkaufen, denn »sie repräsentiert die Wirklichkeit, während eine Zeichnung weniger glaubwürdig ist[156]«. Die Hunderte von Millionen von Amateuren, zugleich Konsumenten und Produzenten von Photos, zweifeln nicht an seiner Wahrhaftigkeit. Sie haben die Wirklichkeit gesehen, als sie auf den Auslöser drückten. Für sie ist das photographische Abbild ein unwiderlegbarer Beweis. Sie sind sich nicht bewußt, daß man die Aussagen eines Photos völlig verändern kann.

Wir haben an einer Reihe von Beispielen gezeigt, mit welchen Mitteln man die Aussage eines Photos in ihr Gegenteil verkehren kann. Gerade darin besteht seine enorme Wirkungskraft und seine massenhafte Verwendung in der Werbeindustrie. Die Reklameleute engagieren »Tiefenpsychologen« *(depth boys)*, um die Reaktionen der Menschen auf die Werbemittel zu untersuchen. Sie wissen, dank der Psychoanalyse, daß das Unbewußte voll von Bildern ist, die einen tiefen

Einfluß auf das menschliche Verhalten ausüben. Einige dieser Psychologen hatten sich eine geradezu diabolische Form der eingebauten Werbung ausgedacht. Szenen von einer Dreißigstelsekunde wurden in normale Filmvorführungen eingeblendet, um bestimmte Produkte anzupreisen. Diese *unterschwelligen* Bilder wurden als unmoralisch verboten, da sie eine Vergewaltigung der Persönlichkeit darstellten, dem Lügendetektor vergleichbar. Wenn ein Aufblitzen von einer Dreißigstelsekunde genügt, um den Willen eines Menschen zu beeinflussen, so läßt sich die Wirksamkeit eines Bildes ermessen, und man begreift seine Anziehungskraft beim Verlauf von Waren und Ideen.

Nicht nur in den kapitalistischen, sogenannten liberalen Ländern ist man sich der Macht des Bildes bewußt, sondern auch in denjenigen, die von Diktaturen beherrscht werden, seien sie rechter oder linker Prägung. Die Photographie des Staatschefs, die in Umzügen und Demonstrationen mitgeführt wird und die Versammlungen überragt oder Amtsräume schmückt, ist für die einen ein Vatersymbol, für die anderen Symbol des Orwellschen »Großen Bruders«. Sie erzeugt Liebe oder Haß, Vertrauen oder Furcht. Ihr fundamentaler Wert liegt in ihrem Vermögen, Emotionen wachzurufen.

Im Jahre 1976 sind 150 Jahre seit der Erfindung der Photographie vergangen. In diesem Buch habe ich versucht, ihrer Geschichte nachzugehen. In ihren bescheidenen Anfängen war sie ein Mittel zur Selbstdarstellung einer Gesellschaft. Sehr schnell wurde sie zu einer allmächtigen und weitverzweigten Industrie, die überall eingedrungen ist. Als Reproduktionsmittel hat sie die Kunst demokratisiert, indem sie unsere Sicht des Kunstwerkes veränderte. Als Mittel zur Vergegenständlichung eines kreativen Ausdrucks ist sie mehr als eine bloße Kopie der Natur, sonst wären die »guten« Photos nicht so selten. Unter den Millionen von Bildern, die täglich in der Presse und in Büchern erscheinen, finden sich nur selten einige wenige, die mehr sind als eine zufällige Wiedergabe der Umwelt.

Die Photographie hat dem Menschen verholfen, die Welt mit neuen Augen zu sehen, und sie hat Entfernungen verringert. Ohne sie hätten wir nie die Oberfläche des Mondes erblickt. Sie hat der Allgemeinheit Kenntnisse vermittelt und damit die Menschen einander nähergebracht. Zugleich kann sie aber auch eine gefährliche Rolle spielen als Manipulationsmittel, indem sie neue Bedürfnisse schafft und dazu verhilft, Waren zu verkaufen und das Bewußtsein zu beeinflussen.

Die Photographie war der Ausgangspunkt für die Massenmedien, die heute eine allmächtige Rolle als Kommunikationsmittel einnehmen; ohne sie gäbe es weder das Kino noch das Fernsehen. Die tägliche Betrachtung des Bildschirms ist zu einer Droge für Millionen von Menschen geworden. Der Erfinder der Photographie, Nicéphore Niépce, hat einst verzweifelte Anstrengungen gemacht, um seiner Idee Geltung zu verschaffen. Er erfuhr nur Niederlagen und starb im Elend. Wenige kennen seinen Namen, aber die Photographie, die er als erster möglich gemacht hat, ist heute die verbreitetste Sprache unserer Zivilisation.

Die Wahl, die unsere Gesellschaft anbietet. . .

Anmerkungen

1 Wilhelm Waetzoldt: *Die Kunst des Porträts.* Leipzig 1908. S. 57.

2 cf. Vidal: *Mémoire de la Séance du 15 novembre 1868 de la Société Statistique de Marseille.* In: *Bulletin de la Société française de Photographie.* 1871. pp. 37, 38, 40.

3 Auf letzteres wird in einem späteren Kapitel noch ausführlich eingegangen.

4 cf. Kupferstich-Kabinett der *Bibliothèque Nationale,* Paris.

5 cf. Annonce von Gonord. In: *Journal de Paris,* 28. Juli 1788.

6 cf. Annonce von Quenedy. In: *Journal de Paris,* 21. Juli 1788.

7 cf. H. Vivarez: *Le Physionotrace.* Lille 1906.

8 cf. *Journal de Paris,* 21. Juli 1788.

9 cf. *Moniteur universel,* 16. Juni 1839.

10 cf. Jean Jaurès: *Histoire socialiste. Le règne de Louis Philippe,* par Eugène Fournière. S. 2.

11 cf. Emile Levasseur: *Histoire des classes ouvrières et de l'industrie en France.* 2. éd. 2 Bde. Paris 1903–04.

12 cf. Emile Levasseur: *Histoire du Commerce de la France.* 2 Bde. Paris 1911–12. *La Bourgeoisie au Pouvoir.*

13 cf. Karl Marx: *Der 18. Brumaire des Louis Bonaparte.*

14 Marx, a.a.O.

15 Karl Mannheim: *Ideologie und Utopie.* Bonn 1929. S. 203.

16 Mannheim, a.a.O.

17 Victor Fouque: *La Vérité sur l'invention de la photographie.* Nicéphore Niépce, sa vie, ses essais, ses travaux, d'après sa correspondence et autres documents inédits. Chalons-sur-Saône 1867.

18 cf. Fouque, La Vérité...

19 cf. Brief von Niépce an Lemaître vom 23. Oktober 1828, a.a.O.

20 Am 8. Dezember 1827 versuchte Niépce seine Erfindung zu veröffentlichen; er wandte sich an die Londoner *Royal Society*, aber seine Bemühungen blieben erfolglos.

21 cf. Isidore Niépce: *Historique de la découverte improprement nommée, Daguerréotype.* Paris 1841.

22 »Ebenfalls beschäftigt man sich viel mit der Erfindung des Herrn Daguerre; am zufriedenstellendsten erklären die Weisen unseres Kabinetts dieses Wunder. Herr Daguerre kann beruhigt sein; niemand wird ihm sein Geheimnis rauben... Diese Entdeckung ist wirklich bewunderungswürdig, aber wir verstehen nichts davon, man hat uns zuviel erklärt.«
Brief des Vizegrafen von Launais aus Paris, 12. Januar 1839. In: Mme. Emile de Girardin, *Lettres Parisiennes,* 1836–1840. (= Œuvres complètes, tom. 4. Paris 1860.)

23 Gay-Lussac. Sitzungsbericht der Pairskammer vom 30. Juli 1839. In: Da-

guerre, *Historique et description des procédés du Daguerréotype et du Diorama.* Paris 1839.

24 cf. *Moniteur universel* vom 16. Juni 1839.

25 cf. *Comptes rendus des séances de l'Académie des Sciences,* 1839, 2e semestre.

26 Die Versammlung »erhielt gerade die Zustimmung der würdigsten Gelehrten Englands, besonders der Herren Herschel, Robinson, Forbes, Wats, Brisbane«. In: Comptes Rendus des Séances de l'Académie des Sciences. Sitzung vom 15. Juni 1839.

27 cf. a.a.O., Sitzung vom 19. August 1839.

28 »Bald werden wir die schönen Bilder, die sich vorher nur in den Salons reicher Liebhaber fanden, als Schmuck in den bescheidensten Wohnungen der Arbeiter und Bauern finden.« In: *La Revue Française,* 1839.

29 cf. *Comptes Rendus des Séances de l'Académie des Sciences,* 1839.

30 cf. *Le Feuilleton du Siècle,* 1839.

31 Vor allem zwei Wissenschaftler, Bayard in Frankreich, Talbot in England, hatten unabhängig voneinander ein photographisches Verfahren entwikkelt. Eine Tatsache die beweist, wie sehr die Erfindung aus ihrer Zeit heraus bedingt war.

32 cf. Daguerre: *Historique et description des procédés du Daguerréotype et du Diorama.* Paris 1839.

33 »Die photographischen Abzüge, so vollendet sie auch erscheinen mögen, lassen noch viel zu wünschen übrig, besonders bei den Porträts.« Edouard Foucaud: *Paris inventeur. Physiologie de l'Industrie française.* Paris 1844, S. 179.

34 cf. Gaudin et Lerebours: *Derniers perfectionnements apportés au daguerréotype.* Paris 1842.

35 cf. Walter Benjamin: Kleine Geschichte der Photographie. In: Die literarische Welt, Berlin 1931. Neuausgabe u. a. in: Benjamin, Das Kunstwerk im Zeitalter seiner technischen Reproduzierbarkeit. Frankfurt/M. 1963.

36 »Auf diese Weise macht sich jeder, der eine Klasse hinabstieg oder eine Klasse hinaufklettern wollte, zum Photographen – der Gerichtsdiener, der sich eines Tages bei der Rückkehr vom Kassieren verspätete; der Tenor in einem Caféhaus, der seinen Ruhm verlor; der Hausmeister, den das Verlangen zur Kunst trieb – alle nannten sich *Künstler!* – gescheiterte Maler, verzweifelte Bildhauer strömten herbei...« Nadar: *Quand j'étais photographe.* Paris 1900.

37 »Ich wurde in einer Zeit geboren, wo ein Minister nur harmlose hunderttausend Francs einsteckte...« – »In Zeiten, in denen es beim Kleinbürgertum vornehm war, die Kinder wegen des Herzogs von Berry Trauer tragen zu lassen; ich trug sie.« Nadar a.a.O., S. 278 und S. 284.

38 cf. Emile Levasseur, *Histoire du commerce de la France.* 2 Bde. Paris 1911–12.

39 Der Corsaire-Satan versammelte um 1845 die meisten Schriftsteller der Bohème um sich. Unter der Leitung von Arsène Houssaye wurde diese literarische Zeitung zu einem gleichermaßen berühmten wie angefeindeten Oppositionsblatt.

40 »Die Wahrheit ist, daß sich bis 1848 unser Arbeitszimmer in den gastlichen Cafés befand, wo die Bande morgens um neun mit mächtigem Appetit auftauchte und nicht vor Mitternacht ging.« Champfleury: *Souvenirs et portraits de jeunesse.* Paris 1872. S. 122.

41 cf. Nadar: *Charles Baudelaire intime: le poète vierge!* Paris 1911. *Histoire de Murger, pour servir à l'histoire de la vraie bohème;* par trois buveurs d'eau (Adrien Lelioux, Félix Tournachon, dit Nadar, et Léon Noël); contenant des correspondances privées de Murger. Paris 1862.

42 »*Bohème* ist ein Wort aus dem im Jahre 1840 geläufigen Sprachgebrauch. In der damaligen Sprache war es ein Synonym für den lebenslustigen und frohen, um die Zukunft unbesorgten, faulen und ruhestörenden Künstler oder Studenten.« Gabriel Guillemot: *Le Bohème.* Paris 1868. S. 7,8.

43 »Der kommerziellen Literatur ist es gelungen, die Kritik zu unterdrücken und ihren Platz einzunehmen ohne Widerspruch und als existierte nur sie allein... Daraus resultiert bei den meisten Zeitungen – einschließlich einiger, die man als puritanische gelten lassen könnte – in eine rein kommerzielle Organisation, die die literarische Verseuchung der Umwelt begünstigt und von dieser abhängt.« Charles Sainte-Beuve: *De la littérature industrielle.* In: *Revue des deux mondes,* 1. Juli 1839. S. 678 und 681.

44 »Das Geld, das Geld! In welchem Ausmaß ist ihre verkümmerte Entwicklung Nerv und Gott der heutigen Literatur. Man könnte dies bis in die kleinsten Einzelheiten verfolgen. Wenn ein findiger Schriftsteller manchmal einen albernen, aufgeblasenen, unerschöpflichen, plötzlich mit großen wortschöpferischen oder wissenschaftlichen Ausdrücken – die wer weiß wo herkommen – beladenen Stil hat, dann liegt das daran, daß er sich angewöhnt hat, seine Sätze so zu konstruieren, um sie zu verdreifachen, wobei er möglichst wenige Gedanken in sie hineinlegt.« Charles Sainte-Beuve: *Sur la situation en littérature.* In: *Revue des deux mondes.* 1843. S. 14.

45 »Die Bohème ist die Vorschule des Künstlerlebens: sie ist der Auftakt zur Akademie, zum Krankenhaus oder zur Leichenhalle.« Murger.

46 Zur *Jeune France* gehörten u. a. Théophile Gautier, Camille Rogier, Gérard de Nerval, Ourliac, Célestin Nanteuil.

47 Murger war der Sohn eines Portiers oder Schneiders; Champfleury Sohn eines Schreibers in der Bürgermeisterei von Laon; Barbara Sohn eines kleinen Musikalienhändlers; Bouvin Sohn eines Försters; Delvau Sohn eines Gerbers vom Faubourg Saint-Marcel und Courbet Sohn eines Bauern.

48 »Bei den Künstlern ist es ganz anders: das Wort *Bürger* ist schon nicht mehr eine Benennung oder Bezeichnung: es ist eine Beschimpfung, und sogar die gröbste, die der Wortschatz des Ateliers besitzt. Der kleinste Maler läßt sich tausendmal lieber den Namen des schlimmsten Verbrechers geben, als daß er sich Bürger nennen ließe.« Henri Monnier: *Physiologie du Bourgeois.* Paris 1842, S. 9.

49 cf. Ernest Glaser: *Biographie Nationale des Contemporains.* Paris 1878.

50 »Wenn ich an diesen Panthéon Nadar denke, der in der Folge tausend Porträts von Geisteswissenschaftlern, Malern und Bildhauern, Musikern...

machte und der –ich – in freundschaftlichen, in engen oder wohlwollenden Beziehungen zu allen Persönlichkeiten der Epoche stand...« Nadar, *Quand j'étais photographe.* S. 241f.

51 Nadar war auch der erste, der Aufnahmen mit künstlicher Beleuchtung machte. So photographierte er 1860 die Katakomben von Paris.

52 »In den ersten Tagen des folgenden Frühlings – 1856 –, erhielt ich, diesmal beim ersten Versuch, mit einem Dutzend anderer Ansichten eine Aufnahme der Avenue du *Bois de Boulogne* – der heutige *place de l'Etoile* – mit dem Blick auf den *Arc de Triomphe* und Ternes, Batignolles und Montmartre dahinter.« Nadar, *Quand j'étais photographe.*

53 »Hier blasen sie gerade einen Fesselballon auf, und ich sehe Nadar; er bewegt sich unruhig hin und her, auf dem Kopf die Mütze eines Marineoffiziers, bekleidet mit einem Militärmantel.« In: *Journal de Goncourt,* t. 4, 19. November 1870.

54 cf. Nadar: *A terre et en l'air*... Mémoires du Géant. Paris 1864.

55 cf. Lavisse: *Histoire de France.*

56 Die Gesellschaft zählte u. a. zu ihren Mitgliedern: die Gelehrten de Laborde, Ferdinand de Lasteyrie, den Baron von Séguier, Becquerel; die Maler Delacroix und Beranger; den Schriftsteller Théophile Gautier, usw.

57 cf. Nadar, *Quand j'étais photographe.*

58 »Es ist bekannt, welche Popularität der Photographie über Nacht aus der Erfindung der Visitenkarte erwuchs, die ich 1854 patentieren ließ.« Disderi, *L'art de la photographie.* Paris 1862. S. 146.

59 cf. Disderi, a.a.O. S. 320.

60 cf. Disderi, a.a.O. S. 150, 152, 154.

61 Nadar, *Quand j'étais photographe.*

62 »Alaux malt gut, zeichnet gut, ist nicht teuer und ist Kolorist.« Bemerkung Louis Philippes, zitiert bei Théophile Silvestre, *Les Artistes français.* Paris 1878. S. 4.

63 cf. Lavisse: *Histoire de France.* Livre 6: »Le société français«. S. 405.

64 cf. Alfred Lichtwark: *Die Bedeutung der Amateurphotographie.* Halle 1894.

65 »Was den Bürger vor allem erschreckt, sind die Schatten im Abgebildeten; er sieht nichts außer dem Schwarz, das das Gesicht verfinstert und traurig macht... Keine Zwischentöne, außer einer Hautdarstellung, die einheitlich weiß ist wie Pergamin und zart rosarot in den Wangen!« Victor Fournel: *Ce qu'on voit dans les rues de Paris.* Paris 1858. S. 390.

66 cf. Disderi: *L'Art de la Photographie.* Paris 1862.

67 »... Man muß sich die Naturerkenntnis zu eigen machen, die die wirklich rationale Grundlage für die menschliche Tätigkeit liefert; denn offensichtlich kann nur die Kenntnis der Gesetze der Naturerscheinungen, uns im täglichen Leben führen ...« Auguste Comte: *Cours de la Philosophie positive.* 2e leçon. Paris 1830. S. 62.

68 *Réalisme.* Ed. Jules Assezat, Edm. Duranty et R. Thulié. Paris 1856. Juillet, no. 1.

69 »Courbet ist ein kritischer Maler; er analysiert, synthetisiert und ist ein Humanist. Sein Werk ist Ausdruck der Zeit und koinzidiert mit der positiven Philosophie von Auguste Comte. . .« P. -J. Proudhon: *Du Principe de l'art et de sa destination sociale.* Paris 1865. S. 287.

70 cf. *Journal des Débats,* Feuilleton. 21. März 1851.

71 Francis Wey: *Du Naturalisme dans l'art; de son principe et de ses conséquences; à propos d'un article de M. Delécluze.* In: *La Lumière,* 6. April 1851.

72 cf. Wey, a.a.O.

73 cf. Hippolyte Taine: *Philosophie de l'Art.*

74 cf. Taine, a.a.O.

75 cf. Ingres: *Réponse au Rapport sur l'Ecole Impériale des Beaux-Arts. . .* Paris 1863.

76 cf. Charles Baudelaire: *Salon de 1859.* Le public moderne et la photographie.

77 cf. Baudelaire, a.a.O.

78 a.a.O.

79 Eugène Delacroix. In: *Revue des deux Mondes.* 1850. S. 1144.

80 cf. *Comptes Rendus* des Séances de l'Académie des Sciences. Bd. 9, S. 257–266. Sitzung vom 19. August 1839.

81 cf. *Journal de l'Industrie photographique,* Januar 1880.

82 cf. *Le Moniteur de la Photographie.* No 24, 1. März 1864.

83 Zu den Dokumentaristen dieser Epoche wie Atget und Zille muß man auch Paul Martin (1864–1942) rechnen, der London photographiert hat; ebenfalls Arnold Genthe (1869–1942) mit seinen bemerkenswerten Photos des Chinesenviertels von San Francisco, bevor diese Stadt 1906 durch ein Erdbeben zerstört wurde, und auch den Grafen Guiseppe Primoli (1851–1927), der das italienische Leben um 1900 von der hohen Gesellschaft bis zu Straßenszenen mit seiner Kamera in ganz ausgezeichneten Bildern festgehalten hat. Die zahlreichen Photos des Verlegers Camille Vert, die er zwischen 1900 und 1905 in Paris von den kleinen Straßenhändlern aufnahm, sind ebenfalls zu erwähnen.

84 André Malraux hatte mich beauftragt, für sein Buch *Le Musée imaginaire de la sculpture mondiale* eine mexikanische Skulptur, die Maisgöttin, zu photographieren. Ich machte mehrere Aufnahmen aus verschiedenen Perspektiven und mit verschiedener Beleuchtung mit dem Ergebnis, daß dieselbe Skulptur als mehrere verschiedene Skulpturen erschien. Gerade dieser Umstand bewies Malraux, daß seine Theorie, wie die Photographie unsere Betrachtung eines Kunstwerks verändern kann, richtig war. Er wählte eine der Aufnahmen für sein Buch aus. Doch diese Wahl war bestimmt durch seinen persönlichen Geschmack und seine sehr individuelle Art, diese Skulptur zu sehen. Die Wiedergabe eines Kunstwerks wird also nicht nur durch die Sehweise des Photographen bestimmt, sondern auch durch die des Betrachters.

85 *Un siècle de technique,* Firmenschrift von *Braun & Cie.* Paris.

86 ibid.

87 Ado Kyrou, *L'Age d'or de la carte postale,* Paris 1966.

88 cf. *Record photographs of the Crimean War,* London 1855.

89 *Guide to the special Collections of Prints and Photographs in the Library of Congress,* hrsg. von Paul Vanderbilt, S. 19ff. Washington, 1955.

90 Anfang der dreißiger Jahre, zur Zeit der schweren Wirtschaftskrise in Amerika, engagierte Roy Stryker, Direktor der *Farm Security Administration,* eine Anzahl von Photographen, deren Aufgabe darin bestand die Mißstände auf dem Land zu photographieren. Diese Photos und die Photographen, die sie machten, sind heute berühmt geworden. 1975 beauftragte die französische Regierung Photoreporter, die Probleme der Bewohner von pariser Vororten bildlich darzustellen. In beiden Fällen ist es der Staat, der mit Hilfe der Photographie schlechte Lebensbedingungen aufzeigen will.

91 Mitteilung des Vaters der Autorin.

92 Mitteilung von Marian Schwabik an die Autorin.

93 *Vu,* November 1935.

94 *Münchner Illustrierte Presse,* Nr. 9, 1925.

95 Vgl. Wilhelm Carlé, *Weltanschauung und Presse,* Leipzig 1931.

96 Vgl. Erich Salomon, *Berühmte Zeitgenossen in unbewachten Augenblikken,* I. Engelhorns Nachf., Stuttgart 1931.

97 ibid.

98 Mitteilung von Marian Schwabik an die Autorin.

99 Der Gründer der *Dephot*-Agentur ist heute über achtzig Jahre alt und lebt in London, wo er nach dem Krieg eine Presseagentur gegründet hat. Sein Büro befindet sich im 2. Stockwerk eines Hauses in der City von London. Es ist vollgestopft mit Bergen von Photos und Zeitschriften, so wie es wohl auch in den dreißiger Jahren in der *Dephot*-Agentur ausgesehen hat. Ich war nach London gekommen, um ihn zu interviewen, fand aber einen alten Herrn mit durchdringendem Blick vor, der nicht bereit war, mir auch nur die geringste Auskunft zu geben. Im Gegenteil: er ließ mich ein Schriftstück unterschreiben, in dem vertraglich festgelegt wurde, daß sein Name in meinem Buch nicht erwähnt werden dürfe. Mir wurde jedoch zugestanden, ihn als den »Sekretär« der *Dephot*-Agentur zu bezeichnen.

Der »Sekretär« hat bei der Entwicklung des Photojournalismus eine bedeutende Rolle gespielt; unter seinem Einfluß, und dank seinem journalistischen Spürsinn, ist die moderne Form der Photoreportage von den Photographen, die seiner Agentur angeschlossen waren, verwirklicht worden. Die Agentur wurde von Alfred Marx finanziert. So genial der »Sekretär« bei der Durchgestaltung einer Reportage war, in geschäftlichen Dingen war er nicht sehr geschickt. Einige von seinen besten Photographen mußten ihre Verträge direkt mit den Illustrierten abschließen, um sicher zu sein, daß sie zu ihrem Geld kamen. Doch es war auch der »Sekretär«, der Robert Capa seine erste Chance gab, wie so vielen Photographen, die später berühmt wurden.

100 Mitteilung von Felix H. Man an die Autorin.

101 ibid.

102 Vgl. *Münchner Illustrierte,* Jahrgänge 1929–1933.

103 Interview mit Felix H. Man in der *New York Times* vom 14. Mai 1971.

104 *Kleine Leica-Chronik,* in: Ernst Leitz GmbH Wetzlar, *Die Entwicklung der Leica und des Leica-Systems,* Nr. 92, 100, 92cR.

105 Mitteilung des *Life*-Photographen McAvoy an die Autorin.

106 *Le Monde,* 23. Mai 1974.

107 cf. Gisèle Freund: *Le Monde et ma caméra*. Vlg. Denoël, Gonthier, Paris 1970.

108 *Mützinger-Archiv,* Lieferung 9/58 vom 1. März 1958.

109 Vgl. Theodore Peterson: *Magazines in the Twentieth Century,* The University of Illinois Press, Urbana, 1956.

110 ibid.

111 Vgl. Gibbs Wolcott: *Time, Fortune, Life, Luce,* E. B. White and Katherine White, Herausgeber, Coward McCann, New York, 1941.

112 ibid.

113 Vgl. Jeanne Perkins Harman: *Such is Life,* Thomas and Crowell Company, New York.

114 Bei meiner ersten Reise nach New York im Jahre 1947 empfing mich Hicks mit den Füßen auf dem Tisch, das Gesicht hinter seiner Zeitung versteckt. Erst nach einiger Zeit geruhte er von meiner Anwesenheit Notiz zu nehmen. Als er dann verlangte, ich solle ins Archiv gehen und alle von mir veröffentlichten Reportagen herbringen, beschloß ich gedemütigt, den Raum auf Nimmerwiedersehen zu verlassen, was jedoch *Life* nicht davon abgehalten hat, weitere Reportagen von mir zu veröffentlichen. Siehe auch: *Infinity,* August 1969, New York.

115 cf. John Kobler: *Luce, His Time, Life and Fortune,* Doubleday, New York 1968.

116 *Life*; 23. November 1936.

117 cf. John Kobler, a.a.O.

118 *Life:* No. 5 vol. 58, Februar 1965.

119 Paul Wilkes: *Running left to right,* in: *The New York Magazine,* April 1970.

120 Der Zeitschrift *Television/Radio Age* vom 16. November 1970 zufolge hat *Time Inc.* seine Radio- und Fernsehsender verkauft, um im Video-Kassetten-Geschäft zu investieren.

121 Pressenachricht der *Time Inc.* von Hedley Donovan und Andrew Heiskell vom 20. April 1972.

122 *Le Monde:* 3./4. Dezember 1972.

123 Paul Vanderbilt: *Guide to the specific Collections of Prints and Photographs in the Library of Congress,* Washington 1955.

124 Vgl. Gisèle Freund: *Le Monde et ma Caméra.*

125 ibid.

126 *New York Times literary supplement,* S. 7, 5. Oktober 1969.

127 cf. John Morris: *This we remember. Have photographers brought home the reality?* In: *Harper's Magazine,* September 1972. New York.

128 ibid.

129 *Le Monde,* 25. Januar 1973.

130 *Le Point:* No. LVII, über *Bistrots* Revue Artistique et littéraire Souillac, Lot, 1960.

131 Mitteilung von Robert Doisneau an die Autorin.

132 *L'Express,* 5. Juli 1962.

133 *Time,* 25. Oktober 1971.

134 *Newsweek,* 2. März 1970.

135 Zit. von Richard Todd in: *Gathering Bunnyside, The Atlantic,* Januar 1972.

136 ibid.

137 cf. Peter Schrag: *The Decline of the Wasp,* Simon and Schuster, New York, 1971.

138 *The Christian Century,* 19. Januar 1972.

139 Vgl. Peter Schrag: The Decline of the Wasp.

140 *Time,* 27. September 1971.

141 *Time,* 5. August 1975.

142 Der Maler Christian Schad (1895), Mitglied der Züricher Dadagruppe, machte bereits 1918 photographische Abstraktionen ohne Kamera. Er legte ausgeschnittene Papierteile und flache Objekte auf lichtempfindliches Papier, auf dem sich bei Belichtung Formen abzeichneten, die mit den Collagen der Kubisten vergleichbar sind.

143 Man Ray: *Autobiographie,* Laffont, Paris, 1964.

144 John Heartfield: *Photomontagen,* Ausstellungskatalog der Deutschen Akademie der Künste, Berlin, 1969.

145 Vgl. Moholy-Nagy: *Malerei, Photographie, Film,* Band 8 der Bauhaus-Bücher, 1925.

146 Vgl. Walter Benjamin, a.a.O.

147 Vgl. Moholy-Nagy, a.a.O.

148 *Moholy-Nagy,* hg. von Richard Kostelanetz, New York 1970. (Enthält Aufsätze von M.-N. und Artikel über ihn.)

149 ibid.

150 ibid.

151 George Eastman: »*A brief biography of the founder of Eastman Kodak Company*«, in: *Image, The journal of photography of the George Eastman House Inc.,* 26. Juni 1972.

152 1974/75 *Wolfman Report on the photographic Industry in the United States:* Hrg. von Modern Photography Magazine, New York, 1975.

153 *Time,* 26. Juni 1972.

154 Ibid.

155 *Le Monde,* 25. Januar 1973.

156 David Ogilvy: *Confession of an Advertising Man.* Mayflower-Dell, London, 1966.

Bibliographie

KUNST UND GESELLSCHAFT

Balász,Béla: *Der Geist des Films.* Halle 1930.

Dresdner, Albert: *Die Kunstkritik.* Ihre Geschichte und Theorie. 1: Die Entstehung der Kunstkritik im Zusammenhang der Geschichte des europäischen Kunstlebens. München 1915.

Elias, Norbert: *Kitschstil und Kitschzeitalter.* In: Die Sammlung. Amsterdam 1935, Januar.

Lalo, Charles: *L'expression de la vie dans l'art.* Paris 1933.

VORLÄUFER DER PHOTOGRAPHIE

Albums des Physionotracistes de Paris: Collections de Quenedey, Chrétien, Gonord im Cabinet des Estampes, Bibliothèque Nationale, Paris.

Benkard, Ernst: *Das Selbstbildnis vom 15. bis zum Beginn des 18. Jahrhunderts.* Berlin 1927.

Deckert, Hermann: *Zum Begriff des Porträts.* In: Marburger Jahrbuch für Kunstwissenschaft, Bd. 5, Marburg 1929.

Kende-Ehrenstein, A.: *Das Miniatur-Porträt.* Wien 1908 (= Sammler-Kompendien).

Pinset, Raphaël et Jules d'Auriac: *Histoire du portrait en France.* Paris 1884.

Simmel, Georg: *Das Problem des Porträts.* In: Simmel, *Zur Philosophie der Kunst.* Potsdam 1922.

SOZIALGESCHICHTE

Arago, François: *Histoire de ma jeunesse.* Bruxelles et Leipzig 1854.

Bouglé, Célestin: *Socialismes français.* Du »socialisme utopique«, à la »démocratie industrielle«. Paris 1932.

Charléty, Sébastien: *La monarchie de Juillet (1830–1848),* Paris 1921 (= Lavisse, Ernest: Histoire de France. Bd. 5).

Les Contemporains. Galerie des gens de lettres au dix-neuvième siècle: Arago.

Curtius, Ernst-Robert und Arnold Bergsträsser: *Frankreich.* 2 Bde. Stuttgart 1930.

Danmard, A.: *La Bourgeoisie parisienne de 1815 à 1848.* Serpen 1963.

Dolléans, E. et M. Crozier: *Mouvements ouvrier et socialiste, chronologie et bibliographie (1750–1918).* Paris 1950.

Festy, Octave: *Le mouvement ouvrier au début de la monarchie de Juillet (1830–1834).* Paris 1908.

Kracauer, Siegfried: *Die Photographie.* In: *Das Ornament der Masse.* S. 21–39. Frankfurt/Main 1963.

Lhomme, J.: *La Grande Bourgeoisie au pouvoir (1830–1880).* Paris 1960

Marx, Karl: *Die Klassenkämpfe in Frankreich.*

Neumann, Th.: *Sozialgeschichte der Photographie.* Neuwied u. Berlin 1966.

Paris au dix-neuvième siècle. Recueil de scènes de la vie parisiennes dess. d'après nature par V. Adam, Gavarni, Daumier. Paris 1839.

Das Photoalbum. 1858–1918. Eine Dokumentation zur Kultur- und Sozialgeschichte. Ausstellungskatalog München Stadtmuseum 1975.

Renard, A.: *Les étapes de la société française au dix-neuvième siècle.* Paris 1913.

Schnitzler, Jean-Henri: *Statistique générale, methodique et complète de la France.* Paris 1846.

Statistique de la France. Publ. par le Ministère des Travaux publics, de l'Agriculture et du Commerce. Paris 1835.

GESCHICHTE DER PHOTOGRAPHIE

Astier, *Histoire du daguerréotype,* Paris 1841.

Benjamin, Walter: *Kleine Geschichte der Photographie.* In: Das Kunstwerk im Zeitalter seiner Reproduzierbarkeit. S. 67–94. Frankfurt/Main 1963.

Blanquart-Evrard: *La photographie, ses origines, ses progrès, ses transformations.* Lille 1869.

Buron: *Description de nouveaux daguerréotypes perfectionnés et portatifs avec l'instruction de M. Daguerre . . .* Paris 1841.

Chevreul, Eugène: *La vérité sur l'invention de la photographie.* Paris 1873.

Cromer, Gabriel: *Daguerre, Artiste et son Diorama.* In: La Revue Française de Photographie. Paris 1921, August.

Daguerre, Louis Jacques Mandé: *Nouveau moyen de préparer la couche sensible des plaques destinées à recevoir les images photographiques.* Lettre à M. Arago. Paris 1844.

Eder, Josef Maria: *Geschichte der Photographie.* Halle. 1905–1906.

Figuier, L.: *La photographie.* In: La Revue des Deux Mondes. Paris 1848.

Gernsheim, Helmut and Alison: *The History of Photography.* London 1969.

Lemercier, M.: Sur la découverte de l'ingénieux peintre du Diorama, poème en 42 vers »Lamphélie et Daguerre«. In: Journal de l'Institut royal de France. Paris 1839.

Mayer et Pierson: *La photographie* considérée comme art et comme industrie, histoire de sa découverte, ses progrès, ses applications, son avenir. Paris 1862.

Newhall, Beaumont: *The Daguerreotype in America.* New York 1961.

Potonniée, Georges: *Daguerréotypomanie.* In: La Revue Française de Photographie. Paris 1921, August.

Rudisill, Richard: *The Influence of the Daguerreotype on American Society.* New Mexico 1971.

Talbot, William Henry Fox: Some account of the art of photographic drawing, or the process by which natural objects may be made to delineate themselves without the aid of the artist's pencils. London 1839.

Wey, Francis: *Histoire du daguerréotype et de la photographie.* In: Musée des Familles. Paris 1853, Juni.

Bulletin de la Chambre syndicale de la Photographie et de ses Applications. Paris 1862 ff.
Bulletin de la Société française de Photographie. Paris 1855–1914.
Journal de la Société d'Encouragement de l'Industrie Nationale. Paris 1839–1860.
La Lumière. Paris 1851–1861.
Projet de loi relatif à l'acquisition du procédé de M. Daguerre. Paris 1839.
La Revue photographie. Paris 1856 ff.

GESCHICHTE DER BOHÈME

Audebrand: *Derniers jours de la Bohème.* Souvenir de la vie littéraire. Paris 1905.
Boisson, M.: *Les compagnons de la Vie de Bohème.* Paris 1929.
Delveau, Alfred: *Henry Murger et la Bohème.* Paris 1866.
Dufay, Pierre: *Sur les Buveurs d'eau.* In: Mercure de France. Paris 1922, April.
Guillemot, Gabriel: *Le Bohème.* Paris 1868.
Kreuzer, Helmut: *Die Bohème.* Beiträge zu ihrer Beschreibung. Stuttgart 1968.
Martino, Pierre: *Le roman réaliste sous le Second Empire.* Paris 1913.
Murger, Henry: *Les Buveurs d'eau.* Scenes de la vie d'artistes. In: La Revue des Deux Mondes. Paris 1853.

SAMMLUNGEN ALTER PHOTOGRAPHIEN

Bisson Frères: Reproductions photographiques. Cabinet des Estampes, Bibliothèque Nationale. Paris.
Blanquart-Evrard: *Album photographique de l'artiste et de l'amateur.* Lille 1851.
Bossert, Helmut Theodor und Heinrich Guttmann: *Aus der Frühzeit der Photographie. 1840–1870.* Frankfurt/Main 1930.
Collection photographique de M. Cromer, Paris, jetzt Rochester-Museum, Vereinigte Staaten.
Collection photographique de la Société française de Photographie. Paris.
Dollingen, Zacharias: *Galerie des Contemporains.* Texte biographique par Dollingen, portraits en pieds photographiés par Disderi. 3 Bde. Paris 1860–1862.
Duca, Lo: *Bayard, der erste Lichtbildkünstler.* Paris 1943.
Du Camp, Maxime: *Égypte, Nubie, Palestine et Syrie,* dessins photographiques recueillis pendant les années 1849, 1850 et 1851. 2 Bde. Paris 1852.
Excursions Daguerriennes. Vues et monuments les plus remarquables du Globe. Paris 1842.
Mathews, Oliver: *Early Photographs and early photographers.* A Survey in Dictionary Form. London 1973.
Nègre, Charles: Sein photographisches Gesamtwerk. Ausstellungskatalog München Stadtmuseum 1966.

Panthéon-Nadar: *Albums photographiques*. Cabinet des Estampes, Bibliothèque Nationale Paris.

Recht, Camille: *Die alte Photographie*. Paris und Leipzig 1931.

ders.: *Atget. Lichtbilder*. Paris/Leipzig 1931. Veränderte Neuauflage München 1975.

Rinhart, Floyd and Marion: *American Daguerreian Art*. New York 1967.

Schwarz, Heinrich: *David Octavius Hill. Der Meister der Photographie*. Leipzig 1931.

Talbot, William Henry Fox: *The Pencil of Nature*. London 1844.

Zille, Heinrich: *Photographien Berlin 1890–1910*. München 1975.

DIE PHOTOGRAPHIE UNTER DEM ZWEITEN KAISERREICH 1851–1870

Fleury, Comte et Louis Sonolet: *La société du Second Empire* d'après les mémoires contemporains et des documents nouveaux. 4 Bdc. Paris 1911–1924.

Disderi: *Application de la photographie* à la reproduction des œuvres d'art. Paris 1861.

Disderi: *Manuel opératoire de photographie* sur collodion instantané. Paris 1861.

Heine, Heinrich: *Lutetia*. Berichte über Politik, Kunst und Kunstleben.

PHOTOGRAPHIE – KUNST ODER NICHT?

Delaborde, Henri: *La Photographie et la gravure*. In: La Revue des Deux Mondes. Paris 1856, April.

Gruyer, Paul: *Victor Hugo, photographe*. Paris 1905.

Planche, Gustave: *L'art et l'industrie*. Paris 1857.

Robinson, Henry Peach: *Pictorial Effect in photography*. London 1869.

Schmoll gen. Eisenwerth/Helga D. Hofmann: Katalog Ausstellung, *Malerei nach Photographie*. München 1970.

ZUM POSITIVISMUS

Comte, Auguste: *Système de politique positive*, ou Traité de sociologie, instituant la religion de l'humanité. Paris 1851–1854.

Littré, Emile: *De la philosophie positiviste*. Paris 1845.

Renan, Ernest: *Cahiers de jeunesse*, 1845–1846. Paris 1906.

DIE KÜNSTLER (19. JAHRHUNDERT)

Bouvier, Emile: *La Bataille réaliste (1844–1857)*. Paris 1913.

Demachy, Robert et Puyo C.: *Les Procédés d'art en photographié*. Paris 1906.

Delacroix, Eugène: *Question sur le Beau*. In: La Revue des Deux Mondes. Paris 1854.

Schneider, René-Gabriel: *L'art français, XIXe et XXe siècle*. Du réalisme à notre temps; du classicisme davidien au romantisme (voir Ingres). Paris 1930.

Silvestre, Théophile: *Paul Delaroche.* Paris 1856 (= Histoire des artistes vivants).

Organe officiel du photoclub de Paris, 1889 ff.

REPRODUKTION DES KUNSTWERKS

Benjamin, Walter: Das Kunstwerk im Zeitalter seiner technischen Reproduzierbarkeit. In: *Schriften I.* Frankfurt/Main 1955, S. 377.

Malraux, André: *Le Musée Imaginaire.* Paris 1951.

PRESSEPHOTOGRAPHIE

Baynes, Ken: *Scoop Scandal and Strife.* A study of photography in Newspapers, London 1971.

Brady Collection: Library of Congress, Washington, D.C.

Newhall, Beaumont: *The Daguerreotype in America.* New York 1961.

Fenton, Roger: *Collection of photographs of the Crimea.* London 1856.

Hassner, Rune: *Jacob A. Riis, reporter med Kamera.* Stockholm 1970.

Jacob A. Riss: *Beginn einer sozialkritischen Photographie in den USA,* mit weiteren Bildern von Lewis Hine und anderen. Ausstellung aus der Sammlung Rune Hassner, Stockholm, Folkwang Museum Essen, Ausstellungskatalog 1972.

Hine, Lewis: *Man at work.* New York 1932.

Hopkinson, Tom: *Picture Post, 1938–1950.* London 1970.

Stenger, E.: *Die beginnende Photographie im Spiegel von Tageszeitungen und Tagebüchern.* Würzburg 1942/43.

SOZIALGESCHICHTE (1918–1939)

Adorno, Th. W.: *Jene zwanziger Jahre.* In: *Eingriffe.* Frankfurt 1963.

ders: *Was bedeutet: Aufarbeit der Vergangenheit:* In: *Eingriffe.* Frankfurt 1963.

Anderson, Evelyn: *Hammer or Anvil.* The story of the German working class movement. London 1945.

Halperin, W. S.: *Germany tried Democracy.* A political history of the Reich from 1918 to 1933. New York 1946.

Hirsch, Helmut: *Experimente in Demokratie.* Zur Geschichte der Weimarer Republik. Wuppertal 1972.

Kracauer, Siegfried: *Von Caligari zu Hitler.* Hamburg 1958.

Laqueur, Walter: *Weimar. Die Kultur der Republik.* Berlin 1976.

Werner, Bruno Erich: *Die Zwanziger Jahre.* München 1962.

PHOTOJOURNALISMUS IN DEUTSCHLAND

Gidal, Tim N.: *Deutschland. Beginn des modernen Photojournalismus.* Luzern 1972.

Man, Felix H.: *Pionier des Bildjournalismus.* Photographien von 1915 bis 1970. Ausstellungskatalog, München Stadtmuseum 1971.

Salomon, Erich: *Porträt einer Epoche.* Berlin 1963.
Wolff, Paul: *Meine Erfahrungen mit der Leica.* Frankfurt/Main 1934.

DIE ILLUSTRIERTE MASSENPRESSE IN AMERIKA

Elson, Robert T.: *Time Inc. The Intimate History of a Publishing enterprise, 1923–1941.* New York 1968.
Mott, Frank Luther: *A History of American Magazines.* Harvard.
Pollak, Richard: *Time: After Luce.* In: *Harper's Magazine,* Juli 1969.
Rovere, Richard H.: *The American Establishment.* In: *Esquire,* Mai 1962.

DIE PHOTOGRAPHIE UND DAS COPYRIGHT

Chernhoff, Georges and Hershel Sarbin: *Photography and Law.* New York 1967.
Copyright bulletin: Herausgegeben von der UNESCO, vol. 1 ff. 1967.
Museum Association Information Sheet: Copyright law, concerning works of art, photographs and the written word. London 1970.
Frémond, Pierre: *Le Droit de la photographie.* Paris 1973.
Gerstenberg, Ekkehard: *Die Urheberrechte.* München 1968.

DIE PHOTOGRAPHIE ALS POLITISCHES INSTRUMENT

Journalistes reporter photographes et cinéastes, Revue. Paris 1964–1972.
Kügelgen, Bernt v.: *Fotofälschungen, Photographie und Gesellschaft.* Halle 1961.
Morris, Margorie and Don Sauers: AND/OR Antonyms for our age. New York 1967.

DIE PHOTOGRAPHIE ALS KÜNSTLERISCHES AUSDRUCKSMITTEL

Herzfelde, Wieland: *John Heartfield.* Dresden 1971.
Kahmen, Volker: *Photographie als Kunst.* Tübingen 1973.
Lyons, Nathan: *Photographers on Photography.* London 1966.
Metken, G: *Herbert List: Photographien 1930 – 1970.* München 1976
Moholy-Nagy, Laszlo: »La Photographie, ce qu'elle était, de qu'elle devra être«. In: Cahiers d'Art, IV/1. Paris 1929.
ders.: Ausschnitte aus einem Lebenswerk. Ausstellungskatalog, Bauhaus-Archiv. Berlin 1972.
ders.: Bauhaus Bücher 8. München 1927.
ders.: *Vision in Motion.* Chicago 1947.
Plécy, Albert: *Grammaire élémentaire de l'image,* Paris 1971.
Roh, Franz: *foto-auge.* Stuttgart 1929.
Sander, August: *Rheinlandschaften.* Photographien 1929–1946. München 1975.
ders.: *Das Antlitz der Zeit.* Berlin 1930.
Stelzer, Otto: *Kunst und Photographie.* München 1966.

DIE PHOTOAMATEURE

Lichtwark, Alfred: *Die Bedeutung der Amateur-Photographie.* Halle 1894.

Photo-Zeitschriften für Amateure: Popular Photography (USA), 35 Camera (USA), Camera (Schweiz), Photography italiana (Italien), Progresso Fotografico (Italien) Revue Photo (Frankreich), Le nouveau Photograph (Frankreich), Photocinéma (Frankreich), Zoom (Frankreich), Creative Camera (England) u. a. m.

SOZIOLOGISCHE UND PSYCHOLOGISCHE UNTERSUCHUNGEN DES PHOTOGRAPHISCHEN BILDES

Boorstin, Daniel: *The image.* USA 1962

Bourdieu, Pierre u. a.: *Un Art moyen, essai sur les usages sociaux de la photographie.* Paris 1965.

Packard, Vance: *Die geheimen Verführer.* Düsseldorf 1969,

McLuhan, Marshall: *Die magischen Kanäle.* Düsseldorf 1970.

Thibault-Laulan, Anne-Marie: *L'Image dans la société contemporaine.* Paris 1971.

Bildnachweis

Archiv Gisèle Freund: 21, 22, 23, 24, 57, 58, 59, 60, 61, 62, 63, 78, 79a, 80. – Photoarchive: 39, 106, 107. – Archiv Sirot: 9, 64. – Bayerische Staatsbibliothek: 142, 143. – Bibliothèque nationale: 36, 37. – Georges Eastman House: 215. – Kodak-Pathé: 94. – Library of Congress, Washington: 8, 165, 166, 167, 183, 184. – Roger Violett: 38, 81. – Schirmer, Mosel: 105. – Associated Press/Huynh Cong: 188, 189, – Robert Doisneau: 190. – Gisèle Freund: 108, 144, 145. – Gamma/Gilles Caron: 115b. – Keystone: 141, 186, 187, 196. – Magnum/Bischof: 168. – Magnum/Robert Capa: 185. – Magnum/Cartier Bresson: 216. Magnum/Haas: 114. – Magnum/Riboud: 115a. – Magnum/Salomon: 121. – Magnum/Smith: 169. – Man Ray: 214. – Dieter Claessens: 79b. – Sipahioglu: 205. – Life Magazine, Time Inc.: 128, 129, 146, 147, 148. – John Heartfield: 170.

Inhaltsverzeichnis